発信型
日本人が使いこなせないフランス基本単語小辞典

Lexique du français de tous les jours

久松 健一
Michel Gonçalves

春風社

はじめに （本書の試み）

◎拙者（せっしゃ）は使われていなかった

　かれこれ 40 年前の話です。同僚のフランス人女性が来日前、日本語を習っていたとき、担当の大学教員（フランス人男性）は、フランス語の je =「私」を「拙者」と教えていたそうです。「日本に来て、誰一人、そんな一人称を使っている人がいなくて驚いた」、しかも「拙者は女で、恥ずかしくて、本当に落ちこんだ」、そんな話を聞いたことがあります。

　この話、笑えません！ 教室で教えられているフランス語の現状も、これと似た点があるからです。私たちが学んでいるフランス語は、日常の会話では使われることのない言い回しであふれています。

　たとえば「あなたのお名前は？」という問い、それを Comment vous appelez-vous ? と思い込んでいませんか。フランスでこの形を使って名前を聞かれることがあるでしょうか。日常会話では倒置の疑問文はほとんど使われません。また、「知らない」= Je ne sais pas. と等式化していませんか。最初は ne だけで打ち消されていたフランス語が、時の流れのなかで ne ... pas という形に変じ、それが今では ne が消え去って多くの会話では pas だけです。

　文法を軽んじる気はありません。また、いたずらな簡素化に与（くみ）するつもりもございません。Il y a を一文字 Y と書いたり、あるいは Yaka が Il n'y a qu'à のことだったり、あるいは、e の弱化表記とは言いながら、エリズィオンしては書かれない Je suis を J'suis と記したりすることには、抵抗を感じます。でも本書は「発信型」をうたっています。実際に話し言葉では使われない表記は原則として使用しないことに決めました。

◎基本単語から基本例文へ、そして応用例文へ

　本書は日本人が「使えない」言い回しをたくさん載せました。単語は知っている、でも、文としては基本の例もうまく使いこなせない。初級から中級へと階段を上ろうとしている多くの方がこの点に悩んでおいでです。言うなれば、ヴォキャブラリー・ビルディングからフレーズ・ビルディングへという流れです。でも、この点を正そうと教科書をめくっても、そこに載っているのは実際の会話から遊離した、不自然で、人工的な"例文のための例文"。実際に使ってみたら、そんな言い方は古いと冷たく言われ

てしまう！

　たとえば、café を形容詞的に用いた Je suis très café. とか Je suis plutôt café. という言い回しをご存じでしょうか。この形で J'aime le café.「コーヒーが好きだ」というニュアンスが伝わることを多くの学習者は知りません。habiter「住む」が自動詞で使われる J'habite à Paris. には抵抗感がなくても、他動詞で使われると違和感を感じる。ましてや、aller sur Paris なんて聞いたことがない。でも「東京に行く」を「上京する」と日本語では言い換えられる。こうした感覚が、フランス語だとなかなかイメージできない。そうした単語学習の「ゆがみ」、基本例文の「不自然」を正したいと思います。

　この本は多少ともフランス語の心得がある読者を対象としています。学習の足かせとなるカナ発音などは採用しておりません。学びの途中、新しい単語に出会ったら本書をひらいてください。また、時間があるときに、知っている単語をあれもこれもと引いてみてください。きっと未知の情報や使いたくなる用例に出会えるはずです。

　出会ったら、それを声に出して読んでください。読んだあと、一度でいいからノートに書き取ってみてください。自然な言い回し、フランス人なら誰もが使っている必須の定型表現が少しずつ、着実に増えていくはずです。その地道な歩みがあなたの隙のない語学力を育てます。間違いなく、確実に。

著者代表　久松健一

略語一覧

名	名詞	間投	間投詞
男	男性名詞	接	接続詞
女	女性名詞	前	前置詞
男複	男性名詞複数	inf.	不定法・不定詞
女複	女性名詞複数	ind.	直説法
動	動詞	sub.	接続法
代	代名動詞	cf.	参照（比較）せよ
不定代	不定代名詞	qn	人
形	形容詞	qch	物・事
副	副詞		

＊なお、本書は大文字のアクサン記号を省いています。
例：À bientôt ! → A bientôt !

absolument 副 まったく、絶対に

この副詞は一語で Oui. の強調として使われます。

基本例
- **Tu es d'accord avec moi ?**
- **Absolument !**

ー私と同じ意見ですか？
ーもちろんです。

＊「いいえ、全然」「とんでもない」「全く違います」などと Non. を強調する感覚で応じるなら Absolument pas. と返答します。

「完全に」とか「どうしても、ぜひとも」という意味の強調に使われます。また、文法的には否定表現に注意です。

 C'est absolument impossible !

それは絶対に不可能だ！

→形容詞を修飾している例。

 Je veux absolument revenir en France pour les prochaines vacances.

今度のヴァカンスまでにはどうしてもフランスに戻りたい。

→動詞を修飾している例。なお、(ne) ... pas absolument で部分否定の言い回し、否定語の前に absolument が置かれれば全部否定、文法的にはそうなりますが、前者の使用頻度はさほど高くありません。

別例 **Il y a absolument rien à faire.**
まったくどうしようもない。

à cause de 　〜のせいで

多くマイナスの原因を導く説明文で登場します。

基本例　**Le vol pour Paris a été annulé à cause de la neige.**
パリ行きの飛行機が雪のせいで欠航になった。

* annuler は「（予約などを）取り消す」（例：annuler une réservation d'hôtel「ホテルの予約をキャンセルする」）という動詞です。

人間がマイナスの原因になることもあります。

 A cause de toi, j'ai pas pu finir à temps.
君のせいで、私は時間通り終えられなかった。

→はっきりと「君の落度で」と指摘するなら par ta faute とします。逆に「〜のおかげで」と感謝の気持ちを示すなら grâce à qn/qch を用います。

別例　**C'est grâce à vous.**
あなたのおかげです。

accident 　男　事故、偶然の出来事

英語の accident と同じく、そもそもは「偶然に生じる出来事」の意味。転じて「事故、事件」という語義になります。たとえば、un accident de la route [circulation] は「交通事故」、un accident du travail なら「労働災害（労災）」です。

基本例　**Hier soir, il y a eu un grave accident d'avion.**
昨晩、飛行機の大事故がありました。

*飛行機や鉄道などの「大事故」un grave accident には une catastrophe という語も用いられます。なお、2台の乗物の「事故」には、日常会話では「衝突」une collision が使われます。

「（良かれ悪しかれ）偶然の出来事」「まぐれ」の意味にもなり

accident ～

> **Par accident.**
> 偶然に（たまたま）

→ par hasard は同義。予期せぬ状況で起こった「偶然」であることを説明するために。

別例 **Elle a renversé la bouteille de vin par accident.**
彼女はたまたまワインのボトルを倒してしまった。

> **C'était un accident.**
> あれはまぐれでした。

→ un heureux accident「うまい偶然」という表現もある。

acheter 動 買う

「代価を払って物を買う」の意味。対義語「売る」は vendre です。

基本例 **J'ai acheté cette cravate 500 yens.**
このネクタイを500円で買いました。

基本例 **Où est-ce que tu as acheté cette robe ?**
そのワンピース（ドレス）どこで買ったの？

＊ただ、フランス人は他の人と「同じ服を着たい」とは思わない、だから"こんな質問はしない！"とプライドを見せつけたパリジェンヌ Parisienne がいました……。

目的語なしの次のような言い回しが盲点になります。

> **Il vaut mieux essayer avant d'acheter.**
> 買う前には試着したほうがいいです。

→通販などではなかなかこれが難しいわけです。同じ目的語なしで、こんな例も記憶しておきたい。

別例 **Ma fille aime acheter.**
娘は買い物が好きです。

> 別例　C'est pas le moment d'acheter.
> 今は買い時ではありません。

addition 女　（飲食店の）勘定

レストランなどでの支払いの際に大活躍。ただし、ホテルでの「勘定、精算」では la note という単語を使います。また、un reçu は「領収書」の意味。

基本例　**L'addition, s'il vous plaît !**
　　　　お勘定をお願いします！

＊会計の際に、フランス人はよく文字を書く真似（ジェスチャー）をしながらこの一言を発しています。

> 次の表現も高い頻度で使われます。
>
> !!　**On partage l'addition ?**
> 　　割り勘にしましょうか？
>
> → partager l'addition で「割り勘で支払う」（= payer séparément）の意味。「まとめて払います」と言いたいなら C'est pour moi.、「おごりです」なら Je vous invite. などといった言い方をします。（cf. 見出語：payer）

adorer 動　〜が大好きである

aimer を強調した動詞です。「（物が）大好きである」「（人を）熱愛する」の意味。

基本例　**J'adore la cuisine portugaise.**
　　　　ポルトガル料理が大好きです。

＊ + inf. を添えることも多い。

> 近接未来 aller adorer qch の形や、quand の節を導くパターンが会話ではよく使われます。

adorer 〜

!! **Tu vas adorer ce jeu !**
きっとこのゲームにハマるよ！

♡ **J'adore quand il neige.**
雪が降ると素敵だと思います。

→ adorer quand + ind.［直説法］で「〜のときが大好き、〜を素敵だと思う」という意味。

adresse 女 住所

コンピュータ用語では「（ネットワーク上の）アドレス」です。英語 address とスペリングが違いますので要注意。

基本例 **Quelle est votre adresse ?**
あなたの住所は？

＊「メールアドレスは？」の意味にするなら Quelle votre adresse électronique ? などとします。

人を介して「住所」を尋ねるケースなら avoir が使えます。また une bonne adresse「いい店の所在地」といった表現も覚えておきたいものです。

 Tu as son adresse ?
彼（彼女）の住所はわかる？

→法律用語で「住所は」le domicile を用います。

 Elle m'a donné une bonne adresse.
彼女がいい店を教えてくれたんだ。

→美味しいレストランや素敵な小売店などの「住所」という意味合い。

affaire 男　用事、問題、（複数で）ビジネス

実に活用の幅がひろい単語でつかみどころがない感じです。ただ、語源をさかのぼればà faire「なすべきこと」ですので、たとえば、次のような定番の言い回しを通じて、この単語のイメージをうまくつかまえられるかもしれません。

基本例　**Mon chef connaît son affaire.**
　　　　上司は自分のなすべきことを心得ています。

＊この例を覚えればaffaireはつかまえやすくなるはず。

基本例　**Comment vont tes affaires ?**
　　　　（仕事や活動などの）調子はどうですか？

＊この例文のaffaireは複数で「（人がなすべき）用事、仕事、ビジネス」の意味。Ça marche, les affaires ? 「仕事はどうですか？」といった定番の言い回しもあります。

基本例　**Ce sont mes affaires et pas les tiennes.**
　　　　私の問題で、君には関係ない。

＊これは「（解決すべき）問題、事柄」の意味。なお、"une affaire de +［無冠詞］名詞" で「〜の問題、〜に関する問題」の意味。l'affaire de qnなら「〜の直面すべき問題」という含意です。

別例　**L'écologie est l'affaire de tous.**
　　　エコロジーはみんなの問題です。

会話では多く所有形容詞をともなって、「身の回りの品、衣類」の意味でも使います。「自分で片づけるべきもの」ということでしょうか。

 Mon mari ne range jamais ses affaires.
　　　夫は自分の身の回りの品をまったく整理しない。

âge 男　年齢、時代

基本例の質問、大人になるとダイレクトにはなかなか聞けません。

âge ~

|基本例| **Tu as quel âge ?**
あなたはいくつ（何歳）？

＊この例文、若い友人同士ならいいですが、実際に大人に年を尋ねるなら慎重に。ぶしつけだと思われる質問の前に置く枕「失礼ですが」sans indiscrétion を添えるとか、あるいは、Est-ce que je peux vous demander votre âge ?「失礼ですがおいくつですか？」といった表現を使うなど配慮が必要です。

|基本例| **On apprend à tout âge.**
学ぶのに年齢は関係ない。

＊「人はすべての年齢で学ぶ」が直訳。

「年齢を重ねる」のは人間だけではありません。

🛈 **Ce vin a 50 ans d'âge.**

このワインは 50 年もの（つくられて 50 年）です。

→「ワインの年代」l'âge d'un vin、「樹齢」l'âge d'un arbre あるいは「月齢」l'âge de la lune といった言い方をします。あわせて l'âge minimum pour voter「投票できる最低年齢」などといった表現も記憶しておきたい表現です。

âgé(e) 形 ～歳になる、年をとった

「老人」は「高齢者」を意味する les personnes âgées を使います（un vieillard は軽蔑的に響く単語なので注意してください）。日常会話ではこんな表現の頻度が高そうです。

|基本例| **Alors, elle est plus âgée que moi.**
じゃ、彼女のほうが私より年上だ。

通常、年齢を言う場合は avoir ** ans(mois) を使いますが、右のような言い方もします。

Mon frère était âgé de 47 ans lorsqu'il est mort d'une crise cardiaque.

兄（弟）が心臓発作で亡くなったのは47歳のときでした。

→ être âgé(e) de ** ans(mois) で「〜歳（ヶ月）である」という言い回し。

 René fait plus âgé avec la barbe.

ルネは髭をはやすとずっと老けて見える。

→ "faire + [形容詞]" で「〜のように見える」の意味。なお、faire âgé(e) は plus や moins を添えて使われます。

agréable 形 快い、感じがいい

人や物事が「快い」ことを表現します。sympathique と同じように使われる形容詞で、以下の用例は使用頻度が高いです。

|基本例| **Ce restaurant est agréable.**

このレストランは感じがいい（心地よい）。

＊人に用いて un homme agréable なら「感じのいい人」の意味。天候に用いて C'est agréable, ce temps. であれば「今日は気持ちのいい天気だ」となります。

à + inf. をプラスしたこんな例があります。あわせて、名詞としても使われます。

 C'est agréable à regarder.

見ていて気持ちがいい。

→ agréable à entendre なら「耳に快い」。

 Il faut joindre l'utile à l'agréable.

実用性と快適さを兼ね備えなくてはなりません。

→ joindre A à B で「A を B に加える」の意味。

aider 動 助ける

英語の help に相当する動詞。人が「助ける」、物が人の「助けになる」という意味です。

基本例 **Aidez-moi !**
助けて（手を貸して）！

＊英語の Will you help me? や Can you help me? に相当する言い回し。もっと切羽つまって「助けて！」Help me! と叫ぶなら Au secours ! を使います。ちなみに「火事だ！」なら Au feu ! と言います。

こんな言い方も覚えておきたい。

😀 **Tu peux m'aider, s'il te plaît ?**
手伝っていただけますか？

ℹ️ **J'aide toujours ma femme à faire la vaisselle.**
私はいつも妻が皿を洗うのを手伝います。

→ aider qn à + inf. で「人が～するのを助ける」の意味。

---

aimer 動 愛する、好きである

文句なく以下の一言が頻度、重要度ともに一番でしょう。

基本例 **Je t'aime.**
愛しているよ。

＊ちなみに、この je の発音が私たちには難しい。フランス人の多くが日本人の発音する je は耳障りな音だと言います。英語の j ではありません（舌が口内の上顎に触れますと日本語のジュ、英語の j となり、/d/ の音が頭に添えられてしまいます）。この主語に「ジュ」（肉の焼ける音？）とカナを振るのが元凶で、いっそ「シュ」（これなら舌がどこにも触らない）とするほうがいいぐらい……なのかもしれません。

簡便な一言「これ好き？」という問いかけや、動作が「好き」という言い回し、それに「好きじゃない」と相手にきちんと知らせることも大事です。

 Tu aimes ça ?
これ好き？

→ たとえば「コーヒーは好きだよ」なら Le café, j'aime ça.（これは「コーヒー」に照準が合っている言い方。通常は、J'aime le café.）となります。なお Je suis très café.「コーヒーが好き（→私はとてもコーヒーです）」も類義。また、Je suis plutôt café.「コーヒーのほうが好き（→私はむしろコーヒーです）」もよく使われます。

🔊 **J'aime faire du sport le soir en rentrant du travail.**
夕方、仕事の帰りにスポーツをするのが好きです。

→ aimer + inf. で「～するのが好き」の意味。以下のような例であれば、2つの形に置き換えられます。

別例 **J'aime me promener.（= J'aime faire des promenades.）**
散歩をするのが好きです。

🔊 **J'aime pas beaucoup le rugby.**
ラグビーはあまり好きではありません。

→一般に「好き」「嫌い」を表現する際に、「全体」「総称」を表す名詞をともなう場合、可算名詞なら定冠詞複数を、不可算名詞なら定冠詞単数を用います。

別例 **Vous aimez les bonbons ?**
キャンディー（ボンボン）はお好きですか？

à la fin　～の終わりに、結局

まずは "de + [時間の単位]" を添えたこんな言い回しが基本。

à la fin 〜

[基本例] **Je pars en vacances à la fin du mois.**
月末にヴァカンスに出かけます。

単独で用いますと「結局」「最終的には」の意味。de A à B 「A から B に（まで）」の流れでも使われます。

 J'en ai assez, à la fin !
　　もう、いい加減にして！

→いらだちの表現として。「結局（→もう）、たくさん」という意味合い。

Carole est restée sans bouger du début à la fin.
　カロルは最初から最後までじっとしていた。

→ du début à la fin「終始」の意味です。

---

aller [動] 行く、健康である

英語の go に相当する動詞です。活用の幅は実にひろい。もちろん、挨拶の必須表現も作ります。

[基本例] **Je vais à Paris demain.**
明日、パリに行きます。

[基本例] **Il faut que j'aille chez le dentiste.**
歯医者に行かなくては。

[基本例] **Comment allez-vous ?**
お元気ですか？

＊この倒置の疑問文は今でも健在です。

[基本例] **On y va.**
さあ、行きましょう。

[基本例] **Salut ! Ça va ?**
こんにちは！ 元気？

＊ y aller も Ça va. も意味の範囲がひろい言い回しです。

もちろん、aller + inf. は近い未来を表す言い方でもあります。

 Ne t'inquiète pas, ça va aller.
　心配しないで、うまくいきますよ。

ami(e) 名 友だち、友人

形容詞を添えて、たとえば un vieil ami なら「古くからの友だち」、petit を添えた un petit ami「ボーイフレンド（恋人）」や une petite amie なら「ガールフレンド（恋人）」のこと。meilleur を添えれば、以下の例文ができます。

基本例　**C'est mon meilleur ami.**
　　　彼は一番の親友です。

こんな表現も使われます。

 C'est un ami proche de la famille.
　彼は家族ぐるみの友人です。

→ un ami proche で「親しい友人」の意味。

 Un vrai ami ne ferait jamais ça.
　本当の友だちならそんなことはけっしてしないよ。

→主語に「もし～ならば」si のニュアンスが含まれていますので、この例文は動詞が条件法現在になっています。

amoureux(se) 形 恋をしている、好きでたまらない

être amoureux(se) de qn は定番です。

基本例　**Je suis amoureuse de lui.**
　　　彼が好きです。

＊ Je l'aime. とか Je suis folle de lui. といった類義の言い回しが

あります。なお、Je suis amoureux(se). だけでも「好きな人がいます」の意味になります。また、tomber amoureux(se)（de qn）で「(～が) 好きになってしまう、恋に落ちる」の意味。

対象は人間とは限りません。名詞として使われるこんな言い回しもあります。

 C'est un amoureux de musique jazz.
ジャズ音楽の大のファンです。

an 男　年、(年齢を数えて) 歳

「新年」は le nouvel an、「元日」は le jour de l'an、「毎年」なら tous les ans、une fois par an なら「年に一度」の意味。それと、年齢を表す以下の言い方。

基本例　**Elle va avoir vingt ans en avril.**
彼女は4月で20歳になる。

「～してから…年経過する」、この言い方も頻度は高いですね。

 Ça fait un an que j'ai pas vu mes parents.
親には1年会っていません。

→直訳は「親に会わなくなってから1年が経つ」。"[数詞]＋an(s)" で「～年」の意味ですが、「数年」と言いたい場合には quelques années と類義語の année を用います。

 La durée de vie d'une machine à laver est d'environ huit ans.
洗濯機の耐久年数はだいたい8年です。

→ la durée de vie は「耐久期間、有効期間」の意味。

ancien(ne) 形 古い、昔の

「年を経た」vieux (vieille) は類義、récent(e)「最近の」、moderne「現代の」は対義語。

|基本例| **C'est de l'histoire ancienne.**
それは古い話だ（昔のことだ）。

以下は名詞として使われている例ですが、言えそうでなかなか言えないのでは……。

 Je préfère l'ancien au moderne.
現代風のものより古いもののほうが好きです。

→ l'ancien で「古いもの、骨董（= les antiquités）」を指します。

 Mon grand-père travaille à l'ancienne.
私の祖父は昔気質（かたぎ）の職人だ。

→ à l'ancienne で「昔風の（に）」の意味。「昔風に仕事をしている」が直訳です。

animal 男 動物

英語と同じ spelling なのでわからない人はいないはず。ただし、複数形は animaux、「家畜」なら animal domestique、「野生動物」は animal sauvage と言います。

|基本例| **Le loup est un animal sauvage et le chien est un animal domestique.**
狼は野生動物で、犬は家畜です。

＊ animal de compagnie なら「ペット」の意味です。animal de laboratoire なら「実験動物」を指します。

アリストテレス曰く、人は「社会的動物」。ただし、軽蔑して

「畜生、ゲス野郎」の意味でも animal が使われます。

 L'homme est un animal social.
　人間は社会的動物である。

→この着眼に対して、ルソー J-J. Rousseau はそうではないと唱えております。

 Il agit comme un animal.
　あいつのやることはまるでゲスだ（畜生並みだ）。

année 女 （期間としての）年

類語の an と混同しやすい単語ですが、année は journée, matinée, soirée などと同じく女性名詞で、ある時間が流れ、続いている期間にポイントを置いた単語です。また année de naissance なら「生誕年」、une année-lumière なら「1 光年」となります。ただ、ごちゃごちゃ言わんと、基本はこれでしょ。

基本例　**Bonne année !**
　　　　新年おめでとう！

＊ Je vous souhaite une bonne année.「謹賀新年」も同義。

1 年の期間内でのある出来事にフォーカスした言い回しや、数詞とともに「～年目、～歳」を表現する言い方も覚えておきたい代表的な例です。

 Au début de l'année, j'ai voyagé en Chine.
　年初に中国へ旅行しました。

 Angèle est en troisième année de technologie.
　アンジェルは工学部の 3 年生です。

anniversaire 男 誕生日、記念日

「(1年ごとに巡ってくる)記念日」の意味ですが、まずはこれ！

基本例　**Joyeux anniversaire !**
　　　　お誕生日おめでとう！

＊ Bon anniversaire ! も同義。

> 誕生日を伝えたり、結婚記念日を伝えるのもこの単語です。
>
> 🛈 **Mon anniversaire est le 29 décembre.**
> 　　誕生日は 12 月 29 日です。
>
> 🛈 **Nous fêtons notre 25ème anniversaire de mariage.**
> 　　私たちは結婚 25 周年（銀婚式）を祝います。
>
> → anniversaire de mariage で「結婚記念日」。「銀婚式」は les noces d'argent とも言います。

août 男 8月

ローマの皇帝 Augustus を記念して名づけられました。語頭の a は読まれず、/u/ とか /ut/ と発音されます。「8月に」en août か au mois d'août を用います。例文や注記など他の月も参照してください。

基本例　**Au Japon, il fait très chaud en août.**
　　　　日本では、8 月はとても暑い。

> 「バーゲン」の時期でもありますね。
>
> 🛈 **Au mois d'août, presque tous les magasins font les soldes.**
> 　　8 月に、ほぼ大半の店が（バーゲン）セールをする。

à partir de 〜から

現在や未来を起点にして使います。

[基本例] **La banque ouvre à partir de neuf heures.**
　　　銀行は9時に開きます。

* 通常、過去が起点であれば depuis が使われます（例：Il pleut depuis samedi dernier.「この間の土曜からずっと雨だ」）。

言い換えれば、基準点を設けずに端的に起点「〜から」を表すのが à partir de です。

Q　Les cours commencent à partir de quelle heure ?
　　授業は何時からですか？

A partir de demain, il faudra porter un cravate au bureau.
　　明日から、会社ではネクタイをしなくてはなりません。

appartement [男] （部屋）マンション

かつては「アパート」と訳さずに「アパルトマン」と訳すようにと指導された単語ですが、いまなら「マンション（の一室）」が妥当な訳でしょう。

[基本例] **Je vis en appartement.**
　　　マンション暮らしです。

* habiter (dans) un appartement とするのは不自然。なお、「マンションの建物全体」を指し示すなら un immeuble を使い、「ワンルームマンション」なら un studio が使われます。

[基本例] **Il a acheté un appartement dans le quartier de Ginza.**
　　　彼は銀座の一角にマンションを買いました。

「マンション（アパルトマン）の自転車」は何のこと？

J'ai acheté un vélo d'appartement.
私はフィットネスバイクを買いました。

appeler 動 呼ぶ、電話をかける 代動 〜という名前です

appeler un taxi「タクシーを呼ぶ」なども時と場合によっては必須。されど、ともあれ、まずは代名動詞の s'appeler が大事。

[基本例] **Je m'appelle Naoko.**
ナオコと言います。

＊英語の My name is ... を直訳した Mon nom est ... の形はそれほど頻度が高くありません。なお、相手の名を尋ねるときには、Vous vous appelez comment ?「お名前は？」などと聞きますが、通常は、自分が名乗り、そのあとに相手が妙齢な女性なら Vous êtes Madame... ? といった具合に切り出す形がよく使われます。

「これ何？」と物の名前を問いかける s'appeler は盲点。また、téléphoner の意味合いで appeler が使われますが、これが意外に使えません。

 Ça s'appelle comment ?
これ何と言うのですか？

 Appelle-moi ce soir.
今晩電話して。

apprendre 動 学ぶ、知る

本書の性格からして、大事なのはこんな例でしょう。

[基本例] **J'apprends le français depuis six mois.**
半年前からフランス語を勉強しています。

apprendre 〜

* faire du français とも言います。

「知る」「知らされる」の言い方は初級レベルでは使いこなすのが難しいはずです。それと sur le tas「仕事場で、実地で」と apprendre は相性がいい。

> **On a appris cette nouvelle à la radio par hasard.**
> たまたまラジオでそのニュースを知りました。

> **J'ai appris mon métier sur le tas.**
> 私は現場で仕事の技術を身につけました。

→「現場で職を身につける」は être formé(e) sur le tas とも言います。

---

approcher 動 近づく、近づける

さまざまなものが我が身に「近づいてきます」が、フランス人の大きなお楽しみはこれでしょう。

基本例 **Les vacances d'été approchent.**
夏のヴァカンスが近づいている。

*自分の意志で「対象に近づく」なら s'approcher を用います。

---

de qch を添えて「〜に近づく」の意味。「年齢」も確実に approcher する対象です。

> **J'approche de la quarantaine.**
> もうすぐ40歳だ。

---

après-midi 男 午後

この単語は稀に女性名詞として扱われる珍しい単語です。時間を表す大事な語。

基本例　**Il est quatre heures de l'après-midi.**
　　　　午後4時です。

＊24時間表記ならIl est seize heures.「16時です」とも言います。ただし、周囲が暗くなってからの「午後」を12時間表記（アナログ式）の時刻とからめる際にはdu soirを用います。

別例　**Il est neuf heures et demie du soir.**
　　　　午後9時半です。

基本例　**Tu as quelque chose à faire, cet après-midi ?**
　　　　今日の午後、何か用事はある？

＊「明日の午後」ならdemain après-midi、「金曜の午後」ならvendredi après-midi、特定化して、たとえば「5月2日の午後に」ならdans l'après-midi du 2 maiと表現します。

「〜をして時間を過ごす」"passer ＋ ［時間］＋ à ＋ inf."という言い回しに重ねて、たとえばこんな風に使われます。

 Je vais passer l'après-midi à lire.
　　　　午後は読書をして過ごすつもりです。

argent 男　お金、銀

親指と人差し指をこすり合わせるジェスチャーとともにこんな質問が飛んでくるかもしれません。

基本例　**Tu as de l'argent ?**
　　　　お金持ってる？

＊指先で丸をつくる日本式とはジェスチャーに違いがあります。

基本例　**J'ai pas beaucoup d'argent sur moi.**
　　　　今、あまり現金を持っていません。

＊「現金」にはliquideという男性名詞も使います（例：J'ai pas de liquide.「現金を持っていません」）。

お金がらみの次のようなことわざが大事ですね。2つ連続で。

Le temps, c'est de l'argent.
　　時は金なり。

→英語式に Time is money. つまり Le temps est de l'argent. とはしません。

 Ma femme jette l'argent par les fenêtres.
　　妻は湯水のようにお金を使う。

→金を窓から投げ捨てていては、当然、なくなります。

arriver 動 着く

基本の意味は英語の arrive から類推できますね。ただし、英語 What's happened ? に相当する基本表現もはずせません。

基本例 **Tu arrives à la gare à quelle heure ?**
　　駅には何時に着きますか？

＊他に arriver en France [chez soi]「フランス [自宅] に着く」など。

基本例 **Qu'est-ce qui est arrivé ?**
　　何があったのですか？

「今行きます！」の一言も大切。また、arriver à + inf. を否定文で用いますと「なかなか～できない（→目的とすることに到着できない）」の意味になります。

 J'arrive tout de suite !
　　（カフェなどでボーイさんが）すぐ参ります。

→英語の I'm coming over right now. に相当する言い回し。

 J'arrive pas à dormir.
　　なかなか眠れません。

assez 副 十分に、かなり

基本の語義は「十分に」、意味が弱められて「かなり」の意味でも使います。suffisamment という類義の副詞もあります。

基本例 **J'ai assez mangé.**
十分（たっぷり）食べました。

＊「食べ過ぎた」と言いたいなら J'ai trop mangé. を使います。

基本例 **Marcel parle assez bien anglais.**
マルセルはかなり英語がうまい。

＊定冠詞を添えて l'anglais とすると改まった印象。

しつこい相手には、こんな一言。

 C'est assez !
もういい加減にして（もうたくさん）！

→「うんざりだ」と言いたいときに。J'en ai assez[marre]. とか Ça suffit ! とも言いますし、Assez, assez ! と連呼するのもあります。なお、en avoir assez de qn/qch で「〜にうんざりする」という意味の成句になります。

別例 **J'en ai assez de vos critiques.**
あなたの非難（批判）にはうんざりだ。

---

attention 女 注意

次の注意喚起の一言が大事。

基本例 **Attention !**
気をつけて（危ない）！

＊à qch を加えて、Attention aux voitures !「車に気をつけて！」、Attention à la marche !「階段に気をつけて！」、Attention au feu !「火の用心」などと言います。なお faire attention à qn/qch「〜に注意する」を用いて Tu feras attention aux voitures ! などと言い換えられます。

attention 〜

上記の基本例に説明する文を添えられます。また、講演会などの最後の一言にも以下のように attention が使われます。

 Attention, ça brûle !
　気をつけて、熱いから！

→ この brûler は「焼ける、焦げる」というより、「焼けつくように熱い」という意味。

 Je vous remercie de votre attention.
　ご清聴ありがとうございました。

→ Je vous remercie. には感謝する中身を de qch で添えて使います。

別例　**Je vous remercie de vos conseils.**
　ご忠告感謝いたします。

aujourd'hui 副 今日

今日が何日か、休みかどうか……気になります。

基本例　**Aujourd'hui nous sommes le premier août.**
　今日は8月1日です。

＊日付を言うには、On est / C'est も使えます。日付は " le +［日（1日は序数、他は基数）］+［月］" の順番です。「今日は何日ですか？」と問うなら、Quelle est la date (d')aujourd'hui ? とか On est le combien, aujourd'hui ? といった聞き方をします。

基本例　**Je suis en congé aujourd'hui.**
　今日は休みです。

＊ congé は「仕事に行かなくてもいい」という意味の「休み」を指す単語。vacances「ヴァカンス」とはニュアンスが違います。レベルは上がりますが、次のような例で malade は使いません。「体の調子が悪い」souffrant(e) という形容詞を用います。

|別例| **Elle est souffrante, aujourd'hui.**
　　彼女は本日休んでおります。

授業や会議の最後の一言や、ときにいらだちを示す表現にも登場します。

C'est tout pour aujourd'hui.

　　今日はここまで。

→前置詞に先立たれている例。他に jusqu'à aujourd'hui「今日まで」(= jusqu'aujourd'hui)、dès aujourd'hui「今日からすぐに」など。

Mon café, c'est pour aujourd'hui ou pour demain ?

　　私のコーヒーはいったいいつになったらできるの？

→要するに「今日中という予定、それとも明日？」と迫っているわけです。

---

automne |男| 秋

秋と言えば、木々に変化が生じます。他の季節（printemps, été, hiver）もご確認ください。

|基本例| **Les feuilles tombent en automne.**
　　秋に葉が落ちる。

＊こんな情緒を楽しめる季節でもあります。

|別例| **On va voir les feuilles d'automne à Kyoto.**
　　京都に秋の紅葉を見に行きましょう。

モードに関するこんな表現はフランスでは必須でしょう。

 La nouvelle collection automne-hiver vient de sortir.

　　秋冬の新しいコレクションは発表されたばかりです。

avancer 動 （時計が）進んでいる、前へ進む

時間がらみの言い回しは日常生活の基本でしょう。また、スピード感を伝える次のような表現も必須です。

基本例 Ma montre avance de cinq minutes.
私の腕時計は5分進んでいます。

* 進んでいる時間は " de + [時間]" で表現します。遅れている場合は動詞 retarder を用います。

基本例 La technologie avance à grand pas.
テクノロジーは急速に進んでいる。

* à grand pas で「大股で、急速に」の意味（→ avancer à pas de géant「長足の進歩をとげる」という言い方もします）。avancer lentement なら「ゆっくり進む」、avancer à toute vitesse なら「全速力で進む」となります。

> 仕事が「はかどる」という意味でも使われます。
>
> **Le travail avance pas du tout.**
> 仕事がまったくはかどりません。
>
> →改まって「進展する」progresser という動詞もあります。

avant 前 ～より前に、～の前に 副 以前

時間的に、空間的に使われます。

基本例 Finissez ce travail avant vendredi.
金曜までにこの仕事を終えてください。

*「期限までに、その前に」を意味します。jusqu'à「（ある期限）まで、ずっと」と混同しないように（例：L'exposition se tiendra jusqu'à vendredi.「展覧会は金曜まで開催されている」）。

基本例 C'est juste avant la banque.
それは銀行の手前です。

* これは道順を指し示すケースで、道を進んでいって銀行に向か

う「手前」に目的の対象があるという意味合い。空間的な位置関係を言うなら「銀行の前」devant la banque と表現します。

avant de + inf.「〜する前に」は頻度の高い大事な表現。

 Il faut réfléchir avant d'agir.
　　行動する前によく考えなくてはなりません。

→発想を逆転させた言い回しも使われます。曰く Agissez avant de réfléchir.「あれこれ考える前に行動せよ」といった具合。

avec plaisir　喜んで

実によく使われる返答です。たとえば、Vous venez dîner chez moi, demain soir?「明晩、うちに食事に来ませんか？」と誘われて Oui. だけではいかにもそっけないですね。

基本例　**Avec plaisir.**
　　喜んで。

＊ Volontiers. も同義。

こんな言い回しも頻度が高いです。

 Merci, j'accepte avec plaisir.
　　ありがとう、お言葉に甘えます。

→直訳は「あなたの申し出を喜んで受けます」という意味。

avion　男　飛行機

en avion「飛行機で」を用いるこんな言い回しが基本。

基本例　**Il aime voyager en avion.**
　　彼は飛行機の旅が好きです。

＊ en avion は「飛行機で」の意味、par avion は「航空便で」の意味

です（例：envoyer un colis par avion「小包を航空便で送る」）。

その一方で、こんな人も少なくないですね。

 J'aime pas prendre l'avion, je préfère prendre le train.
飛行機に乗るのは苦手で、電車に乗るほうがいいです。

avis 男 意見

基本の語義は人の「意見」、英語の advice と同じ語源（仏語 aviser「思いめぐらす、よく考える」から）です。une opinion は類義語。

基本例 **Elle change d'avis sans arrêt.**
彼女はしょっちゅう意見が変わる。

＊ changer d'avis「意見を変える」の意味。

à mon avis なら「私の意見（考え）では」「私が思うには」の意味になります。

 Les Japonais sont à mon avis très courtois.
日本人はとても礼儀正しいと思います。

→たとえば、Je pense que les Japonais sont très courtois. と書き換えられます。

avril 男 4月

「4月 "に"」と言うときには、en avril あるいは au mois d'avril を使います。他の「月」もあわせてご確認ください。

基本例 **Je suis né(e) en avril.**
4月生まれです。

un poisson d'avril は「エイプリルフール」です。それと 4

月は肌寒いことがありますから……。

😊 **Poisson d'avril !**

エイプリルフール！

→ 4月1日、フランスでは子供が人の背中に「魚」の絵を貼る習慣があります。

📖 **En avril ne te découvre pas d'un fil.**

4月には糸一本脱がないで。

→「寒い日があるから薄着はしないように」という慣用表現です。このあとに、En mai fais ce qu'il te plaît.「（でも）5月は（暖かいので）ご自由に」と続けることもあります。

B

banque 女 銀行

知らない土地で「銀行がどこか？」、これは大事な情報です。

基本例 **Il y a une banque près d'ici ?**

この近くに銀行はありますか？

＊あるいは「一番近い銀行はどこですか？」Où est la banque la plus proche ? と聞くこともあるでしょう。

banque de données「データバンク」や banque du sang「血液銀行」もありますが、もちろん、銀行は「お金を引き出し」「預ける」場所です。

🔊 **Je dois aller à la banque retirer de l'argent.**

お金を引き出しに銀行に行かないと。

→「(銀行に) 預ける」なら déposer や mettre といった動詞が使われます。

beau(bel), belle 形 美しい

英語の beautiful の一部であることからわかるように「美しい」が基本語義。まず必要なのは「晴れの日」の一言、それと un bel homme「美男子」、une belle femme「美人」など、どこぞの誰かの美貌を褒める際に使われます。

基本例 **Il fait beau aujourd'hui.**
今日はいい天気だ。

＊天候が徐々に回復し、思わず空を見上げて「晴れてきたね」Il s'est mis à faire beau. といった言い方が自然に出てくるようなら中級レベルを超えています。

基本例 **Jean est très beau !**
ジャンはいい男だ！

＊女性なら、belle であることは言うまでもありません。

相手の住んでいる場所を褒めるのもコミュニケーション円滑の秘訣。それと、こんな言い回しは意外に盲点。

 Vous avez une belle maison !
素敵なお家ですね！

 C'est pas beau de mentir.
嘘はよろしくない。

→ C'est beau de + inf. で「〜するのは心地よい（立派だ）」の意味。例文は bien に置き換えられます。なお、avoir beau + inf.「（いくら）〜しても無駄だ」という言い回しもあります。

別例 **J'ai beau lui dire, il s'en moque.**
彼にいくら言っても無駄です、意に介さないから。

beaucoup 副 たくさん

単独で使う以下のようなケースと "beaucoup de + [（無冠詞）名詞]" の形が大事です。

基本例 **Merci beaucoup !**
どうもありがとう！

基本例 **Il pleut beaucoup à Rouen.**
ルーアンはたくさん雨が降る。

基本例 **Il y a beaucoup de boulangeries près d'ici.**
この近くにはたくさんのパン屋がある。

でも、こんな beaucoup de qch は意外に使いこなせない。

🛈 **Il s'est donné beaucoup de mal pour acheter cette maison.**

彼はあの家を買うのに苦心惨憺した。

→ se donner du mal pour + inf. で「〜するのに苦労する」の意味。例文は、その mal を強調した言い回し。

諺 **Beaucoup de bruit pour rien.**

大山鳴動してネズミ一匹。

→「無駄に大騒ぎ（大騒音）」ですから、「から騒ぎ」とも訳せます。シェークスピアの題名から。

besoin 男 必要、欲求

avoir besoin de qn/qch で「〜が必要である」という基本表現になります。

基本例 **J'ai pas besoin de ça.**
それは必要ありません。

＊ de + inf. を添えて、J'ai besoin d'aller faire les courses.「買い物に行かないと（行く必要がある）」といった使い方も必須です。

besoin ~

| 基本例 | **Vous avez besoin de quoi ?**
あなたは何が必要ですか？

「必要な場合には」という言い回しも使います。また、応用の効くこんな言い回しも。

 En cas de besoin, appelle-moi.
必要な場合には、私を呼んで（電話して）。

→ au besoin も同義になります。

 On a tous besoin d'amour.
皆、愛を必要としています。

→この amour をあれこれと置き換えれば、いろいろと「必要なもの」を即興で表現できそうです。たとえば、On a tous besoin d'argent. とか……。

bien 副 上手に、よく、しっかりと　形 よい、心地よい

挨拶の定番、Comment allez-vous ? と問われたら、この一言は欠かせません。それと、起きてきた相手に次の一言。

| 基本例 | **Je vais bien.**
元気です。

＊ Tout va bien.「すべて順調です、うまくいっています」も実によく使われます。

| 基本例 | **Tu as bien dormi ?**
よく眠れた？

＊ Oui, très bien. と応じれば、爽やかな1日のスタートです。

基本は副詞でしたので、形容詞の例を2つ添えておきます。

 C'était vraiment bien !
本当によかった！

→ C'est bien. で「よかったね」「いいね」といった意味。vraiment で bien を強め、半過去にした用例。疑問文も感想を求める表現として必須。

別例　C'était bien ?
　　楽しかった（よかった）？

諺　Tout est bien qui finit bien.
　　終わりよければすべてよし。

→文法的には形容詞の bien です。「一件落着」、めでたしめでたしといったケースでよく引かれることわざです。

bière 女　ビール

仕事のあとの「一杯」はこれ！

基本例　Une bière, s'il vous plaît.
　　ビールをください。

＊こう注文すると、Pression ou bouteille ?「生ですか瓶ですか？」とか、ときに銘柄を聞かれたりします。ちなみに、カフェで une bière と注文すると大抵小ジョッキに相当する生ビール un demi がでてきます。というわけで、こんな言い方もします。

別例　Un demi, s'il vous plaît.
　　生ビールを（小生ひとつ）ください。

＊男性名詞である点に注意。

こんなクイズもありでしょう、で、解答は？

 Quel pays est le plus gros consommateur de bière par tête ?
　　一人当たりのビールの一番の消費国は？

→ par tête は「一人当たり」（＝ par personne）の意味です。一番の消費国はチェコ République tchèque だそうです。国全体の消費量では中国 Chine がダントツ！

billet 男 紙幣、切符、チケット

「航空券」も billet、出発前にはこうしたやりとりがあるかもしれません。また「コンサートや劇場、映画館」のチケットも billet です。

基本例 **Votre passeport et votre billet, s'il vous plaît.**
パスポートと航空券をお願いします。

* 「電車」の切符も billet ですが、「地下鉄やバス」の切符は ticket と言います。

基本例 **J'ai deux billets pour le concert de Céline Dion.**
セリーヌ・ディオンのコンサートチケットを2枚持っています。

「宝くじ」（= billet de loterie）も大事なチケットですね。

Presque toutes les semaines, mon père achète un billet de loterie.
ほぼ毎週、父は宝くじを買っています。

→ un billet gagnant なら「当たりくじ」のことです。

---

bleu(e) 形 青い 男 青

英語の blue と似て非なるつづりに注意。皆、目の色が似ている日本人やアジア人同士ではあまり言いませんが、西洋人にとって「目の色」はその人の大事なチャームポイント。また、天候でも頻出の色です。

基本例 **Michel a les yeux bleus.**
ミシェルは青い目をしている。

基本例 **Le ciel est bleu aujourd'hui !**
今日は空が青い！

* bleu ciel は「スカイブルー」、bleu marine なら「ネーヴィーブルー」です。

色の好みを表現する際にはこのパターンを覚えておけば OK です。それとこんな言い回しでも「ブルー」が使われます。

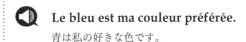

🔊 **Le bleu est ma couleur préférée.**
　青は私の好きな色です。

ℹ **Mon mari est un vrai cordon-bleu !**
　私の夫はすごく料理が上手なの！

→ブルボン王朝の最高の勲章のこと。日常的には男性名詞 un cordon-bleu で「料理の達人、一流の料理人」という意味で使われます。ちなみに Le Cordon Bleu は、パリを中心に世界中で展開中の料理と菓子の専門学校を指します。

boire 動 飲む

英語の drink とほぼ同義。「飲む」と言えば、boire du café「コーヒーを飲む」、boire de l'eau「水を飲む」、boire du lait「牛乳を飲む」など部分冠詞を用いたケース、ならびにこんな言い回しが必須でしょう。

基本例　**Ma sœur bois un jus de fruits tous les matins.**
　毎朝、姉（妹）はフルーツジュースを飲みます。

＊「スープを飲む」は manger de la soupe を使い、薬を「飲む」は prendre、錠剤を「飲む」なら avaler といった動詞を用います。

目的語なしで使う「飲む」なら、対象は「お酒」（= boire de l'alcool）です。でもその一方で、こんな言い方もします。

ℹ **Mon père boit beaucoup.**
　父はたくさん酒を飲みます。

→ boire à grands traits「がぶ飲みする」とか boire sec「大酒を飲む」という言い回しは上級レベルです。

😊 **Donnez-moi à boire.**
　飲み物をください。

→これは quelque chose à boire「何か飲むもの」（英語の

something to drink）という意味合いで使われている例。

bon(ne) 形 良い、美味しい

まずは決まり文句として。ついで、幅ひろく使われる「美味しい」の意味で。

基本例 **Bon anniversaire !**
　　　お誕生日おめでとう！

＊他に「頑張って」Bon courage !、「（たっぷり）召し上がれ」Bon appétit !、Bon voyage !「良い旅を！」、Bonne journée !「よい1日を！」など決まり文句をいくつも作ります。

基本例 **C'est bon !**
　　　美味しい！

＊食べる前に「美味しそう」なら Ça a l'air bon. と言い、食べ終わって「美味しかった」なら C'était bon. が使われます。

sentir bon「いい香りがする」とか、arriver au bon moment「いいタイミングでやって来る」などなどうまく会話で使いこなしたい表現です。

  Ces fleurs sentent bon !
　　　この花はいい香りがします！

→ sentir bon で「いい香りがする」の意味で、この bon は副詞的に使われています。

  Ah ! Tu arrives au bon moment.
　　　ああ！ ちょうどいいときに来てくれた。

→ arriver au mauvais moment なら「まずいタイミングに来る」となります

  Gustave a bon goût.
　　　ギュスターヴはセンスがいい。

> → avoir du goût. も類義です。goût「センス」や「趣味」が「いい」と言いたいときに。

bruit 女 騒音、物音

「音」は son ですが、この単語は音を出すのが目的で出た音に使います（例：un son de cloche「鐘の音」）。bruit はそうではない「(気になる、嫌な) 物音」の意味です。

基本例 **Il y a trop de bruit, je peux pas me concentrer.**
うるさすぎて、集中できないよ。

> faire du bruit で「音を立てる」、また、「噂」（= une rumeur）の意味もあります。
>
> **Ne fais pas de bruit !**
> うるさくしないで（音を立てないで）！
>
> →食事の際に音を立てて食べているとこの一言が飛んできます。なお、「評判になる、反響を呼ぶ」の意味でも faire du bruit が使われます。
>
> 別例 **Ce roman va faire beaucoup de bruit.**
> この小説は大評判になるだろう。
>
> **C'est qu'un bruit !**
> ただの噂だよ！
>
> →口語を意識して ne ... que の ne を省いた形。

bureau 男 会社、オフィス、事務机

次の2つが基本語義です。

基本例 **Je travaille dans un bureau.**
会社で働いています（事務系の仕事をしています）。

＊例文は Je suis employé(e) de bureau.「（事務系の）会社員で

す」という言い方もできますが、これですと「自分は管理職ではない」という含意になるので、例示のように travailler を使うケースが多いようです。

[基本例] **Le dossier est sur mon bureau.**
書類は私の机の上です。

＊ s'asseoir [se mettre] à son bureau なら「机に向かう」の意味になります。

「事務室」とか「研究室」の意味でも使われます。

 Passez dans mon bureau.
私の部屋（研究室）に来てください。

→デスクワークをする「部屋」の意味。

bus 男 （市内を走る）バス

un autobus の省略形で、遠距離を走るバスや、観光バスは un autocar（略して car）を用います。

[基本例] **Tu prends le bus pour aller au travail ?**
仕事に行くのにバスを使ってるの？

＊「（通勤・通学で）バスに乗る」は prendre le bus、monter en bus は「バスに乗り込む」の意味。「バスで行く」なら aller en bus、「バスを降りる」と言いたいなら descendre du bus と言います。なお、バスの「停留所」は un arrêt (d'autobus)。

「バスの便」ならこんな表現を使います。

 Un service de bus est assuré jusqu'à ce village une fois par jour.
その村までは一日に一度バスの便があります。

→「バス路線」なら une ligne を用います。

but 男 目的、目標

この単語は /by/（あるいは /byt/）と読みます。空港で le but を聞かれる可能性があります。

基本例 **Quel est le but de votre séjour ?**
滞在の目的は何ですか？

＊「観光で」なら en touriste、「ビジネスで」なら pour affaires あるいは en voyage d'affaires などと返答します。

「目的もなく」もよく使う言い回し。また、le but はサッカーの「ゴール、得点」（例：On a gagné trois buts à deux.「3対2で勝利しました」）の意味でも使われます。

Ils marchent sans but.
彼らは当てもなく歩いています。

Ronaldo a marqué trois buts !
ロナルドが3得点をあげた！

→ marquer un but で「得点（ワンゴール）をあげる」の意味。

C

cadeau 男 プレゼント

プレゼントで連想するとしたら、まずは誕生日、それにクリスマスでしょうか？

基本例 **Tiens, voilà ton cadeau d'anniversaire.**
はい、お誕生日プレゼント。

基本例 **C'est un cadeau de Noël.**
クリスマスのプレゼントです。

＊プレゼントをもらった「お礼」なら Merci pour votre cadeau.「プレゼントをありがとう」が簡便です。

プレゼントは「何を？」と問いかけるならこんな言い回しで。

Q **Qu'est-ce que tu vas offrir comme cadeau ?**

プレゼントは何を贈るつもり？

→フランスは簡易包装が通常ですが、店で「贈るためです」C'est pour offrir.（→プレゼントです）と言えば「包装してください」の意味合いになります。ただ、もし含意がくめない相手なら、はっきりと Vous pourriez me faire un paquet cadeau ?「プレゼント用に包んでいただけますか？」と要求したほうがいいでしょう。

café 男 コーヒー、カフェ

基本は、飲む「コーヒー」と「カフェ、喫茶店」。

基本例 **Je bois un café tous les matins.**
毎朝、コーヒーを一杯飲みます。

＊ prendre un café でも「コーヒーを飲む」の意味になります。

基本例 **On se retrouve au café ?**
カフェで会いましょうか？

＊ se retrouver は「（人が）互いにまた会う、再会する」の意味。

「私はコーヒーです」は初級レベルでは盲点です。また、アメリカ式の a coffee break（英国式 a tea break）には une pause-café という表現が使われます。

 Je suis café.

私はコーヒーです（コーヒー好きです）。

→ A は B です（いわゆるウナギ文）の例。たとえば、「コーヒーと紅茶どっちが好き？」という問いへの返答になります。

> **On fait une pause-café ?**
> コーヒーブレークしませんか？
>
> → pause- は「〜休み」の意味。

capable 形 (de) 〜できる

英語の capable とおおむね同義です。pouvoir「〜できる」は類義です。

基本例　**Elle est pas d'arriver à l'heure.**
　　　　彼女は定刻には着けない。

＊こうした例でも、ne(n') を省くのが日常の会話です。

> ある事柄ができるかどうか可能性を聞かれた際に、こんな返答を返します。あるいは、さらに依頼して。
>
> 🔊 **Je sais pas si j'en suis capable.**
> 　　自分にできるかどうかはわかりません。
>
> 💬 **Ne dit pas ça, tu serais capable de le faire...**
> 　　そう言わずに、君ならできますよ……。
>
> → être capable de + inf. で「〜する能力（力量）がある」の意味（反意は être incapable de + inf. で「〜できない」）。
> avoir la faculté de + inf. は類義になります。

capitale 女 首都

フランス語学習者ですから、さすがにこれはイロハのイでしょう。

基本例　**Paris est la capitale de la France.**
　　　　パリはフランスの首都です。

> 「中心都市」という意味でも使われます。それと、意外な盲点。次ページの質問に答えられますか？

Osaka est la capitale économique de la région ouest du Japon.
大阪は西日本の経済の中心地です。

Q Où est la capitale de la Suisse ?
スイスの首都はどこですか？

→チューリッヒ Zurich/zyrik/ やジュネーヴ Genève ではございません。ベルン（フランス語の表記では Berne と書かれる場所）です。ご存じでしたか？ なお、スイスの「フランス語圏」は la Suisse romande と呼ばれます。

caractère 男 （生まれつきの）性格、特徴、文字

avoir bon caractère で「人柄がいい」、では、その逆は？

基本例 **Elle a mauvais caractère.**
彼女は人柄が悪い。

* Elle a un sale caractère. も類義。なお、avoir du caractère なら「気骨がある」、manquer de caractère は「根性がない」の意味になります。

性格は親譲りですかね。

 Il a le caractère de sa mère.
彼は母親に似た性格です。

→「母と同じ性格だ」Il a le même caractère que sa mère. といった言い方もできます。また、こんな言い回しも。

別例 **Ils ont des caractères semblables.**
彼らは性格が似ている。

carte 女 証明書、カード

carte は「（国や地方の）地図」や「トランプ」の意味でも使われ

ますが、日常的に頻度が高いのはこれではないでしょうか。

基本例 **Vous acceptez les cartes de crédit ?**
　　　クレジットカードは使えますか？

* une carte de crédit「クレジットカード」のほかには、une carte d'identité「身分証」、une carte d'étudiant「学生証」、une carte d'embarquement「搭乗券」あるいは une carte de visite「名刺」などが大切な単語。

基本例 **La carte, s'il vous plaît.**
　　　メニューを見せてください。

*「ワインリスト」なら la carte des vins と言います（vins と複数になる点に注意）。なお、フランス語で le menu は「メニュー」ではなく「コース料理（定食）」を指します。「アラカルトで食べる」は manger à la carte、逆に「コースを食べる」なら prendre (choisir) un menu といった言い回しを使います。なお、une formule à 25,50 euros「25.5 ユーロのコースメニュー」という言い方もします。

フランスではクレジットカードとキャッシュカードを兼ねた「銀行カード」を la carte bleue と言います。それと、こんな洒落た言い方もいたします。

 J'ai oublié ma carte bleue chez moi.
　　家にカルト・ブルーを忘れてしまった。

 La vie est un jeu de cartes.
　　人生はカードゲームだ。

→ jeu de cartes「トランプゲーム」のこと。この謎めいたセリフのあとに、dont le cœur n'est jamais l'atout「ハートはけっして切り札にはならない」と続くのです。劇作家マルセル・アシャール Achard の言葉です。

chambre 女 部屋

ベッドのある「部屋」を意味します。

基本例　**Range ta chambre !**
　　　　部屋をかたづけなさい！

* faire sa chambre「部屋をかたづける」も同義。

基本例　**Je voudrais réserver une chambre pour deux nuits.**
　　　　二晩部屋を予約したいのですが。

＊これはホテルの「部屋」のことです。なお、3DK の 3 に当たる「（家の通常の）部屋（chambre も含みます）」は une pièce を使い、「（住居内で共同で使う特定の）部屋」は une salle（例：「ダイニングルーム」une salle à manger）を用います。

大きな家には、こんな特別の部屋も用意されています。

 Mes parents ont dormi dans la chambre d'ami.
　　　　両親は客用の寝室に泊まった。

→在日カナダ大使館内にある個人のアパルトマンに出向いた際、大きくて、見事な la chambre d'ami があって驚きました。なお、la chambre d'enfants は「子供部屋」、une chambre à louer なら「貸間」のことです。

---

chance 女 幸運、チャンス

試験を受ける人やこれからデートする人に「幸運を祈ります！」は頻度が高い一言です。それともうひとつ。

基本例　**Bonne chance !**
　　　　成功（幸運）を祈ります！

＊ちゃっかり「幸運」をつかんだケースは、Quelle chance !「なんてついてるんだ！」が使われます。

基本例　**Pas de chance !**
　　　　ついてない！

＊反語的な言い回しで、C'est bien ma chance !「やれやれ、ついてない！」という言い方もあります。

avoir de la chance で「運がいい」という定番の言い回しになります。

 J'ai de la chance.
私は運がいい。

→具体的に幸運の理由を説明するなら、下記のように avoir la chance de + inf.「幸いにも〜する」を用います。

別例 **J'ai la chance de faire un travail que j'adore.**
大好きな仕事ができて幸いです。

changer 動 変わる、変える

" changer de + ［無冠詞名詞］"「〜を変える」の形はいっぱいあります。changer de travail「仕事を変える」、changer de coiffeur「ヘアースタイルを変える」、changer de place「席を変える」、changer de train「電車を乗り換える」などなど。

基本例 **Ma femme change souvent d'avis.**
妻は意見をしょっちゅう変える。

久しぶりに会った人にも、街にも「変化」は起こります。

 T'as pas changé du tout !
全然、変わってないね！

→文法的に正しい書き言葉なら、Tu n'as pas changé du tout ! となりますが、これは日常会話では使われません。

 Ce quartier a beaucoup changé depuis mon enfance.
この界隈は私の子供時代からすっかり変わってしまった。

chapeau 男 帽子

かつてこの単語は日本語でした。「兜（かぶと）を脱ぐ」の類語で「シャッポを脱ぐ」（＝脱帽だ）という言い方があります。ご存じでしょうか？

基本例　**Alex aime porter des chapeaux.**
アレックスは帽子をかぶるのが好きです。

フランス語でも「脱帽だよ」にはこの一言が使われます。また、sur les chapeaux de roues で「全速力で」という熟語。

 Chapeau !
まいった（すごいな）！

→ chapeau bas だと「脱帽して」とか「うやうやしく挨拶する」の意味になります。

 Pascal est parti sur les chapeaux de roues.
パスカルは慌てて（全速力で）出て行った。

chat, cahtte 名 猫

雌猫 chatte は「女性器」を意味する隠語なので使用をためらう人がいます。ご注意を！

基本例　**Tu as un chat ?**
猫飼ってる？

ことわざや決まり文句でこんな風に使います。

 Il n'y a pas de quoi fouetter un chat.
それは大したことじゃないよ（目くじらをたてることじゃない）。

→「猫を鞭打つほどのことじゃない」という意味から。これは

ことわざなので ne ... pas の形を会話調にはしていません。

 Il y a pas un chat.
　人っ子一人いない。

→「猫一匹いない」が直訳です。会話では、Y a pas un chat. と il を省く人も少なくありません。

chaud(e) 形 熱い、暑い　chaud 男 熱さ、暑さ

天候（あるいは建物内でも）を表現する一言。夏（いや日本なら春でも）、この一言は欠かせません。

|基本例|　**Il fait chaud !**
　　　　暑い！

＊反意「寒い」は froid(e)、「涼しい」なら frais(fraîche) が使われます。

|基本例|　**J'ai trop chaud !**
　　　　暑くてやりきれない！

＊これは「（自分は）暑く感じる」という主観で、周囲の温度とは関係ありません。非人称を用いた Il fait chaud ! は、たとえば気温 37℃、自他共に「暑い」という客観的な判断による言い回しです。

フランスにはこんな習慣もあります。また、よく知られたことわざにも登場します。

 J'aime boire du vin chaud en hiver.
　私は冬にヴァンショ（温めたワイン）を飲むのが好きだ。

→ de l'eau chaude なら「湯」です。

 Il faut battre le fer tant qu'il est chaud.
　鉄は熱いうちに打て。

→「好機逸すべからず」とも訳せます。

cher(ère) 形 高価な、大切な、愛する

まずは「(値段が) 高い」の意味が重要でしょう。

基本例　**Le caviar coute très cher.**
　　　　キャビアは実に高価だ。

＊フランス語には「安い」に相当する言葉がないので注意してください。cher を否定で用いて、C'est pas cher !（→高くない）などと表現します。

基本例　**Cet album m'est très cher.**
　　　　このアルバムは私にとってとても大切なものだ。

＊ cher(ère) à qn で「〜にとって大切な、貴重な」の意味。

> 呼びかけや手紙などで、相手への情愛を示す言葉として使われます。
>
> 　**Chère amie, je vous remercie de votre lettre.**
> 　　　愛しい人、お手紙ありがとう。
>
> →例示は形容詞ですが、名詞の mon cher、ma chère は「あなた」「おまえ」と親しく呼びかける人に用います。

chercher 動 探す

英語の search と語源は同じで、「探し回る」という意味。人はいろいろなものを「探し求める」生き物です。『聖書』に Cherchez et vous trouverez.「求めよ、さらば与えられん」（マタイ伝）とありますもの。

基本例　**Je cherche un travail, en ce moment.**
　　　　今、求職中です。

基本例　**Cherchez sur internet.**
　　　　ネットで探してください。

＊例示のように目的語なしでも使われます。

chercher を用いた画家ピカソの洒落た人生訓もあります。また、「あら探しする」chercher la petite bête という言い方もよく使われます。

 Je ne cherche pas ; je trouve.
　私は探さない、出会うのだ。

→ Pablo Picasso の言葉。スペイン語なら Yo no busco ; yo encuentro.、英語なら I don't seek ; I encounter. と言います。

 Ma sœur cherche toujours la petite bête.
　私の姉（妹）はいつもあら探しをしている。

→ chercher des défauts とも言います。

cheveux 男複 髪の毛

「髪」と言えば、色合いと長さ、それと朝シャンでしょうか？

基本例　**Manon a les cheveux blonds.**
　マノンは金髪です。

基本例　**Mes cheveux blanchissent.**
　髪が白くなってきた。

* blanchir は「白」blanc から派生した動詞。「（髪が）薄くなってきた」なら「まばらになる」を意味する s'éclaircir という動詞を使います。

基本例　**Tu te laves les cheveux tous les matins ?**
　毎朝髪を洗っているの？

「髪をカットしてもらう」なら aller se faire couper les cheveux と言います。それと、ヘアースタイルはよく話題にのぼります。

> **Je te préfère avec les cheveux courts.**
> ショートヘアーの方が似合うよ。
>
> → les cheveux longs は「ロングヘアー」。

chien(ne) 名 犬

愛猫家は反論するかもしれませんが、これが定番の言い方。

基本例 **Le chien est le meilleur ami de l'homme.**
犬は人間の最良の友だ。

＊英語でも A dog is a man's best friend.、これほとんど「ことわざ」扱い。

基本例 **J'ai un chien et un chat.**
犬と猫を飼っています。

＊「犬を散歩に連れていく」は sortir le chien とか emmener promener le chien という言い方をします。

> 人間とのつながりが深く長い「犬」からは次のような言い回しが生まれ、会話でもしばしば登場します。
>
> **Il fait un temps de chien dehors.**
> 外はひどい天気だ。
>
> →英語の dog もそうですが、フランス語では「みじめな」「ひどい」「つらい」というニュアンスで de chien が使われます。
>
> **Ils s'entendent comme chien et chat.**
> 彼らは犬猿の仲だ。
>
> → s'entendre bien[mal] なら「仲がいい（悪い）」の意味。その副詞を「まるで犬と猫のよう」＝ comme chien et chat「犬猿の仲」に置き換えた言い回し。慣用句で「いがみ合って暮らす」vivre comme chien et chat といった使

い方もします。

choisir 動 選ぶ

レストランではこんな一言。あるいは、選択眼のすぐれた相手を褒めてこの動詞が登場します。

基本例　**Vous avez choisi ?**
　　　　（注文は）お決まりですか？

＊ Vous avez décidé ? とか、Je vous écoute.（→注文をお聞きします）といった言い方もします。

基本例　**Tu as bien choisi.**
　　　　いい物を選んだね。

＊ Tu as fait le bon choix. とも言います。

AかBか選ぶのも大事。まして、こんな例文なら忘れないはず?!

 Il faut choisir moi ou ta femme !
　　　私か奥さんか、どちらを選ぶか決めて！

chose 女 （具体的な）もの、（漠然とした）こと

quelque chose「何か」、autre chose「別のもの（こと）」、la même chose「同じもの（こと）」などは頻度が高い基本の言い回しです。

基本例　**J'aimerais manger quelque chose de bon.**
　　　　何かおいしいものが食べたいな。

＊（cf. 見出語：quelque chose）

基本例　**Tu as besoin d'autre chose ?**
　　　　別のものが必要ですか？

基本例　**Pour moi c'est la même chose, je vois pas la différence.**
　　　　私には同じことです、違いがわかりません。

次の言い回し、わかりますか。

 Il faut être patient, chaque chose en son temps.
我慢しないと、物事にはすべてタイミングがあるんだから。
→「焦らないで、すべての事柄にそれぞれの適時というものがある」という意味。

cinéma 男 （ジャンルとしての）映画、映画館

「（一本、一本の）映画作品」は un film と言います。

基本例　**J'adore le cinéma.**
映画が大好きです。

＊うしろに不定法を置いて、「映画を見に行くのが大好きです」adorer aller au cinéma とすることもできます。

基本例　**Tu vas au cinéma tous les week-ends ?**
毎週末、映画に行ってるの？

＊口語では、略して aller au ciné とも言います。

以下は、はずせない誘いの定番ですね。

 Si on allait au cinéma ?
映画に行きませんか？

→ Vous ne voulez pas aller au cinéma? も同義。構文の話ですが、例文は " Si on + [直説法半過去] ?" を用いた定番の「お誘い」表現です。

別例　**Si on allait déjeuner ensemble ?**
一緒にお昼をいかがですか？

clé 女　鍵　＊ clef というスペリングもあります。

日常生活で大事なのは２つ。鍵が見つからないときと、ホテルでの

こんな言い回し。

[基本例] **Je trouve plus ma clé !**
鍵が見つからない！

[基本例] **Je vous laisse ma clé.**
（フロントに）鍵を預けます。

＊それと、オートロックで締め出されたときの悲しさ。（cf. 見出語：laisser）

[別例] **J'ai laissé la clé dans ma chambre.**
部屋に鍵を置き忘れました。

他にも大事な「鍵」があります。la clé de l'énigme「謎を解く鍵」やら la clé de succès「成功の鍵」やら。

 C'est l'argent qui est la clé du succès.
成功の鍵はお金だ。

---

cœur 男 心臓、心、気分

英語の heart とほぼ同じ。Le cœur bat.「心臓がドキドキする」も大事、あるいは par cœur「暗記して」を用いた Je connais ce poème par cœur.「その詩はそらで言える」なども大切ですが、直訳では通じないこんな言い回しから。

[基本例] **J'ai mal au cœur.**
吐き気がします。

＊ avoir mal au cœur は「心臓が痛い」ではなく、気分が悪く「吐き気がする」の意味。avoir le cœur sur les lèvres「今にも吐きそう」という言い回しもあります。

[基本例] **Savoir par cœur n'est pas savoir.**
暗誦することが会得することではない（論語読みの論語知らず）。

＊モンテーニュ Montaigne の言葉です。本書の精神を表していますので基本例にあげました。外国語を習得するのに「暗記」は馬鹿にできません。でも、すらすらと暗誦できることが理解を

示すわけではありません。しみこんでいく感覚が大事かと。

感情の所在としての「心」にからんだ次のような言い回しが浮かびます。

 Il a le cœur sur la main.
彼は思いやりがある（気前がよい）。

→ Il est gentil[généreux]. などと言い換えられます。

 Il m'a brisé le cœur.
彼は私の心を打ち砕いた。

→ briser le cœur で「（精神的・社会的に）打ちのめす」の意味。

comme 接 〜のように、〜として

英語の as に相当する単語です。したがって、基本例文はいっぱいありますが、基本の基本は以下の２つでしょう。

基本例 **C'est comme ça, la vie.**
人生はこんなものさ（人生ままならない）。

＊ C'est la vie ! も同義ですが、comme ça「こんな風に、このように」を加えるとフランス語らしさが引き立ちます。

基本例 **Qu'est-ce que tu aimes comme musique ?**
音楽は何が好き？

＊ comme musique の直訳は「音楽として（は）」の意味。他に、Qu'est-ce que vous prenez comme boisson ?「飲み物は何になさいますか？」も定番。

「２つの水滴のように似ている」が直訳となる定型の言い回しで、よく使われます。

諺 **Elles se ressemblent comme deux gouttes d'eau.**
彼女たちは瓜ふたつだ。

commencer 動 始まる、始める

基本の語義は他動詞「始める」、自動詞「始まる」。お互いに何の話をしているのか、前提があれば、こんな言い回しがよく使われます。

|基本例| **Tu commences à quelle heure demain ?**
明日は何時に始まるの？

---

commencer à + inf.「〜し始める」は大事な言い回し。

❶ Il commence à pleuvoir.
雨が降り出した。

→ commencer à + inf. は予定・予測がなされている事柄が「始まる」という意味合い。類義の se mettre à + inf. は多く日常的な行動に対して用いて「(不意に)〜しだす」という含意。反意語は finir de + inf.「〜し終わる」。ただし、commencer par + inf. は「まず(最初に)〜する」という意味なので注意してください。

|別例| **On va commencer par visiter le musée du Louvre.**
まずルーヴル美術館の見学から始めましょう。

---

comprendre 動 理解する、わかる

英語の understand に相当する動詞。はずせない基本表現はたくさんあります。

|基本例| **Vous comprenez ce que je dis ?**
私の言っていることがわかりますか？

＊ Vous me comprenez ? も同義です。

|基本例| **Je comprends pas.**
(おっしゃっていることが) わかりません。

＊過去形を使って、J'ai pas compris. とも言います。なお、Je sais pas. なら「知りません」の意味ですからご注意を。

comprendre ～

> 基本例　**Je comprends pas bien l'anglais.**
> 英語はよくわからないのですが。

*ただし、もし道すがら、知らない人から英語で突然話しかけられたようなケースなら、Je ne comprends pas bien l'anglais. と ne をプラスする方が自然な対応です。

> 基本例　**Ça y est, j'ai compris !**
> ああ、わかった！

「理解」を話題にすると、下記のようなスピード感や程度が問題となります。

> 🛈 **Mes étudiants comprennent vite.**
> 私の学生たちは理解が速い。

→ avoir la compréhension rapide とも言います。

> 🔊 **Je n'arrive pas à comprendre vos idées.**
> あなたの考えは理解に苦しむ。

→ arriver à + inf.「うまく～できる」を否定文で用いた例。

---

conduire　動　運転する、（人を）連れて行く

語源は " 一緒に con- + 連れていく duire" で、人や物を「導く」という基本語義から転じて、日常的には主に「運転する」の意味で使われます。

> 基本例　**Vous pouvez me conduire à l'hôpital?**
> 病院に連れて行ってもらえませんか？

*「（道ぞいに、付き添って）連れて行く［来る］」の意味合い。現用では conduire する「手段」は en voiture「車で」と考えます。

> 基本例　**J'aime pas conduire dans Tokyo.**
> 東京で運転するのは好きじゃない。

*こんな言い回しも。

別例　**Mon père conduit mal.**
　　　父は運転が下手だ。

savoir conduire で「運転ができる」、「安全運転する」なら conduire prudemment と言います。もちろん、車の運転には「免許」が必要です。

 J'ai passé le permis de conduire !
　　　運転免許がとれた！
→ le permis de conduire で「運転免許証」のこと。

connaître 動　知っている

人を「知っている」、場所を「知っている」、場所に「行ったことがある」が基本の語義です。

基本例　**Tu connais Emma ?**
　　　エマのこと知ってるの？

＊この問いに、Je la connais bien. なら「(彼女を) よく知ってます」、Je la connais de vue. なら「顔だけは知っています」となります。

基本例　**Vous connaissez Kyoto ?**
　　　京都に行ったことはありますか（京都はご存じですか）？

代名動詞は「(互いに) 知り合いになる」という意味。s'y connaître en qch なら「(ある分野に) 通じている、詳しい」という熟語です。見出語の名詞 connaissance を「知人」の意味で用いて、次ページのような言い回しでも使います。

On se connaît ?
お知り合いですか？

Je m'y connais bien en voiture.
私は車に詳しいです。

Je le connais pas bien, c'est seulement une connaissance.
彼のことはよく知りません、単なる知り合いです。

→ C'est une simple connaissance. としても同義です。なお、こんな言い回しもよく耳にします。

別例 **Nous avons fait connaissance à Marseille.**
私たちはマルセイユで知り合いました。

content(e) 形 嬉しい、満足な

英語の glad や pleased とほぼ同義になります。

基本例 **Je suis très content(e) de te revoir !**
あなたにまた会えてすごく嬉しいです！

* être content(e) de qch / + inf. で「〜に満足している」（= satisfait(e)）の意味。

「〜できてよかった」も同じパターンですが、不定詞の部分が複合形になります。

 Nous sommes content(e)s d'avoir pu vous parler.
私たちはあなたと話ができて嬉しかったです。

continuer 動 （中断せずに、そのまま）続ける

英語の continue とほぼ同義です。基本はこんな命令文ですね。

基本例 **Continuez tout droit.**
そのまま真っ直ぐ行ってください。

* Allez tout droit. も類義になります。

基本例 **Continue comme ça.**
そのまま（その調子で）続けて。

continuer à[de] + inf. で「〜し続ける」の意味（ただし、

de + inf. はやや改まった印象です)。これもよく使います。

 Mon père continue à fumer malgré les conseils de son docteur.
父は医者の忠告にもかかわらずタバコを吸い続けている。

correct(e) 形 正しい

例示すれば、une réponse correcte「正しい解答」や une attitude correcte「礼儀正しい態度」、あるいは une tenue correcte「きちんとした身なり」など、「間違っていない」「正しい」「ふさわしい」を言い表す語です。

基本例　**C'est pas correct.**
　　　　（それは）正しくありません。

＊「間違いです」とズバリ指摘するなら C'est faux. と言います。
　なお、会話では以下のように一語で用いることがあります。

別例　**Correct !**
　　　（返事で）その通り！

会計の正しさは重要です。また、会話では「まずまずの、世間並みの」の意味で使われることもあります。

 L'addition n'est pas correcte.
会計が正しくありません。

 C'est un restaurant modeste, mais correct.
簡素ですがまあまあのレストランです。

coucher 動 寝かせる　代動 床につく

coucher は「寝かせる」「泊まる」の意味。代名動詞 se coucher で「床につく」「寝る」の意味になります。

基本例　**Nous couchons dans un hôtel de grand luxe demain.**
　　　　明日は超豪華なホテルに泊まります。

coucher ～

＊「ホテルに泊まる」は séjourner dans un hôtel とも言います。また、「デラックス・ホテル」は dans un hôtel cinq étoiles（ミシュラン Michelin の「等級」étoile から）と言い換えられます。

[基本例] **D'habitude, je me couche à onze heures et demie.**
ふだんは、11 時半に寝ます。

フランス語では、太陽も寝る対象です。

 Le soleil se couche à l'horizon.
太陽が地平線に沈む。

courir [動] 走る

基本の語義は「走る」、英語の run に相当する語です。

[基本例] **Mon mari court tous les jours.**
父は毎日走っています。

[基本例] **Ma sœur a couru pour arriver à l'heure à l'école.**
姉（妹）は学校に遅刻しないように走った。

[基本例] **Les Parisiens courent tout le temps.**
パリジャンはいつも急いでいる。

＊「急ぐ」「急いで行く」の意味でも courir は使えます。

「噂」le bruit も courir いたします。

 Le bruit court qu'ils vont divorcer.
二人が離婚するという噂が流れています。

court(e) [形] 短い

たとえば、les cheveux courts「短い髪」、une jupe courte「ミニスカート」、une chemise à manches courtes「半袖シャツ」などの「短い」も大事ですが、「（時間的に）短い」を意味するこんな例も大切です。

~ court(e)

基本例　**C'est trop court.**
　　　　短すぎます。

＊反意なら C'est trop long.「長すぎる」。ちなみに、サイズが「ぴったりです」なら C'est impeccable. といった言い方が簡便。

基本例　**La vie est courte.**
　　　　人生は短い。

＊この前に言葉を添えて、L'art est long, la vie est courte. とすれば「芸術は永く、人生は短し」というヒポクラテスの言葉になります。例文は La vie est brève. とするケースもあります。

---

avoir la vue courte「近視である」（= être myope）、être à court de qch で「〜を欠いている」などが頻度の高い言い回し。それと「近道」。

 Elle a la vue courte.
　　　　彼女は近視です。

→通常は、avoir une mauvaise vue と言います。なお、文脈次第ですが「先見の明がない」（= Elle ne voit pas plus loin que le bout de son nez.）という意味合いでも使えます。

 Je suis à court d'argent.
　　　　私はお金がない。

→この例では、d'argent を省いて、Je suis à court. という人もいます。なお、être court で「手短に言う」という言い回しもあります。

別例　**Soyez court.**
　　　　話は手短に願います。

Q　Quelle est le chemin le plus court pour aller au centre-ville ?
　　　　中心街に行くのに一番の近道はどこですか？

→「近道」un raccourci という語もある。

63

cravate 女 ネクタイ

ネクタイを「する」と「している」は違う動詞を使います。

基本例 **Qu'est-ce que je mets comme cravate avec mon costume noir ?**

黒のスーツにはどのネクタイをしたらいいかな？

基本例 **Mon mari porte toujours une cravate rouge pour aller travailler.**

夫はいつも赤いネクタイをして仕事にでかけます。

＊ mettre une cravate は「ネクタイをする」という動作、porter une cravate なら「ネクタイをしている」という状態を指す動詞。

おしゃれな方は別でしょうが、ネクタイの結び方はまずは周囲の大人（親父？）から習うものですね。

🛈 Mon fils sait pas faire les nœuds de cravate.

息子はネクタイの結び目をつくれない。

→ faire une nœud(de cravate) で「ネクタイの結び目をつくる」が直訳、「ほどく」際には動詞 défaire を用います。

---

croire 動 信じる

英語の believe に類した動詞。

基本例 **Je crois pas en Dieu.**

私は神を信じない。

＊文法的には en Dieu で「(信仰心を持って) 信じる」の意味になります。「悪魔［サンタクロース］がいると信じる」ケースなら croire au diable [au Père Noël] と表現します。

相手の意見を確認する際の一言。それと "que + ind［直説法］" を従える右のような用法は大事です。

C'est bien, tu crois ?
　　いいと思う?

→ Tu crois ? の直訳は「あなたはそう思いますか？」の意味。例文は Tu crois que c'est bien? とも言えます。「そう思うの？」という疑わしい気持ちも表せるので、Ah bon ?「そうなの？」とか C'est vrai ?「本当？」の類義にもなります。

 Tu crois qu'il va réussir son examen ?
　　彼が試験に合格すると思う?

→微妙な差なのですが、croire que は自身の見聞や伝聞などを背景に事実だと「思う」ことに使い、類義の penser que はある材料をネタに考え推測して「思う」ことを言います。

cuisine 女 料理、キッチン

la cuisine は「台所」の意味でも使いますが、頻度が高いのは「料理」です。

|基本例| **Ma mère fait bien la cuisine.**
　　母は料理が上手だ。

* Ma mère est bonne cuisinière. も同義。「料理をする」faire la cuisine を用いて、Ma mère sait bien faire la cuisine. も類義。ただし、「おふくろの味」le plat de ma mère（日本式なら le goût de maman）という表現に抵抗を覚えるフランス人女性は少なくないようです（mother complex, complexe d'Œdipe とみなされかねません）。せめても「おばあちゃんの味」なら抵抗感は少ないようですが……。

|基本例| **J'aime beaucoup la cuisine française.**
　　フランス料理が大好きです。

manger de la bonne cuisine で「おいしいものを食べる」の意味になります。

Tout le monde aime manger de la bonne cuisine.
みんなおいしいものを食べるのが好きです。

D

d'abord　（順番・順序）まず、最初に

話を順を追って展開する際、d'abord「まず」＜ ensuite「それから」＜ puis「そして」…＜ enfin「とうとう、最後に」といった具合に運んでいきます。

基本例　**D'abord, on est allé au cinéma. Ensuite, on a déjeuné.**
まず、映画に行ったんだ。それから、お昼を食べたんだ。

＊ tout d'abord「まず最初に、まずもって」は少し改まった言い方。

基本例　**Allez-y d'abord.**
先に行ってて。

＊ Je vous rejoins.「後で追いつくから」といった文言が続きます。

ことわざを背景にこんな d'abord もあります。

 Pour faire une omelette, il faut d'abord casser les œufs.
オムレツを作るにはまず卵を割らなくてはなりません。

→背景には、On ne fait pas d'omelette sans casser des œufs.「卵を割らずにはオムレツは作れない」（→成功には多少の犠牲がいる、思い切った冒険なしでは結果は生まれてこない）があります。

d'accord 了解、OK

「承知した」「了解」「わかった」という返答としてよく使われます。

基本例　**C'est d'accord.**
　　　　わかった（OK です）。

＊通常の「了解」の意味です。気持ち丁寧に「わかりました」なら C'est entendu. を使います。c'est を省いて、D'accord. / Entendu. の形でも頻繁に使われます。

次の返答も大事です。

 Je suis d'accord avec toi.
　　　（賛成の意を示す）そうだね（わかったよ）。

→相手から軽いアドヴァイスをもらったようなときに「そうだね（わかったよ）」という感覚で使われます。直訳は「君と同意見です」。

---

décembre 男 12月

月は他のものも参照してください。で、12月といえば「クリスマス」でしょうか……ね。

基本例　**On est en décembre, c'est bientôt Noël !**
　　　　12月です、もうすぐクリスマス！

＊ Nous sommes en décembre. も同義。

日付は日本とは逆 "le [数詞は男性名詞] + [日] + [月] + [年]" の順で表します。また、こんな格言があります。

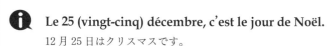

Le 25 (vingt-cinq) décembre, c'est le jour de Noël.
12月25日はクリスマスです。

Froid et neige de décembre, du blé à revendre.
12月の寒さと雪、あり余るほどの麦。

→この月が寒く、雪が降ることは、農作物にとっては良いこととみなされています。ちなみに、秋蒔きの小麦は冬の寒さにさらされてつぼみを作ります。

décider 動 決める

何を決めるのか文脈がわかっていればこの一言がよく使われます。

基本例 **Eh bien, vous avez décidé ?**
さて、お決まりになりましたか？

＊英語 Well, have you decided ? に当たる言い回し。なお、具体的に何を決めるか中身を説明する場合には de qch/ + inf. を添えます。

別例 **Mon mari décide de tout.**
何でも夫が決めます。

別例 **Nous avons décidé de nous marier.**
結婚することに決めました。

迷ったり、ためらいのあとに「態度を決める」の意味なら代名動詞 se décider を使います。

 Alors, quelle robe tu choisis ? Décide-toi !
で、どっちのワンピース（ドレス）がいい？ あなたが決めて！

→「あなたが決めて」は強調構文を用いて C'est toi qui décides. という言い方もします。

 Je n'arrive pas à me décider.
どうにも決心がつきません。

→ ne pas pouvoir se décider とほぼ同義。なお、たとえば店の人との掛け合いなら例文のように ne は省かない方が普通でしょうし、友人との会話なら省きます。

dehors 男 (場所) 外に、外で

カフェの前で次の一言がかわされます。また、「気持ちがいい」という表現にプラスしてこんな言い回しも。

基本例　**Dedans ou dehors ?**
　　　中にする、それとも外にする？

＊地方では値段に差のないカフェもありますが、パリでは、カウンター席、ボーイさんがサーブしてくれる店内のテーブル席、外のテラス席の順に料金は高くなります。

基本例　**Il fait bon dehors.**
　　　外は気持ちがいい。

> en dehors de は「(場所の) 外に」の他に「～以外に、～を除いて」の意味で使われます。
>
> **Q　Qu'est-ce tu fais, en dehors du travail ?**
>   仕事以外では、何をしているの？
>
> →例示だけではわかりにくいかもしれませんが、これは相手の時間の過ごし方(趣味)などを尋ねる文です。

déjà 副　もう、すでに、以前に

こんな会話や問いかけははずせない定番でしょう。

基本例　― **Tu as faim ?**
　　　― **Non, merci. J'ai déjà mangé.**
　　　―お腹空いてますか？
　　　―いいえ、ありがとう。もう食べましたから。

基本例　**Tu as déjà été à Milan ?**
　　　以前、ミラノに行ったことはありますか？

＊ Tu es déjà allé(e) à Milan ? と同じ意味になります。

> 文末に déjà を置いて、一度聞いたことを再度繰り返す例は盲

点ですが、これが使えるようになれば初級レベルは卒業です。

 Quand est-ce qu'elle part en France déjà ?
ええと、彼女はいつ出発するのですか？

déjeuner 男 昼食　動 昼食をとる

フランス人の友人ができればこんな誘いをしたり、受けたりすることがあります。

基本例　**Tu viens déjeuner avec nous ?**
うちにお昼を食べに来ませんか？

基本例　**On déjeune ensemble ?**
お昼、一緒にどうです？

＊語源をさかのぼり、食生活の古（いにしえ）に思いを寄せると déjeuner は英語の breakfast と同じく「断食を破って最初にする食事」という意味から生まれたものです。なお、辞書には prendre le déjeuner で「昼食を取る」と載っていますがこれはほとんど使われません。

実体験に照らしつつ、以下のような例は……いかがでしょうか。

 Il aime bien prendre un verre de vin au déjeuner.
彼は昼食に一杯ワインを飲むのが好きです。

→ 30年以上前ですから時効でしょうが、Paris 近郊のファミリーレストランで自分が乗っていたバスの運転手さんが昼間にロゼを飲んでいました。「飲んで運転して大丈夫ですか？」と聞いた私への返事がふるっています。「大丈夫、周りも酔ってるから、自分だけしらふじゃ事故っちゃう」。

demain 副 明日

時間の流れに沿って「昨日」hier、「今日」aujourd'hui、そして

~ demander

この単語。基本、必須の表現はこの挨拶。

基本例　**A demain !**
　　　　また、明日（会いましょう）！

demainにからんで、フランス人はこんな言い方をよくします。会話表現ですが、一種のことわざ（あるいは口癖）と言えるかもしれません。

　C'est pas demain la veille !
　　　　それはすぐに起こることではないよ！

→あるいは C'est pas pour demain ! と言います。

　Demain il fera jour.
　　　　明日という日もあります（→明日も日は昇る）。

→「何も急いで今日やらなくても」という訳もつけられます。
　なお、以下の言い回しは真逆の言い回し。

別例　**Ne remettons pas à demain ce que nous pouvons faire le jour même.**
　　　　今日できることを明日に延ばすな。

demander 動　求める、頼む

英語の ask に相当する語で、人や物を「求める」から、人に何かを「尋ねる」の意味に転じたもの。教科書的な例なら Elle m'a demandé la parole.「彼女は私に発言を求めた」とか Il m'a demandé son chemin.「彼は私に道を尋ねた」といった文になります。実際の会話で使う「求める」にからむ熟語としては demander un service à qn「人に助けを求める」が一番頻度が高い……でしょうか。

基本例　**Je peux te demander un service ?**
　　　　ちょっと頼みたいことがあるんだけど？

＊あるいはこんな問いかけも基本でしょう。

demander 〜

別例 **Je peux vous demander votre âge ?**
お年をうかがってもいいですか？

次の言い回しも大事。あわせて代名動詞 se demander もはずせません。

J'ai quelque chose à vous demander.
お尋ねしたいことがあります。

→ Est-ce que je peux demander quelque chose ? といった聞き方もします。

Je me demande comment elle a fait ça.
いったいどうして彼女はあんなことをしたのかな。

→ se demander は「自問する」が直訳。間接疑問を置いて「〜かしら（不思議に思う）」という言い方を作ります。

demi(e) 形 半分の 男 生ビール

時間「半」を表す次の言い回しは必須。

基本例 **Le film commence à sept heures et demie.**
映画は 7 時半に始まります。

＊時間のケースは heure（女性名詞）の関係で et demie と女性形になります。ただし、年齢は男性形です（例：cinq ans et demi「5 歳半」）。

基本例 **J'arrive dans une demi-heure.**
30 分後に着きます。

＊ une demi-heure は「半時間、30 分」の意味（例：toutes les demi-heures「30 分ごとに」）。

「生ビール」も欠かせません。

　− **Je vais prendre un verre de vin.**
　− **Et moi, un demi.**

―私はワインにするけど。
―僕は生ビール。
→そもそもの意味は半リットルなのですが、現在は4分1リットル（約250cc）の分量の「ビール」を指して使われます。

dent 女 歯

se brosser les dents「歯を磨く」や avoir mal aux dents「歯が痛い」は基本の言い回しです。でも、「歯がぐらつく」は言えますか？　なかなか浮かんでこない……。

基本例　**Tu as mal aux dents ?**
　　　　歯が痛いの？

＊仮に痛い歯が一本でも、この言い回しは複数形にします。

基本例　**J'ai une dent qui bouge.**
　　　　歯が一本ぐらついてます。

フォークの常識を説明する際の「歯」、それに、知られたハンムラビ法典の文言。

Normalement, une fourchette a quatre dents.
通常、フォークには歯が四本ある。

Œil pour œil, dent pour dent.
目には目、歯には歯。

→「聖書」にも見かける言葉です。なお、フランス語で「福を呼ぶ前歯」les dents du bonheur[de la chance] と呼ばれる「隙間のある前歯」があります。

déranger 動 邪魔をする

休息や仕事の「邪魔をする」という動詞です。

基本例　**Excusez-moi de vous déranger, mais …**
　　　　お邪魔して悪いのですが……。

déranger 〜

＊「お邪魔ですか？」Je vous dérange ? という軽い問いかけもあります。

基本例　**Ne me dérangez pas !**
邪魔しないで！

＊ Laissez-moi tranquille !「そっとしておいて！」も類義です。ちなみに、ホテルのドアノブにかける札には « Prière de ne pas déranger »（英語：Please don't disturb.）と書かれています。

基本例　**Ça vous dérange si je fume ?**
タバコを吸ってもかまいませんか？

＊「私がタバコを吸うのは迷惑ですか？」が直訳になる丁寧な言い回し。

---

se déranger の代名動詞は、たとえば「（相手のために）席を立つ」「仕事を中断する」といったケースで使われます。

 Ne vous dérangez pas pour moi.
私におかまいなく。

→相手の行動や誘いを断る際に。「わざわざ私には構わないで（そのまま仕事を続けてください、座ったままでいてください、お手をわずらわせることは結構です）」といった意味合い。pour moi は省いてもいい。

---

dernier(ère) 　形　最後の、最終の、最新の

名詞の前に置かれると「最後の、最終の」意味で、le dernier train「終電」、le dernier étage「最上階」など。時間を意味する名詞のうしろに置かれると「この前の、すぐ前の」意味となり l'année dernière「去年」(= l'an dernier)、la semaine dernière「先週」となります。

基本例　**Gabriel habite au dernier étage de cet immeuble.**
ガブリエルはあのビルの最上階に住んでいます。

| 基本例 | **Louise est rentrée à Bordeaux le week-end dernier.**
この前の週末、ルイーズはボルドーに帰りました。

---

au dernier moment は「最後のぎりぎりになって」の意味。
また、dernier cri は知らないと使えない単語です。

> **Mon ami a annulé notre rendez-vous au dernier moment.**
> 友人はぎりぎりになって予約を取り消した。

> **Adam a acheté un ordinateur dernier cri.**
> アダムは最新型のパソコンを買った。

→ dernier cri は名詞としても、形容詞としても使われ「最新型（の）」の意味。

---

descendre 動 降りる、降ろす

対義語は monter です。慣れない場所では、降りるべき「駅」がわからなかったりします。というわけで、こんな一言が大事です。また、「階段を降りる」も基本です。

| 基本例 | **Je dois descendre à quelle station ?**
どの駅で降りればいいのでしょうか？

＊たとえば、相手から Descendez à la prochaine station.「次で降りてください」といった返事が返ってきます。なお、la station は「（地下鉄の）駅」を指します。

| 基本例 | **Il a descendu l'escalier à toute vitesse.**
彼は大急ぎで階段を降りた。

＊à toute vitesse で「大急ぎで、全速力で」の意味。à petite vitesse は逆に「ゆっくりと」となります。

ホテルに「泊まる」の意味でも使われます。また、この言い回しを知らないととっさには出てこないエレベーターでの一言。

> **Q** **Vous descendez à quel hôtel ?**
> どのホテルにお泊まりですか？
>
> **!!** **Ça descend ?**
> （エレベーター内の人に）下ですか？
>
> →「上ですか？」と問うなら Ça monte ? と言います。

désirer 動 望む

客商売で大活躍する動詞。まあ、定番はこんな例でしょ！

[基本例] **Vous désirez ?**
いらっしゃいませ（何にいたしましょうか）。

＊店員の挨拶です。Monsieur, Madame などを添えて使われることが多いです。

[基本例] **Vous désirez quelque chose à boire ?**
飲み物はいかがいたしましょうか？

> こんな望みを持つ人も多いことでしょう。
>
> **i** **Ils désirent avoir un enfant.**
> 彼らは子供を欲しがっている。

désolé(e) 形 残念に思う

はずせない必須表現は以下の「謝る」一言です。

[基本例] **Je suis désolé(e).**
すみません。

＊「本当にすみません」なら Je suis vraiment désolé(e). と言います。なお、相手の話を聞いて「それは残念ですね」と返答するならこう言います。

[別例] **Je suis désolé(e) pour vous.**
それは残念ですね。

下記の例のように de + inf. を添えて「謝る」理由を追加、説明します。あるいは、こんな言い訳で使います。

❤ **Je suis désolé(e) de t'avoir dit ça.**
あなたにあんなこと言ってしまってごめんなさい。

→不定法の過去で、「失言」と「謝罪」の時間差を表します。

ℹ **Désolé(e), demain, je suis pris(e).**
ごめんなさい、明日は予定が入っています。

détester 動 大嫌いである

物の好き好き、人の好き好きは、大切な話のネタです。

基本例 **Je déteste le gingembre, le céleri et les olives.**
生姜（しょうが）とセロリとオリーヴが大嫌いです。

＊総称「～というもの」は "[定冠詞] + [名詞]" で表しますが、例示のように、オリーヴだけは les olives と複数にします。野菜やフルーツの可算・不可算の扱いは、ネイティヴでないとかなり難しい。

基本例 **Nous détestons les maths.**
私たちは数学が大嫌いです。

＊かつて、フランス人のご婦人から、人を相手にする際には détester を使わずに aimer を否定して使いましょうとアドヴァイスをいただきました。ところが数日後、会うなり、ある人物を指して Je le déteste. 「彼が嫌い」と断言。本当に「嫌い」なら自然に détester が浮かんでくるようです。

基本例 **J'ai détesté.**
最悪でした。

＊自身も参加したイベントなどに対する感想を求められて、「つまらなかった」「くだらなかった」「気に入らなかった」、そんな気持ちをまとめて表現する一言。

不定詞を続けることもよくあります。

 Je déteste être dérangé(e).
邪魔されるのは大嫌いです。

→以下のように接続法を導く形もあります。

別例 **Je déteste qu'elle me parle comme ça.**
彼女がそんな風に話すのが大嫌いだ。

devoir 動 〜しなければならない、〜することになる、借りがある 男 宿題、義務

原義は「支払いの義務がある」ですが、基本義は devoir + inf.「(当然)〜しなければならない」です。名詞では「義務」「宿題」の意味が中心です。

基本例 **Je dois terminer ce travail ce soir.**
今晩この仕事を終えなければならない。

基本例 **Mes parents doivent arriver demain.**
両親は明日着く予定です。

＊予定「〜することになっている」の意味。

基本例 **Je vous dois combien ?**
おいくらですか？

＊「いくら支払う義務がありますか？」が直訳。なお、「金銭」だけでなく「恩義」「成功」など「借りがある」「おかげである」のニュアンスでも使われます。

別例 **Je lui dois mon succès.**
成功したのは彼（彼女）のおかげです。

基本例 **Tu as fini tes devoirs ?**
宿題は終わったの？

＊ Tu as fait tes devoirs ? も同義になります。

英語の must, have to のように、さらに用例はひろがってい

きます。

 Désolé(e), j'ai dû me tromper.
　　（電話で）すみません、間違えたようです。

→「私が間違えたに違いない」が直訳です。

 Vous n'auriez pas dû lui en parler.
　　あなたは彼(彼女)にそのことを話すべきではなかったのに。

→条件法過去を用いて反語のニュアンスで使われている例。

d'habitude　いつもは

「ふだんは」の意味で。comme d'habitude なら「いつものように」となります。

[基本例] **D'habitude, j'arrive à la fac vers neuf heures.**
　　ふだんは、9時頃大学に着きます。

＊ arriver à la fac で「大学（学部）に到着する」の意味。

[基本例] **Comme d'habitude, elle est encore en retard !**
　　いつものように、彼女はまた遅刻だ！

日常と違った行動を追加説明するケースもままありますね。たとえば、こんな風に。

D'habitude je prends le vélo pour aller au bureau, mais à cause de la pluie je suis venu(e) en voiture.
　　いつもなら会社に行くのに自転車を使っていますが、雨なので車で来ました。

dictionnaire　男　辞書

「電子辞書」un dictionnaire électronique が台頭、席巻していますが、まだまだ紙の辞書も負けてはいられますまい。基本表現は「辞書を引く」でしょうか。

dictionnaire 〜

|基本例| **Consulte le dictionnaire si tu ne connais pas le sens de ce mot.**
　　もしわからない単語があったら、辞書を引きなさい。

＊教師が学生に向かって言うなら ne は省かないほうが自然。

「辞書」へのこんな篤（あつ）い思いもあるようです。

 Le dictionnaire est une machine à rêver.
　　辞書は夢見るための機械だ。

→ロラン・バルト R. Barthes の言葉です。下記のように、ナポレオン Napoléon の名言として知られる「余の辞書に不可能の文字はない」に dictionnaire は登場いたしません。Impossible is a word to be found only in the dictionary of fools. と英訳には「辞書」が登場いたしますが……。

|別例| **Impossible n'est pas français.**
　　不可能という言葉はフランス語にはない。

Dieu |男| 神

英語 Oh my God! に当たる間投詞的な用例、これ大事なとっさの一言でしょう。ただし"オー・マイ・ゴッド"ほど何でもかんでも、という印象ではないですが……。

|基本例| **Oh mon Dieu !**
　　ああ、いやはや（おやまあ、なんてことだ）！

＊「ああ、神様！」が直訳。「やばい！」「嘘だろ！」といった感覚でも使われます。

心からの感謝を表すこんな言い回しにも「神様」は降臨。また、信仰に関連した否定文、こんな言い方も「信仰のない人」なら必須かもしれません。それと「事は人間の思うままには運ばない」とする以下の一言も。

~ difficile

> 😊 **Merci mon Dieu !**
> ああ、ありがたい（→神様ありがとうございます）！
>
> 🔊 **Je crois pas en Dieu.**
> 神様を信じていません。
>
> 諺 **L'homme propose et Dieu dispose.**
> 人は工夫し、神は処分する。
>
> →語呂を合わせた並立文になっています。要は「運は天にまかせよう」という意味。

difficile 形 難しい

日本語がわかるフランス人は画数の多い「漢字」を前にすると、よくこんなことをつぶやきます。

基本例 **Les kanji sont difficiles à mémoriser.**
漢字は覚えるのが難しい。

* sushi や yen ほど練れていない、いまだフランス語に入りきれていない外来語ですから les kanjis とは書きません。ただし、外来語なのでsushi, yen にも <s> をつけないケースがあります。対義語「易しい」なら facile を用います。

「(好みが) うるさい」「(性格が) 気難しい」という意味でも使われます。

> ℹ️ **Mon grand-père est difficile pour la nourriture.**
> うちの祖父は食べ物にうるさい。
>
> ℹ️ **Mon patron a un caractère difficile.**
> 上司は気難しい性格だ。

→類義語 exigeant(e)「口やかましい」とか、rêche「とっつきにくい」といった上級レベルの形容詞もあります。

dimanche 男 日曜日

「休日」に、知人が「何をするのか」気になりませんか?

基本例　**Qu'est-ce que tu fais dimanche ?**
　　　　日曜日は何するの?

＊本書で、他の曜日も確認してください。

le dimanche と曜日の前に定冠詞を置くと、tous les dimanches, chaque dimanche「毎週日曜日に」と類義になります。

 J'aime rester à la maison et lire un livre le dimanche.
日曜日には家にいて、読書をするのが好きです。

dîner 男 夕食　動 夕食を食べる

夕食の時間は人によって異なりますね。それと何を食べるか説明するパターンも基本でしょうか。

基本例　**En général, on dîne vers vingt heures.**
　　　　普通、うちでは8時ごろに夕飯です。

＊大半の辞書に載っていますが、「夕食を取る」を prendre le dîner とするのは現在ではほとんど死語です。例文のように dîner を動詞として使うからです。

基本例　**Je vais manger un curry au dîner.**
　　　　夕飯はカレーを食べるつもりです。

知人を夕食に誘うケースもよくあるはずです。

 On peut dîner ensemble, si tu veux ?
よかったら、夕食を一緒にどうですか?

→「いかがですか?」と少し丁寧に誘うなら、たとえば条件法を用いて On pourrait peut-être dîner ensemble ? など

と聞きます。

dire 動 言う

相手に呼びかける次の一言はよく使います。

基本例 **Dis-moi, tu es libre demain ?**
ねえ、明日は暇？

＊驚き・疑問・不安、あるいは例文のように質問を切り出す際に使います。vouvoyer の相手なら、もちろん Dites-moi！です。また、Dis！/ Dites！一語だけでも同じニュアンスになります。ただし、以下の例は呼びかけではなく、「何でもいいから話をして」と相手にせがむ命令文ですのでご注意を。

別例 **Dis-moi quelque chose.**
何か話してよ。

「〜はフランス語で何と言いますか？」は必須でしょう。また、「〜をどう思いますか？」にも dire が使われます。

Q **Comment dit-on « otsukaresama » en français ?**
「お疲れ様」はフランス語で何と言いますか？

→実際に学生から聞かれたことがありますが、フランス語にずばり呼応する表現はないのでは？ 文脈次第ですが多くのケースでは Au revoir.「さようなら」でしょうか……。

!! **Ça te dit quelque chose cette photo ?**
この写真をどう思う？

→ちなみに「何とも思わない」なら、Non, ça me dit rien. となります。

---

divorcer 男 離婚する

「結婚する」は se marier で代名動詞ですが、見出語は代名動詞で

divorcer 〜

はありません。

[基本例] **Ils ont divorcé après 10 ans de mariage.**
二人は結婚10年で別れました。

＊ちなみに「別居する」には動詞 séparer を用います。

[別例] **Je suis séparée de mon mari.**
夫とは別居しています。

こんな事実を人に伝えることがあるかもしれません。

🛈 **Mes parents ont divorcé quand j'avais neuf ans.**
私が9歳のとき、両親が離婚しました。

→動詞の時制、直説法複合過去と直説法半過去の組み合わせにも注目。

🛈 **Elle a décidé de divorcer pour la deuxième fois.**
彼女は2度目の離婚をすることにしました。

🔊 **Je veux pas divorcer à cause des enfants.**
子供がいるので別れたくない。

---

doigt 男 （手の）指

「足の指」には通常 un orteil という単語を使います。ちなみに、意外な盲点をひとつ。英語の finger ですが「何本」でしょうか？通常、親指（thumb）を除く残りの4本を指しますから、両手で8本となります。

[基本例] **Elle s'est cassé le doigt en jouant au volleyball.**
ヴァレーボールをしていて指を折ってしまった。

＊"se casser +［身体］"で「（自分の）〜を折る、痛める」の意味。なお、日本語表記はもちろん「バレーボール」ですが、本書では「ヴ」（この表記は福沢諭吉が元祖とのこと）を意識的に使っています。bではなくvであることを意識していただきたいからです。

質問や発言を求める際に「挙手」ではなく、フランス式は lever le doigt（「人差し指」l'index をあげる）という動作をします。ただし、フィンガーサインとして人差し指で相手の顔や胸元を指さすのは失敬な動作。

 C'est mal poli de pointer une personne du doigt.
　　人を指さすのは失礼だ。

→「物」を montrer avec le doigt「指で指す」のは問題ないですが、人を指さす動作は要注意です。

dommage 男 残念

誘いに対して、「残念だけど、行けないんだ」Malheureusement, je ne pourrai pas venir. などと断られたとき、あるいは残念なニュースを耳にしたときに、次の一言を使います。

|基本例| **C'est dommage !**
　　それは残念だ！

＊ Dommage ! 一語だけでも使います。また、強調的に C'est très dommage ! とか Quel dommage !「なんて残念なことだ！」などとも言います。

「残念」の理由・説明を加えるなら、接続詞 que 以下を添えて、こんな風に言います。

 Dommage que tu viennes pas à la soirée.
　　君がパーティーに来られないのは残念です。

→ "(C'est) dommage que + sub.［接続法］" の形で。

donner 動 与える、あげる

英語の give に相当する単語で、辞書的な第一義は「与える」とな

donner 〜

ります。ただ、実際には掲示「動物にエサを与えないでください」 « Ne pas donner à manger aux animaux » などを除いて、donner =「与える」という訳では登場しません。

[基本例] **Mon père m'a donné sa montre en cadeau.**
父がプレゼントに腕時計をくれた。

[基本例] **Tu peux me donner ton adresse mail ?**
私にあなたのメールアドレスを教えてくれる？

* Donne-moi ton adresse mail. なら「メールアドレスを教えて」という感じ。

下記の言い回し、これは意外に盲点です。

Q Quel âge vous lui donnez ?

彼（彼女）をいくつだ思いますか？

→「あなたは彼（彼女）に何歳を与えますか」「想定しますか」という意味です。

ⓘ Cette émission de variété donne sommeil.

このヴァラエティー番組は眠くなる。

→「眠気を与える」が直訳ですが、これは "avoir +［無冠詞名詞］" に対応する形で、" donner +［無冠詞名詞］" で「〜させる」になる例です。

---

dormir [動] 眠る、眠っている

英語の sleep に相当する動詞。朝起きるとこう聞かれます。また、起きてこないとこんな会話になりますね。

[基本例] **Tu as bien dormi ?**
よく眠れた？

[基本例] **Il dort encore ?**
彼はまだ寝ているの？

ただし、世の中にはこんな人もいます。フランスの国民的歌手だったエディット・ピアフ Piaf のセリフです。

諺　Dormir, c'est du temps perdu.

眠るのは時間の無駄。

→この後、Dormir me fait peur. C'est une forme de mort.「眠るのが怖い。それはひとつの死の形だから」と続きます。傷心な心を歌った彼女らしい言葉です。47 歳という若さで昇天しました。

dos 男　背中、裏

フランス語には「肩が痛い」avoir mal aux épaules という言い方がないので、肩こりを含めて、大抵の人は下記のような言い方をします。実際に、簡単な肩もみをしてあげますと大抵の人には感謝されます。

基本例　J'ai mal au dos.

背中が痛い。

紙類の「裏」「裏面」の意味でもこの単語が使われます。また、医者でのこんな定番表現も。

❶　L'adresse et le numéro de téléphone se trouvent au dos de la carte.

アドレスと電話番号はカードの裏にあります。

→「表」は le recto と言います。

❗　Allongez-vous sur le dos.

（医者などが）あおむけに寝てください。

→「うつぶせ」は sur le ventre、「横向きに」なら sur le côté と表現します。

87

doux, douce 形 暖かい、甘い、優しい

まずは、こんな「暖かさ」「甘さ」が浮かんできます。

基本例 **L'hiver est très doux cette année.**
今年の冬はとても暖かい。

* 「穏やかな」「気持ちのよい」陽気を指します。

基本例 **Il est très doux avec les enfants.**
彼は子供にとても優しい。

* 類義語に affectueux(se)「愛情のこもった」、gentil(le)「親切な」など。

ワインやシードルなどのアルコール飲料ではこんな言い回しが使われます。

 Je préfère le sec au doux.
甘口より辛口が好みです。

→これは形容詞を名詞的に用いた例です。

---

droit(e) 形 まっすぐな 副 まっすぐに

以下、同じスペリングが続きます。混乱なさらないように。形容詞の droit(e) は une route droite「まっすぐな道」とか avoir le nez droit「鼻筋が通っている」などと使いますが、道案内で必須の言い回しは名詞です。

基本例 **Allez tout droit.**
まっすぐ行ってください。

* Continuez tout droit (devant vous). なら「(この道を) ずっとまっすぐ行ってください」の意味。

基本例に続けて、場所（目的地）を添えれば右のような文が作れます。

Allez tout droit jusqu'au carrefour puis tournez à gauche.
交差点までまっすぐ行って、左に曲がってください。

droit(e) 形 右の 女 右

「右の」は形容詞ですが、la droite は名詞として「右」（対義語は gauche）の意味でも使います。あわせて、à droite「右（右側）に」（対義語 à gauche）も大事な言い回し。

[基本例] **J'ai mal à la main droite.**
右手が痛いです。

[基本例] **L'hôtel est à droite de la banque.**
ホテルは銀行の右隣にあります。

「右側通行」ならこんな言い回しで。

En France, les voitures roulent à droite.
フランスでは車は右側通行です。

dur(e) 形 固い、厳しい、難しい、つらい

基本的な表現として浮かぶのは次の一言。

[基本例] **C'est dur.**
つらいな（きついな）。

＊これに単語を添えて以下のようにも言います。C'est dur, la solitude…「一人は、つらいな」とか、de + inf. を添えて。

[別例] **C'est dur de se lever tôt le matin.**
朝早く起きるのはつらい。

「ゆで卵」には見出語を使う決まった表現があります。また、「理解しづらい」といった言い方にもこの単語が使われます。

J'aime les œufs durs au petit déjeuner.
朝食ではゆで卵が好きです。

→ ちなみに「生卵」un œuf cru、「半熟卵」un œuf à la coque、「目玉焼き」un œuf sur le plat、「卵焼き」une omelette と言います。

 A mon avis, ce texte est dur à comprendre.
思うに、このテキストは理解しづらい。

→ difficile と同義です。

eau 女 水

「水を飲む」boire de l'eau と言いますが、海外で「水道水（= eau du robinet）」は飲まないようにと記された旅行情報誌があります。フランスのレストランでは「水道水」を普通に頼めます（日本の軟水に比べて硬度は高いですが）。ただし、頼まないと出てきません。その際、Je voudrais de l'eau, s'il vous plaît.「お水をください」とも言えますが、キャラフ（水差し）で頼むのが通常です。また「（海や川、湖などの）水辺」の意味でもよく使います。

基本例　**Une carafe d'eau, s'il vous plaît.**
キャラフ（ピッチャーに入った水）をください。

* le vin en carafe「キャラフに入ったワイン」もあります。なお、de l'eau minéral「ミネラルウオーター」は有料ですが、キャラフの水は無料です。

基本例　**J'aime me promener au bord de l'eau.**
私は水辺を散歩するのが好きです。

たとえば、tomber à l'eau「水に落ちる→水泡に帰す」などは簡単な表現ですが、知らないと使いこなせません。

 Ce projet est tombé à l'eau.
その計画は失敗した。

école 女 学校

「幼稚園」は école maternelle、「小学校」は école primaire [élémentaire]、ちなみに「中学校」は le collège で、「高等学校」は le lycée です。ひろく「学校」の意味なら、aller à l'école「学校に行く、登校する」が基本。

基本例 **Mon fils va à l'école en autobus.**
息子はバスで通学しています。

基本例 **Ma fille est à l'école primaire.**
娘は小学校に行っています。

après l'école「放課後に」とか、On (n') a pas école aujourd'hui.「今日は学校がない」などは簡単な表現ですが盲点になりやすい。また、こんな言い回しでも école を使います。

 L'école est obligatoire jusqu'à seize ans.
学校は 16 歳まで義務です。

→「義務教育」は l'enseignement obligatoire と言います。

écouter 動 聞く、聴く

英語の listen to に相当する動詞。écouter de la musique「音楽を聴く」、écouter un CD「CD を聴く」、écouter la radio「ラジオを聞く」(écouter les informations à la radio「ラジオでニュースを聞く」) などが基本の言い回し。

écouter ～

[基本例] **J'écoute de la musique dans le train.**
私は電車内で音楽を聴いています。

[基本例] **Théo écoute jamais les conseils de son frère.**
テオはけっして兄（弟）の忠告を聞かない。

「片方の耳だけで聞く」(n')écouter que d'une oreille で「うわの空で聞く」の意味です。

 Il écoute que d'une oreille.
彼はうわの空です。

→もっと直接的な言い方をすれば、Il écoute pas mon histoire.「彼は私の話を聞かない」でも言わんとすることは同じです。

écrire [動] 書く

英語の write に相当する語で、「（手紙・文字・作品などを）書く」の意味。

[基本例] **Je t'écrirai de temps en temps.**
ときどき手紙を出すよ。

＊「手紙を書く」écrire une lettre は例文のように目的語なしでも同義で使われます。

代名動詞 s'écrire は、「（互いに）手紙を書きあう」が教科書で扱われますが（例：Elles s'écrivent une fois par mois.「彼女たちは月に一度手紙を出しあっている」）、実際に使用頻度が高いのは「書かれる」を意味する以下の言い回しでしょう。

Votre nom s'écrit comment ?
お名前はどう書く（つづる）のですか？

→ épeler「つづりを言う」という動詞もあります。

> 別例　**Epelez votre nom, s'il vous plaît.**
> 　　　名前のつづりを言ってください。

élégant(e) 形　優雅な

「上品で洗練されている様子」を形容します。

基本例　**C'est un homme élégant.**
　　　　彼はおしゃれな人だ。

＊ une femme élégante なら「おしゃれな女性」となります。

> 以下の例は、「馬子にも衣装」(仏語では L'habit fait l'homme.「衣服が人を作る」と言います) か！と叱られるかもしれませんが……。
>
> **Je la trouve élégante dans cette robe noire.**
> 　　　あの黒いドレスを着ていると彼女はエレガントです。
> →直訳は「あのドレスのなかで私は彼女をエレガントだと思う」となります。

emprunter 動　借りる

「お金や物品」を「借りる」(対義語：prêter) の意味。こんな例が基本でしょうか。

基本例　**J'ai emprunté de l'argent à la banque.**
　　　　銀行からお金を借りました。

＊「銀行から借りる」だけでも「お金」のことだとわかるので、de l'argent は省けます。

基本例　**J'ai emprunté la voiture de mon frère.**
　　　　兄（弟）の車を借りた。

> 少し学術的な「借用」ならば、次ページのような例が浮かんできます。

emprunter 〜

 Le français a emprunté de nombreux mots au grec.
フランス語はギリシア語から数多くの語を取り入れた。

→「借用語」は un mot emprunté と言います。

encore 副　まだ、また、さらに

聞き取れなかった発言を聞き返す際、あるいは「(食事や仕事などが) 終わりましたか？」と問われて「いいえ、まだです」と返事をする際、こんな一言が必須でしょう。

基本例　**Encore une fois, s'il vous plaît.**
　　　もう一度、お願いします。

＊Pardon ? などと同義。ただし、「もう一度」の意味で次のような例でも使われます。

別例　**Je voudrais la voir encore une fois.**
　　　もう一度彼女に会いたい。

基本例　— **Vous avez fini ?**
　　　— **Non, pas encore.**
　　　— お済みですか？
　　　— いいえ、まだです。

＊たとえば、レストランの給仕の際の会話です。Non, je n'ai pas encore fini. の下線部を残した形です。

飲み会ではこんな一言も使われます。

 Encore un verre ?
もう一杯どうですか？

→ On remet ça ?「もう一杯やる？」というくだけた言い回しもあります。

enfant 名 (男女同形) 子供

教科書レベルの基本表現なら「お子さんはいるの？」とか「子供は何人ですか？」といった例が定番です。

基本例　**Vous avez combien d'enfants ?**
　　　　子供は何人いらっしゃいますか？

＊中性代名詞 en を用いて J'en ai un.「子供は一人です」（= J'ai un enfant.）とする返答は初級文法の基礎です。なお、avoir un enfant という言い回しは「子供が一人いる」という意味とともに、下記のように「子供ができる」の意味でも使われます。

別例　**Ils viennent d'avoir un enfant.**
　　　　二人に子供ができた。

基本例　**Nolan est enfant unique.**
　　　　ノランは一人っ子です。

＊ちなみに「双子」は jumeau, jumelle と言います。

以下のような「子供ができる」は応用レベル。また、un jeu d'enfant という言い方に注目いただきたい。

 Lola attend un enfant pour bientôt.

　ロラにはまもなく子供ができます。

→ venir d'avoir un enfant なら「子供ができた（産んだところ）」の意味。

 Pour moi les échecs, c'est un jeu d'enfant.

　私にとって、チェスは子供だましだ。

→ C'est un jeu d'enfant.「子供の遊び」→「簡単な（レベルが低い）こと」という意味合い。

---

enfin 副　ついに、とうとう

言うなれば、独り言の類ですが……。

enfin ～

|基本例| **Enfin tranquille !**
やっと静かになった！

|基本例| **Enfin, j'ai compris !**
やっとわかった！

＊話の順番として d'abord「まず」でスタートし、ensuite「それから」と話を運んでいって、(et) enfin「（そして）最後に」と展開します。

文脈次第ですが「やっとできた（終わった）！」という Enfin！は、イライラしたときにも使われます。

 Enfin !
まったくもう！

→ Mais enfin！といった言い方もします。ただし、以下の用例は「要するに」「一体全体」というニュアンスです。

|別例| **Mais enfin, qu'est-ce que tu veux dire ?**
でも結局、何が言いたいの？

---

ensemble 副 一緒に

séparément「別々に」の反意語です。どこかに「一緒に行きませんか」という誘いは基本の言い回しで、「相互・共同」のニュアンスでよく使われます。

|基本例| **On y va ensemble ?**
一緒に行きませんか？

＊ On déjeune ensemble ? なら「お昼を一緒にどうですか？」という誘い。

|基本例| **Ma femme et moi travaillons ensemble.**
妻と私は一緒に仕事をしています。

＊共同作業、相互行為という含意。

---

aller ensemble で「似合う、調和している」の意味。

Ses vêtements vont mal ensemble.
　　彼（彼女）の服はちぐはぐだ。

→「(人が) センスがいい [悪い]」なら avoir bon[mauvais] goût という言い回しを使います。

entendre 動 聞こえる

日常よく使うのは entendre の過去分詞派生の形容詞と、「聞こえた？」と確認するこんな言い回し。

基本例　**Entendu !**
　　了解（わかりました）!

＊ C'est entendu ! も同じ。Bien entendu. なら「もちろん」(= Bien sûr.) という返答にもなります。

基本例　**Vous entendez quelque chose ?**
　　何か聞こえましたか？

＊ Tu m'entends ? なら子供に「聞こえた？（→聞こえたなら今言ったようになさい）」の意味で使います。

entendre parler de qn/qch で「(ニュースなど) ～の話を耳にする」の意味になります。この形は個人的な知らせ、噂の意味では通常使いません。

 J'ai entendu parler de ce film français.
　　そのフランス映画のことは聞きました。

→類義の言い回しに entendre dire que + ind. の言い回しがあります。例は次ページに載せられましたが、これは時制照応をしていません。主節が複合過去なので、従属節は qu'elle allait aller en Afrique とするのが正式な書記法ですが、そうしますと「これから行く」という意味を耳でも目でもとらえにくいため、直説法現在形で展開するのが大半の口語のあり方です。

> 別例 J'ai entendu dire qu'elle va aller en Afrique.
> 彼女がアフリカに行くという話を聞きました。

entrer 動 入る

entrer dans un café「カフェに入る」、entrer à l'hôpital「入院する」といった表現も大事ですが、「入室」にかかわるこんな言い回しが基本。たとえば「入室前にはノックして」« Frappez avant d'entrer » という注意書きを目にします。無論「入室禁止」« Défense d'entrer » なら以下の基本例は不要というわけですが……。

基本例 **Je vous en prie, entrez !**
どうぞ、お入りください！

> 「入力する」という意味も大事です。
>
> **Entrez votre adresse mail et votre mot de passe.**
> あなたのメールアドレスとパスワードを入力してください。

envie 女 欲望、欲求

何かを食べたいという欲求は必須でしょう。

基本例 **J'ai toujours envie de chocolat.**
私はいつでもチョコレートが欲しい。

＊ avoir envie de qch で「〜が欲しい」という言い回しです。

> avoir envie de + inf.「〜したい」もはずせない熟語。また、faire envie à qn で「人に欲しい気持ちを起こさせる」の意味になります。
>
> **J'ai envie d'aller au cinéma ce soir.**
> 今晩、映画に行きたい。

~ étranger(ère)

 Cette villa me fait envie.
あの別荘が欲しい。

envoyer 動 送る

かつては郵便物が envoyer の主流でしたが、今ではメールやメッセージなど送るものが増えました。

基本例 **Je voudrais envoyer ce paquet par avion au Japon.**
航空便でこの小包を日本に送りたいのですが。

基本例 **Envoie-moi un message dès que tu arrives.**
着いたらすぐにメッセージを送って。

「人を送る、派遣する」の意味でも envoyer が使われます。

 J'ai envoyé mes enfants chez leurs grands-parents pour les vacances.
ヴァカンスのために祖父母の家に子供たちを行かせた。

→ envoyer qn à qn で「人を〜に行かせる」の意味。うしろに、不定詞を置いて、envoyer un enfant faire des courses「子供を買い物に行かせる」といった言い方もします。

étranger(ère) 形 外国の、外国人の 男 外国

初級レベルでは「外国語」une langue étrangère の活用頻度が高く、あわせて島国の日本ですから、こんな質問が基本の例となりましょう。

基本例 **Vous parlez combien de langues étrangères ?**
いくつ外国語が話せますか？

＊ただし、この疑問文なら étrangère は省くほうが自然。「外国語」と逐一言わないのがフランス式です。

基本例 **Tu es déjà allé(e) à l'étranger ?**
外国に行ったことはある？

étranger(ère) 〜

＊ voyager à l'étranger なら「海外旅行をする」の意味。

学生なら一度は聞いたり、聞かれたりするはずです。

 Vous avez envie de partir étudier à l'étranger ?
あなたは外国に留学したいですか？

→「外国に勉強しに出かける」が直訳。フランス語には「留学」に相当する語がありませんので、いささか説明的な言い回しを用います。

espérer 動 期待する

英語の hope に相当する動詞。たとえば、以下のような別れ際の定番の一言に使われます。

基本例 **J'espère vous revoir bientôt.**
近いうちにまたお目にかかりたいですね。

＊ Je serais heureux(se) [ravi(e)] de vous revoir. も類義。

"J'espère que + ind.［直説法］" は頻度が高い。

 J'espère qu'il viendra.
彼は来ると思います。

→ j'espère を挿入句としてとらえ間投詞として文末に置き、例文を Il viendra, j'espère. とすることもできます。なお、J'espère. だけで「そうだといいのですが」（= J'aimerais bien.）という期待を込めた返答として使われます。

essayer 動 試す、試着する

人が物・事柄を「試してみる」が基本語彙。英語の try に相当します。たとえば、Vous voulez essayer cette jupe ? なら店の人が「このスカートを試着なさいますか？」と客に尋ねるケース。客

からの要望なら、次のようになります。

[基本例] **Est-ce que je peux essayer cette jupe ?**
このスカート試着できます（試着してもいいですか）？

*目的語を用いない Je peux essayer ? とか Est-ce qu'on peut essayer ? といった言い方も可。また、こんな用例でも目的語は省けます。

[別例] **— Tu aimes ce fromage de chèvre ?**
— Je sais pas, j'ai jamais essayé.
— この山羊（やぎ）のチーズは好きですか？
— わかりません、食べたことがないので。

---

essayer de + inf.「～しようとする（試みる）」も頻度の高い表現です。

 Je vais essayer de terminer ça ce soir.
今晩、それを終わらせるつもりです。

---

est 男 東

l'Ouest「西」、le Sud「南」、le Nord「北」も参照してください。まずはこの基本から。

[基本例] **Le soleil se lève à l'Est.**
太陽は東に昇る。

*方位・方角を表す前置詞 à を使う形。"[定冠詞] + [方位]" だけのケースは、多くの場合、大文字で書かれます。

[基本例] **Tokyo veut dire « la capitale de l'Est ».**
東京とは「東の都」という意味です。

「～の東部に」と「～の東方に」は違うものです。また、2つの方角にまたがるこんな表現にも注意です。

 Strasbourg est dans l'est de la France.
ストラスブールはフランス東部にあります。

est 〜

→フランスの中の「東部地域」の意味。これに対して「〜の東方」は「その外に」という意味ですので使う前置詞が違います。

別例 **Nancy se trouve [se situe] à l'est de Paris.**
ナンシーはパリの東に位置しています。

ℹ **Le vent souffle d'est en ouest.**
風が東から西に吹いている。

été 男 夏

日本の夏はこんな言い回しで話題になります。それと、cet été「今年の夏」も。

基本例 **Au Japon, il fait chaud et humide en été.**
日本では、夏は暑くて湿気が高い。

基本例 **Je reste dans l'île de Beauté cet été.**
今年の夏はコルシカ島に滞在します。

「夏休み（ヴァカンス）」les vacances d'été や「夏期講座」un cours d'été、それに、3月の最終日曜日から9月の最終日曜日まで実施される「サマータイム」l'heure d'été といった単語は記憶したいものです。また、en été「夏に」、l'été dernier「この前の夏に」、「この次の夏」なら l'été prochain、そしてこんな言い回しも。

ℹ **L'été 2010, Sarah habitait encore à Londres.**
2010年の夏、サラはまだロンドンに住んでいました。

→ "le（定冠詞）＋ 四季 ＋ 年" という語順で用います。

étonner 動 驚かせる

事柄が主語で「人を驚かせる」の意味、辞書的には次の言い回しが基本でしょう。

~ étroit(e)

基本例　**Cette nouvelle m'étonne.**
　　　そのニュースを聞いて驚いています。

* Je suis étonné(e) d'apprendre cette nouvelle. と言い換えられます。なお、否定文 Ça m'étonne pas. なら「それには驚かない（そんなことだと思っていた）」という意味になります。

条件法で使う以下の言い回しもはずせません。

 Ça m'étonnerait.
　　まさか、そんな馬鹿な。
* Je serais étonné(e). としても同義。

étroit(e) 形　狭い

次のような、道幅の狭さ、心の狭量さなどが基本の言い回しでしょう。対義語は large です。なお、同じ「狭い」でも「小さい」の意味合いなら petit(e)（例：une petite chambre「狭い部屋」）、「限られた」なら limité(e)（例：des connaissances limitées「狭い知識」）といった形容詞が使われます。

基本例　**Cette route est étroite.**
　　　この道は狭い。

基本例　**Ce savant a l'esprit étroit.**
　　　あの学者は考えが偏狭だ。

* être étroit(e) d'esprit としても同義になります。

名詞として用いて、à l'étroit で「窮屈に、困窮して」という言い回し。

 On est un peu à l'étroit dans ton appartement.
　　君のマンション（アパルトマン）は少し窮屈です。
→日本の「天井の低い部屋」une pièce basse de plafond を嘆く外国人は少なくないようです。

étudier 動 勉強する

「学問を学ぶ」の意味合いで使われます（「学生」はこの動詞から派生した étudiant(e) です）。専門的に「学ぶ」なら "faire des études de + [学問]" が使われ、初歩レベルから「学ぶ」場合は apprendre、ひろく対象は示さずに「勉強する」の意味なら travailler が使われます。

基本例　**Mon neveu étudie la littérature japonaise depuis six mois.**
甥（おい）は半年前から日本文学を勉強しています。

語学学校や大学などで「専攻している」の意味でも étudier が使われます。

Ma nièce étudie le droit à l'université.
めい（姪）は大学で法律を専攻しています。

→「法律を専攻する」は faire des études de droit とか se spécialiser en droit と言い換えられますし、単に faire du droit「法律を学んでいる」としても類義です。大学などの専攻を問うなら Vous êtes étudiant(e) en quoi ? とか、あるいは下記のように尋ねます。

別例　**Qu'est-ce que vous étudiez ?**
何を専攻していますか？

---

exactement 副　正確に、その通り

一語で用いて、問いかけへの賛同を示して「まさしく、その通り」という意味になります。

基本例　**Exactement.**
まったく（その通り）。

＊Tout à fait. とか C'est exact. など同義の言い回しもあります。

~ exemple

> 「正確に」「まさに」の例ならこんな使い方。
>
> 🛈 **Le train arrivera exactement à l'heure.**
> 電車はきちんと時間通りに到着しますよ。
>
> ♡ **Merci ! C'est exactement ce que je voulais !**
> ありがとう！ 私が欲しかったのはまさにこれですよ！

examen 男 試験

ある一定の点数を取れれば合格になる「試験」のことで、入試のような合格者数が決まっている試験 un concours とは違います。préparer un examen「試験勉強をする」、passer un examen「試験を受ける」、réussir l'examen「試験に受かる」、rater un examen「試験に落ちる」などが基本でしょう。

基本例　**Ethan a passé l'examen oral.**
　　　　エタンは口述試験を受けた。

＊examen では通常、鼻母音 /ã/ と読まれる en が、/ɛ/ と読まれる点に注意。

> 言うまでもないですが、試験は結果が大事ですね。
>
> 🛈 **Il a eu de bonnes notes à l'examen.**
> 彼は試験でいい成績をとった。
>
> → la note は「成績」の意味です。科目を具体的に添えるなら以下のように言います。
>
> 別例　**Elle a eu de mauvaise notes en maths.**
> 　　　彼女は数学で悪い成績をとった。

exemple 男 例、手本

例示をする際の「たとえば」par exemple（英語 for example）

exemple ~

は会話で必須の言い回しです。これを「驚きや不信を表す」言い方として、下記のように使うのはネイティヴなら当たり前。

[基本例] **On va prendre par exemple le dernier roman de Murakami Haruki.**
例として、村上春樹の最新小説を取りあげてみよう。

[基本例] **Ça par exemple ! C'est une surprise de te trouver ici !**
そんなまさか！ここであなたに会うとは驚いたよ！

「別の例」あるいは「手本」ならこんな用例がネイティヴ感覚。

 Vous pouvez me donner un autre exemple ?
私に別の例をあげていただけますか？

→ donner [citer] un exemple で「例をあげる」の意味。

 Prend exemple sur Eva, elle arrive toujours à l'heure.
エヴァを見習って、彼女はいつも時間通りにやってきます。

→ prendre exemple sur qn = suivre l'exemple de qn で「人を見習う、ならう」という成句になります。

---

excellent(e) [形] 素晴らしい、とてもおいしい

人や物事あるいは料理を褒めるときに使われる形容詞です。名詞とのからみなら、un excellent vin「とてもおいしいワイン」、un excellent hôtel「素晴らしいホテル」、un excellent acteur「素晴らしい俳優」、une excellente idée「妙案」などが浮かびます。

[基本例] **Ce plat est excellent.**
この料理はとてもおいしい。

＊ délicieux(se)「美味な」とか fameux(se)「とびきりの」といった類語もあります。

素敵な時間を過ごした際にも使います。

J'ai passé un excellent séjour en France.
　　フランスでの滞在は素晴らしかった。
→「フランスで素晴らしい滞在をした」が直訳。

excuser 男　許す

わびる際にも、見知らぬ人に声をかけるときも、この一言ははずせません。

|基本例|　**Excusez-moi de mon retard.**
　　　　　遅れてすみません。

＊ Excusez-moi d'être en retard. としても同義です。

|基本例|　**Excusez-moi ! Où se trouve la gare ?**
　　　　　すみません、駅はどこですか？

こんな excuser はいかがでしょうか。

 Pour cette fois, je t'excuse.
　　今回は、大目に見ましょう。
→実際の会話なら、「ただし〜」mais ... と続きます。

facile 形　簡単な、気さくな

英語の easy に相当、対義語は difficile, un problème [une question] facile「簡単な問題」とか、un caractère facile「気さくな性格」などが基本の言い回し。また、次の表現は必須。

|基本例|　**C'est facile.**
　　　　　それは簡単です。

＊これに comme bonjour を添えて、C'est facile comme bonjour.「それはとても容易だ」(→ Bonjour の挨拶のようにたやすい) といった言い方もします。

> 「〜するのが簡単である」も必須です。
>
> **Votre voiture est facile à conduire.**
>   あなたの車は運転しやすい。
>
> → être facile à + inf. で「〜するのが容易な、たやすい」という意味。
>
> **Facile à dire.**
>   言うのは簡単さ。
>
> →これは主語と動詞が省かれている例。Facile à dire, mais difficile à faire.「言うは易く、行うは難し」ということわざの前半だけを切り取ったものです。同じことわざを Plus facile à dire qu'à faire. と表現するケースもあります。

faim 女 空腹

avoir faim「空腹である」(英語 be hungry) が基本。

基本例 **J'ai faim !**
    おなかすいた！

＊「あまりおなかがすいていません」J'ai pas très(trop) faim. という文は、意外にすっとは浮かんでこないものです。

> 「狼の空腹を持つ」は上記の例文を強調する口語表現です。また、donner faim à qn という言い回しもあります。
>
> **J'ai une faim de loup !**
>   おなかがペコペコだ！

> **Cette longue promenade m'a donné faim.**
> こうして長い時間散歩したせいでお腹がすきました。
>
> → donner faim à qn で「人にお腹をすかせる」という表現になります。

faire [動] 作る、する、〜になる

英語の make と do をひとつにしたような動詞でフランス語で欠くことはできません。たとえば、天候を表す言い回し、英語の What do you do? に相当する表現、あわせてこんな言い回しでも。

[基本例] **Il fait beau, aujourd'hui.**
　　　　今日は晴れです。

＊他にも Il fait mauvais[froid, chaud].「天気が悪い［寒い、暑い］」などなど。

[基本例] **Qu'est-ce que vous faites ?**
　　　　仕事は何をなさってますか？

＊このままだと「あなたは何をしていますか？」と現在の行動・行為を打診する疑問（たとえば、電話で、Qu'est-ce que tu fais ?「今、何やってるの？」と問うようなケース）にもなるため dans la vie（英語 for a living）を添えて、Qu'est-ce que vous faites dans la vie ? とすれば職業を問いかけていることが明瞭になります。

[基本例] **Je te fais un petit café ?**
　　　　コーヒーをいれようか？

＊ faire un café で「コーヒーをいれる」の意味。この petit(e) は「愛情や親しみを込めて」添えられています。無理に訳す必要はないですが、「おいしいコーヒー」「素敵なコーヒー」といった含意です。他にも、faire la cuisine「料理する」、faire les courses「買い物をする」、faire la vaisselle「皿を洗う」、あるいはまたこんな faire も。

|別例| **N'oublie pas de faire ton lit.**
ベッドをきちんとして（→ベッドメイキングを忘れないで）。

応用例はたくさんありますが、なかでも頻度が高いフランス人の一言はこれ！

 Rien à faire.
どうしようもない。

→「手の打ちようがない」、あるいは要求を拒否して「どうしてもダメだ」という意味合いでも会話では使われます。

falloir |形| 〜しなければならない

起きてから寝るまで「〜しなくては（ならない）」と考えていることが、誰にでもあれこれとあります。その多くが falloir を用いて言い表せます。

|基本例| **Il faut que je termine ça pour demain.**
明日にはこれを終わらせないと。

|基本例| **Il faut que tu ailles voir le médecin.**
君は医者にみてもらわないと。

＊ Il te faut aller voir le médecin. とも言えますが、これは書き言葉。日常的には接続法を使うパターン "il faut que + sub. [接続法]" が自然です。

次のことわざは知られた例。なお、否定は禁止の意味です。

 Il faut laver son linge sale en famille.
恥ずかしいことは内輪で始末しましょう（→汚れた下着は家で洗え）。

 Il ne faut pas fumer ici.
ここでタバコを吸ってはいけない。

→否定の命令文や Vous ne pouvez pas fumer ici. などと言

い換えられます。

　上記の例は il n'est pas nécessaire de + inf.「〜する必要がない」という意味ではありません。

famille 女 家族

英語の family と同義です。「親族」の意味でも用いますが、基本義は「夫婦と子供」=「家族」の意味。こんな問いかけは頻度が高いです。

基本例　**Vous êtes combien dans votre famille ?**
家族は何人ですか？

基本例　**Comment va ta famille ?**
ご家族は元気ですか？

＊疑問詞なしで、Ta famille va bien ? といった聞き方もします。

「家族全員で」と言いたいなら、こんな言い回しを使います。

　Ce printemps, on a voyagé en famille.

今年の春、家族全員で旅行しました。

→ J'ai voyagé avec toute la famille. といった言い換えも可能です。なお、en famille は「家族同士で」の意味だけでなく「内輪で、アットホームに」という意味でも使われます（例：se sentir en famille「アットホームな気分になる」）。

fatigué(e) 形 疲れた、うんざりした

fatiguer「（人を）疲れさせる」の過去分詞から派生した形容詞で、英語の tired とほぼ同義。必須の一言はこれ！でしょう。

基本例　**Je suis fatigué(e).**
疲れた。

fatigué(e) de qn/qch あるいは de + inf. で「うんざり」「あ

きあき」の理由をプラスできます。

 Ma secrétaire est fatiguée d'avoir autant de travail.
秘書はこれほどの仕事をかかえてうんざりしている。

→ちなみに Ma secrétaire est fatiguée de tout. なら「すべてにあきあきしている」という意味になります。

faute 女 間違い、落度

「間違い、ミス」（= une erreur）の意味で使われます。そんな基本の例。あわせて、フランス人はなかなか素直には謝りません。責め立てられるとこんな否定文の登場と相なります。

基本例　**Elle a fait beaucoup de fautes dans sa dictée.**
彼女はディクテ（書き取り）でたくさんのミスをした。

基本例　**C'est pas de ma faute.**
私のせいではありません。

＊ de は省けます。はっきり責任の所在を示すなら、C'est la faute de Pierre.「ピエールのせいだ」といった言い方をします。

sans faute「かならず」や faute de temps「時間がなくて」も押さえておきたい表現です。

 Je serai là à dix heures sans faute.
私はかならず 10 時には家にいます。

 Faute de temps, j'ai pas pu lui téléphoner.
時間がなかったので、彼（彼女）に電話できませんでした。

faux, fausse 形 偽物の、間違った

事実や現物と「違う」という意味で、対義語は vrai(e) です。

ちなみに、英語とフランス語で似て非なる単語のことを faux amis「偽の友」と呼びます。spelling が似ていて

間違いやすいケース、"英語 blue 対 仏語 bleu(e)"や"英語 actual（仏語 réel(elle)）を仏語 actuel(elle)（英語 present)"と混同するようなケースを指します。

基本例　**C'est complètement faux.**
　　　　それはまるっきり間違っています。

＊文脈によっては「(それは) まるっきり嘘だ！」とも訳せます。

名詞や副詞としても使われます。

 Ce sac était un faux.
　　　あのバックは偽物だった。

→この例は「贋作」を意味する名詞。たとえば「ルイヴィトンの偽のバック」ならば un faux sac Louis Vuitton（ちなみに、仮名書き発音なら「ルイヴュイトン」の方が近い）となります。「本物の」には vrai(e), véritable, authentique という語を用います。

Je veux pas chanter parce que je chante faux.
　　　音痴なので歌いたくありません。

→ chanter faux で「調子外れに歌う」の意味。文法的には、この faux は「間違って」を意味する副詞になります。

femme 女　女性、女、妻

homme「男性」の反意語で、mari「夫」や jeune fille「若い女性」の反意にもなる単語です。

基本例　**Il y avait un homme et deux femmes dans le magasin.**
　　　　店内には男性が一人女性が二人いました。

基本例　**C'est ma femme.**
　　　　(こちらが) 私の妻です。

＊他己紹介なら Voici Claude et sa femme.「こちらがクロードさんと奥さんです」といった言い方をします。なお、「私には妻

がいます」なら une femme が「女性」一般を指すことからこの語は避けて、通常は、J'ai une épouse.（→配偶者がいます）とか、Je suis marié.（→結婚しています）と言います。

ヴォルテール Voltaire の言葉です。

 Les faiblesses des hommes font la force des femmes.
男の弱さが女の強さになる。

→つまり、「男性の持ついろいろな弱さが女性の強さを作る」という意味です。

fenêtre 女 窓

開閉 ouvrir, fermer が話題になりますし、regarder par la fenêtre「窓から見る」といった言い回しも基本です。

基本例 **Est-ce que je peux ouvrir la fenêtre ?**
窓を開けてもいいですか？

* ouvrir une fenêtre なら「（パソコンの）ウィンドーを開く」の意味にもなります。

基本例 **Ferme la fenêtre, il y a un courant d'air.**
窓を閉めて、すきま風が入ります。

* un courant d'air は「すきま風」のこと。

飛行機では「窓側」か否かが大きいですね。

 Donnez-moi une place côté fenêtre, s'il vous plaît.
窓側の席をお願いします。

→機械で席を予約することが多くなり、もしかしたらこうした会話は過去の遺物となるかもしれません。なお、une place côté couloir なら「通路側の席」です。

fermer 動 閉める、閉まる

開いているものを「閉める、閉じる」が基本語義。たとえば、fermer une fenêtre「窓を閉める」、fermer les rideaux「カーテンを閉める」、fermer la main「手を握る」、fermer le gaz「ガスを止める」など。対義語は ouvrir です。

基本例 **Ferme la porte, il fait froid !**
　　　ドアを閉めて、寒いから！

＊丁寧に「ドアを閉めていただけますか？」なら Vous voulez bien fermer la porte ? などと依頼します。

基本例 **Ce magasin a fermé le mois dernier.**
　　　あの店は先月閉店しました。

閉店時間を聞くなら、こんな言い回しが簡便です。

Ça ferme à quelle heure ?
　　何時に閉店ですか？

→「開店時間」を問うなら Ça ouvre à quelle heure ? と聞けばいいことになります。

---

février 男 2月

下記は何月にでも応用できる基本文です。他の月もご確認ください。

基本例 **Mon anniversaire est en février.**
　　　私の誕生日は2月です。

＊ Je suis né(e) en février.「2月生まれです」も類義。

いつの間にやらチョコレートの日として定着した感のある、セントヴァレンタインの日は2月ですね。

La Saint-Valentin est le 14 février.
　　ヴァレンタインデーは2月14日です。

> →なお、女性が意中の男性にチョコレートを贈るという習慣は日本や韓国のユニークなあり方のようです。そもそもは製菓会社の戦略と言われているようですが……。

fille [女] 娘、少女

基本の語義は、「男の子」garçon、「息子」fils の対義語で、英語の girl, daughter に相当します。

基本例 **C'est un lycée de filles.**
　　ここは女子高です。

基本例 **Il a un fils et deux filles.**
　　彼には息子が一人と娘が二人います。

* une petite fille は「年端もいかない幼い娘」と「(思春期以前の) 少女」の両方の意味があります。grande fille は「(思春期に達した) 少女、(一人前の) 娘 (= jeune fille)」の意味です。ちなみに「オールドミス」を une vieille fille (→古い少女) と言ったりします。

> 出産にからむこんな言い方もよく使われます。また、日常会話ではこんな言い回しもちょくちょく登場します。
>
> 🛈 **La femme de Marc a accouché d'une fille.**
> 　　マルクの奥さんは女の子を産みました。
>
> →「男の子を産む」なら accoucher d'un garçon と言います。「男の子、女の子?」とこんな問いかけもします。
>
> **別例** **Elle a eu un garçon ou une fille ?**
> 　　どっちが生まれたの?
>
> 🛈 **Il plaît aux filles ?**
> 　　彼は女の子にモテるの?
>
> → plaire à qn で「〜に好かれる、〜の気にいる」の意味。

film 男 映画

cinéma は「映画」というジャンル、film は個々の「映画」を指す単語です。

基本例 **J'ai vu un bon film hier soir.**
昨晩、いい映画を見ました。

＊「(映画館で) 見る」なら voir un film [au cinéma] を使い、もし「テレビで映画を見る」の意味なら regarder un film à la télé を使います。

映画監督トリュフォー F. Truffaut はこんな風に言っています。また、黒澤明のファンもいまだに大勢います。

 Les films sont plus harmonieux que la vie.
映画は人生よりも調和的だ。

→「映画には渋滞がないし、死んだ時間もない」と続きます。

 Les sept samouraïs est un film culte japonais.
七人の侍は日本のカルト映画だ。

→カルト映画 un film culte とは「熱狂的ファンに支持される映画」を指します。

---

fils 男 息子

基本は fille「娘」の対義語で英語の son に相当する単語です。

基本例 **Mon fils voudrait devenir astronaute.**
息子は宇宙飛行士になりたがっている。

「カエルの子はカエル」に相当するのが次のことわざ。

 Tel père, tel fils.
この父にしてこの子あり。

→ちなみにカンヌ国際映画祭で審査員賞を受賞した是枝裕和監督の「そして、父になる」の仏訳でした。

fin 女 終わり

à la fin の "de + [月（年）]" を添えると「〜の終わりに」。au milieu なら「半ばに」、au début なら「はじめに」の意味になります。

基本例 **Je rentre au Japon à la fin de l'année.**
年末、日本に戻ります。

＊ただし、下記の à la fin は「ついに、結局のところ」（= finalement）の意味。

別例 **A la fin, il a accepté d'y aller.**
ついに、彼はそこへ行くことを承知した。

次の en fin de qch の形はなかなか使いこなせない言い回し。

Je passerai te chercher en fin d'après-midi.
午後遅くに迎えに寄ります。

→ en fin de qch で「〜の終わり（最後）のところで」の意味。

finir 動 終える、終わる

英語の finish とほぼ同義、はずせないのはこの一言。それと finir de + inf. の言い回し。

基本例 **C'est fini !**
終わった！

＊作業や仕事などを前提に Ça y est ! C'est fini !「よし（やった）、終わった！」とか、恋愛関係で Avec toi, c'est fini !「あなたとは終わり！」、Entre toi et moi, c'est fini !「二人はもうおしまい！」といった使い方ができます。疑問文で使えば、仕事や食事や何やら C'est fini ?「終わった？」と相手に尋ねられます。

基本例　**J'ai fini de lire ce roman.**
　　　その小説を読み終えた。

* finir de + inf. で「〜し終える」ですが、「〜するのをやめる」の意味でも使われます。また、n'en pas finir de + inf. で「いつまでも〜し続ける」という言い回しもあります。

別例　**Elles en finissent pas de bavarder.**
　　　彼女たちはいつまでもおしゃべりをやめない。

次のことわざはよく使われます。

 Tout est bien qui finit bien.
　　　終わりよければすべてよし。

→ちなみに un film qui finit bien なら「ハッピーエンドの映画」という意味です。なお、19 世紀の詩人ラフォルグ J. Laforgue は例示のことわざをもじってこんな詠嘆を口にしています。

別例　**Ah ! Tout est bien qui n'a pas de fin.**
　　　ああ！　終わりなければすべてよし。

---

fleur 女 花

教科書の例文であればこんな文が登場します。

基本例　**Il y a beaucoup de belles fleurs dans ce jardin.**
　　　その庭には美しい花がたくさんある。

* un bouquet de fleurs で「花束」、des cerisiers en fleur(s) で「満開の桜」。また、花にちなんで、「(花が) 咲く」s'épanouir、「(花が) 散る」tomber、「(花が) しおれる」se faner といった語が使われます。

初級レベルからははずれますが un chou-fleur は「カリフラワー」のこと。

Comment faire aimer le chou-fleur aux enfants ?
どうやったら子供をカリフラワー好きにさせられますか？

fort(e) 形 強い、得意だ 副 強く

英語の strong, strongly に相当する単語。日常生活では副詞の fort と「得意だ」という形容詞、それに飲み物とのからみでよく使われます。

基本例 **Je t'embrasse très fort.**
君にいっぱいキスするね。

＊手紙に末尾で「心からのキスを送ります」といった意味でも使われますし、電話で別れ際に「じゃ〜ね、またね」といった軽い意味合いでも使われます。

基本例 **Elle est forte en mathématiques ?**
彼女は数学が得意なの？

＊" fort(e) de + [科目名（ジャンル）]" で「〜が得意」の意味。逆に、「不得手」なら faible を用います。

基本例 **Ce café est fort !**
このコーヒーは濃い！

＊アルコール度数を指して、たとえば、Ce whisky est fort. なら「このウィスキーは強い」となります。

べたな「力強さ」なら、こんな比喩がフランス式。

 Simon est fort comme un bœuf !
シモンはすごく力が強い（→牛のように強い）！

→ fort comme un Truc「トルコ人のように強い（すごく頑強だ）」とも言います。なお、動物を用いて人を形容する言い回しは、他にいくつもあります。たとえばこんな具合。

別例 **Il est doux comme un agneau.**
彼は子羊のようにおとなしい。

~ frais, fraîche

> 別例　Il est malin comme un singe.
> 　　　彼は猿のように利口だ（抜け目ない）。

fou(fol), folle 形　気がふれた、馬鹿な、夢中になった

英語の crazy に近い単語。人が「気の狂ったような」と言いたくなるケース（ただし、「精神に異常をきたした」という意味なら dément(e) という単語を使います）があるものです。

基本例　**Mais il est fou ! Pourquoi il a fait ça ?**
　　　どういうこと、あいつ気でもふれたか！　なぜあんなことをしたんだ？

＊「馬鹿じゃないか！」とも訳せます。なお、文頭の mais は「驚き、いらだち」を強調する語です。

> être fou[folle] de qn/qch「～に夢中になる」も大事な言い回し。
>
> **Elle est folle de musique.**
> 　　　彼女は音楽マニアだ。
>
> → Il est fou d'elle. なら「彼は彼女に夢中だ」の意味、Je suis fou[folle] de joie. なら「私は嬉しくてたまらない」という意味になります。

frais, fraîche 形　涼しい、（食料品が）新鮮な

典型的な非人称構文で以下のように使われます。

基本例　**Il fait frais ce matin.**
　　　今朝は涼しい。

＊「肌寒い」とも訳せます。なお、非人称でなくても、Le temps est frais ce matin. とか Le vent est frais.「風が涼しい」なども類義の言い回しになります。

食料品が「新鮮な」の意味でも使われます。des œufs frais「生みたての卵」、le pain frais「焼きたてのパン」など。

 Mangez davantage de légumes frais.
　　もっと生野菜を食べないと。

français(e) 形 フランスの　男 フランス語

la France は国としての「フランス」、Français(e) は「フランス人」のこと。ただし、être の属詞であれば現用は小文字で書かれ、たとえば Il est français.「彼はフランス人です」となります。ただし、c'est を用いて C'est une Française.「彼女はフランス人です」なら大文字で書くのが通例です。また、「フランス語」は le français（= la langue française）、形容詞の français(e) は「フランスの」（例：la littérature française「フランス文学」）、「フランス人の」（例：un professeur français「フランス人の先生」）、「フランス語の」（例：la grammaire française「フランス語文法」）といった意味を持ちます。

基本例　**Elle parle français ?**
　　彼女はフランス語を話しますか？

＊たとえば、apprendre le français「フランス語を学ぶ」は定冠詞を用いますが、parler français「フランス語を話す」は無冠詞で用います。

基本例　**T'aimes pas la cuisine française ?**
　　フランス料理は好きじゃないの？

映画のサブタイトルでは、何語が使用されているのかが問題になります。また、こんな形容詞の使い方は盲点となりやすいものです。

 C'est sous-titré en français, ce film ?
　　この映画はフランス語の字幕つきですか？

→直訳は「この映画はフランス語で字幕が入れられている」の意味。つまり「字幕を入れる」sous-titrer という動詞を用い、en français「フランス語で」を添えた形です。

> **Aujourd'hui, construire une montre 100% française est presque impossible.**
> 今日では、100%フランス製の腕時計を製造することはほぼ不可能です。

→説明的に言い換えれば、une montre cent pour cent fabriqué en France となります。

frère 男 兄、弟

英語の brother と同じように、単数の un frère は「兄」か「弟」を指す単語です。複数なら「兄弟」です。

基本例 **Vous avez des frères ?**
兄弟がおいでですか？

基本例 **J'ai un frère et une sœur.**
兄（弟）と姉（妹）がいます。

*通常「兄」grand frère（frère aîné）と「弟」petit frère（frère cadet）を区別しません。フランス人にこうした区別をしないのは不便では？と聞きましたら、「小さいときは兄、弟が問題かもしれないが、大人になったら気にならない」との返事をもらいました。日本とは家長 un chef de famille という考えに違いがあるのかもしれません。

un beau-frère は「美しい兄（弟）」ではありません。「義理の兄（弟）」のことです。

> **Mon beau-frère est bricoleur.**
> 義理の兄（弟）は器用な男です。

→ bricoler「日曜大工をする」から派生した名詞 bricoleur, bricoleuse は「日曜大工をする人、便利屋、器用な人」を

frère 〜

> 指します。

froid(e) 形 寒い、冷たい 男 寒さ

名詞を用いた avoir froid, faire froid の言い方はイロハのイ。それと料理の「冷えた」は基本表現です。

基本例 **J'ai très froid.**
とても寒いです。

＊これは主観的に周囲の温度とは関係なく「私は寒い」という意味。寒暖計が測定する客観的な「寒さ」は非人称で表現します。

別例 **Il fait terriblement froid ce soir.**
今晩はとても寒い。

基本例 **Mon plat est déjà froid !**
私の料理が冷めてしまった！

寒さを「鴨」を使って表すのがフランス式。

🛈 **Il fait un froid de canard.**
すごく寒い（凍てつく寒さだ）。

→冬、レマン湖に出向いた際、零下で雪混じり。そこで見た「鴨」の群れ。思わずこの言い回し「鴨の寒さがします」が頭に浮かんできました。「狼」を用いて un froid de loup としても類義になります。

---

fromage 男 チーズ

日本製のプロセスチーズならそのままチーズを単体で食べるのもありなのでしょうが、300 種類を超えるチーズが作られている国（un pays où il existe plus de 300 sortes de fromage）ではパンにのせて（塗って）チーズを食べるのが常識です。また、デザートにはこんなチーズもありますね。

~ fruit

| 基本例 | **Les Français mangent du fromage à la fin des repas.** |

フランス人は食事の終わりにチーズを食べます。

＊レストランでは「チーズはどうなさいますか？」Vous désirez du fromage ? と聞かれ、Oui. と応じると、複数のチーズが置かれた un plateau de fromage（チーズのトレー）が運ばれてきます。チーズを食べる際に、パンがないときは追加して Du pain, s'il vous plaît. と添えます。ちなみに、日本で食事のしょっぱなにチーズが供されて驚くフランス人は少なくありません。

| 基本例 | **Il y a du gâteau au fromage pour le dessert.** |

デザートにはチーズケーキがあります。

ブリア＝サヴァラン Brillat-Savarin の『美味礼讃』にはこんな一行が記されています。それだけ、チーズがフランスの暮らしになくてはならないということです。

 Un dessert sans fromage est une belle à qui il manque un œil.

チーズのないデザートは片目のない美女だ。

fruit 男 フルーツ、果実

un gâteau aux fruits「フルーツケーキ」、un jus de fruit「フルーツジュース」などは必須。言うまでもなく、Les fruits sont bon à manger.「フルーツは食べて美味しい」ものです。

| 基本例 | **Je prends des fruits comme dessert.** |

デザートにはフルーツをもらいます。

porter des fruits なら「果実がなる」の意味ですが、所有形容詞を用いて porter ses fruits なら「実を結ぶ」＝「成果をもたらす」という熟語になります。

 Ses efforts portent enfin leurs fruits.

彼（彼女）の努力がやっと実を結んだ。

fumer 動 タバコを吸う

NHKラジオに出演していた際、この動詞を使った例文を掲載するか否かをめぐってディレクターともめたことがあります。たしかに喫煙ははた迷惑かもしれません。健康被害もあります。ただ、聴取者を煙に巻くような？ゆがんだ自主規制は困りものです。

基本例 **Mon grand-père fume deux paquets par jour.**
祖父は日に2箱タバコを吸う。

＊返す刀で、Il fume trop.「彼はタバコの吸いすぎだ」と言われましょう。

基本例 **Il est interdit de fumer dans les lieux publics.**
公共の場では喫煙は禁止です。

タバコを吸う人は以下の一言は必須でしょう。

!! Ça vous dérange si je fume ?
タバコはご迷惑ですか？

→ déranger「迷惑をかける」という動詞を用いた例。Non, pas du tout. なら「どうぞかまいません（邪魔ではない）」で、たとえば、Un peu. なら「ちょっと（邪魔ですから遠慮してください）」といった応答になります。なお、相手が友人ならJe peux fumer ?「吸っていい？」とも聞けます。

G

gagner 動 稼ぐ、勝つ、手に入れる

英語のgainとほぼ同義。人が何かを「獲得する」から転じて、金を「稼ぐ」、試合などに「勝つ」など多様な意味を持ちます。一語

でこんな風にも使います。

基本例 **Gagné !**
あたり（やった）！

＊相手の指摘がずばり当たっているときに使います。Bingo ! とか Dans le mille !（この le mille は「的」の中心の意味）といった類義語もあります。なお、J'ai gagné ! は、たとえばゲームなどをしていて「私の勝ちだ！」と宣言する言い方。

基本例 **Il a gagné au loto.**
彼はロトに当たった。

＊宝くじなどに「当たる」のも gagner です。

人は利益、利得につながるいろいろな物を gagner できます。

En faisant comme ça, tu vas gagner du temps.
そんな風にして、時間を稼ぐつもりでしょ。

→ gagner du temps で「時間を稼ぐ」の意味。

Comment est-ce que tu gagnes ta vie ?
どうやって生計を立ててるの？

→ gagner sa vie で「生計を立てる」の意味。

---

garçon 男　男の子、少年、ボーイ

une fille「娘」の対義語。un petit garçon で「男の子」、un jeune garçon で「少年」を指します。un beau garçon なら「イケメン、美男子」、un bon garçon なら「好青年」。

基本例 **Il est beau garçon !**
彼はかっこいい！

基本例 **Voilà mes deux garçons.**
これがうちの息子２人です。

＊所有形容詞とともに「息子」（= un fils）の意味で用いられることも多い。

カフェやホテルのボーイさんも garçon と呼ばれます。

🔊 **Le garçon du café est pas aimable...**
　カフェのボーイさんの感じがよくなくて……。

→かつては Garçon！とボーイさんを呼んでいましたが、いまは普通敬称を用いて Monsieur！と声をかけます。

gare 女 （鉄道の）駅

la station は「(地下鉄の) 駅」で、「バス停」は l'arrêt と言います。初級レベルでよく使われる言い回しは、aller chercher qn à la gare「駅に人を迎えに行く」。「出発駅」は gare de départ、「到着駅」なら gare d'arrivée です。

基本例　**Il y a une gare près d'ici ?**
　　　この近くに駅はありますか？

基本例　**Je descends à la prochaine gare.**
　　　次の駅で降ります。

基本例　**Laissez-moi devant la gare.**
　　　駅前で降ろしてください。

こんな疑問文がすっと口をついて出てくるようになれば初級は卒業です。

Q **Quel est le chemin de la gare la plus proche ?**
　最寄駅へ行く道はどちらですか？

Q **A quelle gare on doit changer de train ?**
　乗り換えの駅はどこでしょうか？

→「乗換駅」は la gare de correspondance と言います。

gauche 形 左の 女 左

形容詞ももちろん大事ですが（例：la main gauche「左手」、la rive gauche de la Seine「セーヌ川左岸」）、道案内とは切っても切れない単語です。rive gauche「左岸」とは下流に向かって「左」の意味。セーヌ川の「左岸」は南側を指します。

基本例 **Tournez à gauche.**
　　左に曲がってください。

＊ rouler à gauche なら「（車が）左側通行する」の意味。à droite「右に」は対義語です。（cf. 見出語：droit(e)）

「不器用な」という意味の形容詞としても使われます。

 Il est gauche dans tout ce qu'il fait.
彼は何をやらせても不器用だ。

→ maladroit(e) も類義です。

gens 男複 人々

英語の people に相当する単語です。語彙としては、10歳ぐらいからときに40代前後まで幅ひろい年齢を対象に用いられる un jeune homme「若者」の複数形が、des jeunes gens「若者たち」となる点に注意。また、教科書ではこんな例文をよく見かけます。

基本例 **Il y a beaucoup de gens qui partent en vacances en été.**
　　夏、ヴァカンスに出かける人たちが大勢いる。

＊ beaucoup de gens「大勢の人々」（＝ beaucoup de monde）とともに、la plupart des gens「大部分の人」も頻出の表現です。

別例 **La plupart des gens n'aiment pas attendre.**
　　ほとんどの人は待つのは好きではない。

gens ＝「人々」という等式に縛られていると、次ページのよ

うな例は浮かばないものです。また、des gens bien は口語で「立派な人たち」(= des gens comme il faut) の意味になります。

 Excusez-moi, j'ai des gens à la maison.
　　すみません、今、来客中です。

→「家に人がいます」が直訳なのですが、とっさにはなかなか思い浮かばない表現です。

Mes voisins sont des gens bien.
　　隣人は立派な人たちです。

gentil(le) 形 親切な、やさしい

そもそもは「育ちが良い」という意味。そこから「親切な」「感じがいい」という語義が生まれてきました。会話ではまずはこれ。それと être gentil(le) avec qn「〜にやさしい、親切だ」という言い回しも大事です。

基本例　**C'est gentil.**
　　どうもご親切に。

＊相手の心づかいに対して使います。Vous êtes gentil(le) [aimable]. とも言えます。もし、相手が褒めてくれた際や嬉しい申し出があったときの応接として、Merci, c'est gentil. なら「ありがとう、嬉しいです」といった意味合いになります。

基本例　**Ce petit garçon est très gentil avec ses grands-parents.**
　　その少年は祖父母にとてもやさしい（親切だ）。

ただし、親切にも、やさしさにも、限度があります……。

 Je veux bien être gentil(le) mais il y a des limites.
　　優しくしたいけど、限度はあります。

→「がまんにも限度がある」Ma patience a des limites. という定番の表現を応用すれば、Ma gentillesse a des limites. となります。

goût 男 味覚

基本義は「味覚」のこと。そこから人の「センス、好み」、物の「風味」などの意味へと転じます。

基本例 **J'aime pas le goût du gingembre.**
私は生姜の味が好きではありません。

基本例 **Timéo a mauvais goût, je trouve.**
思うにティメオは趣味が良くない。

* avoir bon[mauvais] goût で「趣味がいい [良くない]」。ただし、飲食物が「うまい [まずい]」の意味でも使われます。また、avoir du goût も同じく「センスがいい」「風味がいい」といった意味で使われます。

複数なら「好み」「性癖」の意味。また、下記のことわざはよく見ますし、耳にもします。

Ma femme et moi, on a les mêmes goûts.
妻と私は好みが同じです。

→主語は nous でもかまいませんが、on を用いるのが日常会話では自然な流れです。

Tous les goûts sont dans la nature.
蓼食う虫も好き好き。

→「あらゆる好みは生まれつき」というのが直訳です。

grand(e) 形 （背が）高い、大きい

英語の big や great あるいは tall に相当する語で、対義語は

petit(e) です。

基本例　**Mon frère est très grand, il mesure 1,90m.**
　　　　　兄（弟）はとても背が高くて、190 センチある。

＊身長の表記に注意してください。un mètre quatre-vingt-dix と読みます。センチメートルだけの表記はフランス語では用いません。なお、形容詞と名詞の語順にからんで、un homme grand「背の高い人」に対して、un grand homme は「偉大な人」を意味する点にも注意。

基本例　**Ce pull est trop grand.**
　　　　　このセーターは大きすぎる。

＊「ちょっと大きい」なら un peu grand、「だぶだぶだ」なら beaucoup trop grand といった言い回しを用います。

子供に対して次の質問は定番ですね。それと grand を名詞として用いたこんなフレーズもフランス人はよく使います。

Q　Qu'est-ce que tu veux faire, quand tu seras grand(e) ?
　　大きくなったら、何になりたい？

ⓘ　Mon mari voit toujours les choses en grand.
　　夫はいつも大局的に物事を見ている。

→ voir les choses en grand で「物事を大局的に見る」という決まり文句。

---

grave　形　重大な、（病気が）重い、（音や声が）低い

une maladie grave「重病」、un accident grave「大事故」など決まった言い回しはありますが、日常会話なら以下の表現がはずせません。

基本例　**C'est pas grave.**
　　　　　（謝罪を受けて）大したことはありません（大丈夫です）。

＊ミスをした相手の気持ちを慮（おもんぱか）って「大丈夫です、気にしないで」という意味で使います。ne は省いてありま

す。C'est rien.「何でもないです、平気です」も類義。

次の言い回しもよく使われますが、ご存じでしたか？

 Hubert a la voix grave.

ユベールは声が低い。

→声が低くて太い人を指します。逆に「かん高い声をしている」なら avoir la voix aiguë と言います。parler à voix haute（= parler haut）は「大声で話す」、parler à voix basse（= parler bas）なら「小声で話す」の意味。

gros(se) 形 太い、太った

たとえば「うちの猫は太っている」Mon chat est gros. なら可愛いのですが……。

基本例 **Marc est trop gros, il doit faire un régime.**
マルクはかなり太っている、ダイエットすべきだ。

＊ avoir un gros ventre なら「太鼓腹である」となります。

こんな言い回し、言わんとすることはわかりますか？

 Ma sœur a les yeux plus gros que le ventre.

姉（妹）は腹よりも大きな目をしている。

→ avoir les yeux plus gros que le ventre は、「食欲が胃袋のキャパシティーを超えている」という状況を指し、たとえば「食べきれないほどの料理を皿に盛っているような人」に使います。あるいは「過大評価」「高望み」というニュアンスでも。なお「太る」という動詞は grossir と言います。

別例 **J'ai grossi pendant les fêtes de fin d'année.**
忘年会続きで太ってしまった。

habiller 動 服を着せる 代動 服を着る

habiller は「(人に)服を着せる」の意味。日常生活では代名動詞 s'habiller「服を着る」が使われます。

基本例 **Habille-toi vite !**
急いで服を着て!

＊このあと、Tu vas être en retard !「遅れるわよ!」といった具合に展開します。

基本例 **Le week-end il s'habille décontracté.**
週末、彼はくつろいだ格好をしています。

＊ décontracté(e) は「(筋肉などが)弛緩した」という意味から「くつろいだ、肩のこらない」といったニュアンスになる形容詞。

なお、habiller の過去分詞から派生した être habillé(e)「服を着ている」の形もよく使われます。

 Marine est toujours bien habillée.
マリーヌはいつもおしゃれだ。

→例文は「きちんとした身なり」という意味と「おしゃれな服(センスのいい服)を着ている」という意味、どちらにもとれます。élégant(e) なら類義、「少々派手め」なら chic にも置き換えられます。

---

habiter 動 住む

たとえば、「パリに住む」という基本の言い回しでも教科書のパターンをはずれた、複数の言い方が可能です。

基本例 － **Vous habitez où ?**

― **J'habite à Paris avec mes parents.**
― どこに住んでいますか？
― 親とパリに住んでいます。

＊例文は自動詞の habiter を用いた例ですが、他動詞 habiter を用いて habiter Paris（これは Paris をいささか強める印象）とも言えます。habiter dans Paris なら「パリの"中心に"住んでいる」という含意。「上京する」という感覚なのでしょうか、aller [monter] sur Paris といった言い回しも耳にします。なお、Vous habitez chez vos parents ?「ご両親とお住まいですか？」は、男性が女性に声をかける際の下心の透けて見える一言となることが少なくありません。

こんな言い回しにも habiter が使われます。

 Tu aimerais habiter en ville ou à la campagne ?

都会暮らしと田舎暮らしとではどちらが好き？

→ habiter en ville は「都会（町）に住む」、habiter à la campagne は「田舎に住む」、habiter à l'étranger なら「外国で暮らす」（＝ vivre à l'étranger）の意味です。

habitude 女 （個人の）習慣、慣れ

d'habitude で「いつもは」（＝ en général）の意味。これは実によく使います。

基本例 **A quelle heure est-ce que tu arrives au bureau d'habitude ?**

いつもは何時に会社に着きますか？

基本例 **Ce matin, je me suis levé(e) environ trente minutes plus tôt que d'habitude.**

今朝は、いつもより30分ほど早く起きた。

avoir l'habitude de + inf. は「〜する習慣がある」の意

habitude 〜

味。また、ちょっと理屈っぽい、哲学的な言い回しをするのがフランス人好みです。

ℹ Mon fils a l'habitude de faire la sieste.
息子は昼寝を習慣にしています。

諺 L'habitude est une seconde nature.
習慣は第二の天性です。

→このことわざについて「習慣は人の性行に深くしみこんで、生まれながらの性質のようになる。習慣が人の性行に影響することの大きいことをいう」（広辞苑）とあります。

heure 女 時刻、時間

時間に関する基本表現は数多くありますが、まず「何時ですか？」は絶対ですね。それと、別れ際の一言やら成句表現やら、あれこれと。

基本例 ― **Il est quelle heure ?**
　　　　― **Il est dix-huit heures vingt.**
　　　　―何時ですか？
　　　　― 18時（午後6時）20分です。

＊ Vous avez l'heure, s'il vous plaît ?「時間がおわかりでしょうか？」とも言います（これは、相手が「時間を計る道具＝時計」を持っているかどうかわからないときに使います）。教科書に載っている Quelle heure est-il ? も正しい形ですが、倒置の疑問文を会話で使うケースはかなり減ってきています。なお、こんな「何時」も基本です。

別例 **Nous avons rendez-vous à quelle heure ?**
　　　何時に待ち合わせる？

基本例 **Le bus part à six heures juste.**
　　　バスはちょうど6時に出ます。

＊ six heures précises とも言います。

基本例 **C'est l'heure de se coucher.**
　　　寝る時間です。

＊「ある行動をする時間（タイミング）」の意味。l'heure de rentrer「帰る時間」、l'heure de manger「食べる時間」などいくらでも応用できます。なお、動作を添えず文脈に即して C'est l'heure.「時間です」という形でも使われます。

基本例　**A tout à l'heure !**
　　　じゃ、後でね！

＊またその日のうちに再度落ち合う人との別れ際に。

基本例　**Roger est jamais à l'heure.**
　　　ロジェはけっして時間を守らない。

＊à l'heure で「定刻に」。例文は「時間に正確な」ponctuel(le) ではないという意味。「時間厳守」なら Prière d'être à l'heure. と言います。

フランス語には、時間に関連したこんな言い回しもあります。

 Ne cherchez pas midi à quatorze heures.

　　わざわざことを難しく考えるな。

→直訳は「14 時に正午を求めるな」（つまり「ありえない場所で物を探すなかれ」）となります。「杞憂を抱くな」「余計な心配は無用」「あれこれ迷わないで」といった訳も可能です。

---

heureusement 副　幸いにも、運よく

反対語は malheureusement です。何かプラスな事柄があったとき、相手からそれを指摘されて、こんな一言で応じます。

基本例　**Oui, heureusement !**
　　　ええ、幸いに！

＊マイナスな事柄が前提なら、Oui, malheureusement !「ええ残念ながら！」となりますね。なお、自分が知らないプラスの情報を知らされたようなケースなら、一言 Heureusement !「よかった！」でちゃんとした返答になります。

会話で、Heureusement que + ind. なら「幸いにも〜する」という意味。

♡ **Heureusement qu'il fait beau !**
よかった、晴れてるよ！

heureux(se) 形　幸運な、幸福な

英語の happy とほぼ同義。まずは、出会いの挨拶や新年の挨拶に登場します。

基本例　**Je suis heureux(se) de vous voir.**
お会いできて嬉しいです。

＊あるいは Je suis heureux(se) de faire votre connaissance. 「知り合いになれて嬉しいです」。もちろん、être heureux(se) de vous revoir なら「再会できて嬉しい」の意味になります。

基本例　**Bonne et heureuse année !**
よい年でありますように！

"Encore heureux que + sub. [接続法]" で「〜であるだけましだ、不幸中の幸いだ」という意味になります。それとこんなことわざも。

🔊 **Encore heureux qu'il n'y ait personne de blessé.**
負傷者が一人もいないだけでもましだ。

諺　**Heureux au jeu, malheureux en amour.**
賭けで幸運、恋愛で不運。

→「博打でうまくいって、恋愛もまたうまく運ぶ、いやいや、そうは問屋が卸（おろ）さない」という戒めの言葉。また、ウエディングの日に雨だとこんな一言が飛び出します。

別例　**Mariage pluvieux, mariage heureux.**
雨の日の結婚式は幸運をもたらす。

~ histoire

hier 副 昨日

hier「昨日」、aujourd'hui「今日」、demain「明日」と時間は流れていきます。

基本例 **Hier, j'ai travaillé toute la journée.**
昨日は一日中働いた（勉強した）。

＊ J'ai travaillé toute la journée d'hier. としても同じ意味。

基本例 **Qu'est-ce que tu as fait hier soir ?**
昨夜（ゆうべ）は何をしたの？

＊ hier matin なら「昨日の朝」、avant-hier なら「一昨日（おとといい）」となります。

別例 **Je suis rentré(e) de vacances avant-hier.**
一昨日ヴァカンスから戻りました。

> 簡単なようで、意外に言えない「昨日」があります。
>
> **Tu étais à Florence hier à cette heure-ci ?**
> 昨日のこの時間にはフィレンツェにいたの？
>
> **Je m'en souviens comme si c'était hier.**
> そのことはまるで昨日のことのように覚えています。

histoire 女 歴史、物語

「歴史」の意味なら、浮かぶのはまずはこれですかね。それと「物語」の意味で。

基本例 **L'histoire se répète.**
歴史は繰り返す。

＊どこかの「古着屋」la friperie でこの基本例文をそのまま店名にした場所があったような気がします。

基本例 **Ma grand-mère me lisait des histoires avant de dormir.**
祖母は私が眠る前に物語を読んでくれたものでした。

「作り話」とか「もめごと」の意味でこんな風にも使われます。

> **Ce sont des histoires.**
> それはでたらめ（作り話）だ。
>
> **Mon patron fait des histoires pour rien.**
> 上司は何でもないことで騒ぎ立てる。

hiver 男 冬

Nous sommes [On est] en hiver. で「今は冬だ」の意味。他に、よく使われる「冬」は次のような例文。

基本例 **Il fait froid cet hiver.**
今年の冬は寒い。

＊もし、En hiver[L'hiver], il fait froid. なら「冬は寒い」という一般論。なお、「暖冬」は hiver doux と言います。

基本例 **Où est-ce que vous allez pour les vacances d'hiver ?**
冬のヴァカンスはどこに行きますか？

基本例 **Je suis allé(e) à Nice l'année dernière en hiver.**
去年の冬に、ニースに行きました。

＊「春に」au printemps を除いて、「（他の）季節に」の前置詞は en、よって「冬に」は en hiver と言います。

春夏秋冬、季節はめぐる、「冬が過ぎれば春」です。

> 諺 **A l'hiver succède toujours le printemps.**
> 冬はかならず春となる。
>
> →通常の語順に言い直せば、Le printemps succède toujours à l'hiver. となります。法華経、日蓮の教えとして西洋では知られた言い回しです。

homme [男] 男性、人間

動物 animal と比べて「人間」、女性 femme に対して「男性」の意味。英語の man に準じます。なお、jeune homme なら「青年、若者」(反意：jeune fille)、C'est pour les hommes.「これは男性用です」(反意：pour les femmes) などはよく使います。

基本例　**Ton fils est devenu un beau jeune homme.**
　　　　君の息子は男前の若者になった。

基本例　**Mon père est un grand homme d'affaires.**
　　　　うちの父は偉大な実業家です。

* un homme d'affaires で「実業家」。un grand homme は「偉人」、ただし un homme grand なら「背の高い男、大男」の意味になります。

なかなか回答するのが難しい哲学的な問い、それとつとに知られた一言に homme が登場します。

Q **Qu'est-ce qui distingue l'homme de l'animal ?**
　　　人間と動物を区別するものは何か？

→複数を用いて distinguer les hommes des animaux「人と動物を区別する」とすることも可能です。なお、啓蒙主義の作家ディドロ Diderot はこの問いに、L'animal n'existe que dans le moment.「動物は目前の時に存在するのみ」、されど、l'homme vit dans le passé, le présent et l'avenir.「人間は過去と現在と未来のうちに生きる」と返答しています。

 Le style est l'homme même.
　　　文は人なり。

→ 18 世紀の博物学者ビュフォン Buffon のこの言葉（直訳「文体は人間そのもの」）はよく知られています。

hôpital 男 病院

英語 hospital と同義になります。たとえば「通院する」なら aller régulièrement à l'hôpital と言いますし、「入院する」ならこんな言い方をします。

基本例 **Ma mère doit rester à l'hôpital pendant une semaine.**
母は1週間病院に入院しなくてはなりません。

*「入院する」(動作) なら entrer à l'hôpital といい、「人を入院させる」なら envoyer qn à l'hôpital あるいは hospitaliser qn と表現します。

「病院に搬送される」ならこんな言い方をします。

 Mon gendre s'est fait transporter à l'hôpital après son malaise.
娘婿 (むこ) は気分が悪くなったあと病院に運ばれた。

→受動態を用いて être transporté(e) à l'hôpital とも表現できます。

---

hors de ～の外に

主に場所 (あるいは時間) の「外に」という意味で使います。対義語は près de です。

基本例 **Il y a deux ans, mon oncle a acheté une maison hors de Kyoto.**
2年前、おじは京都市外に家を買った。

*反意の「京都市内に」なら dans Kyoto となります。

事柄から「はずれる」ケースでも用いられます。

 C'est hors de question !
もっての外だ！

→直訳的に「問題外！」とも訳せます。Pas question. も類義です。また、「価格をはずれている」と直訳できるこんな用例もあります。

別例 **C'est hors de prix !**
すごく高い！

humide 形 （気候などが）湿度の高い、(物が) 湿った

入梅する頃から晩夏まで、日本では多くの地域が une saison humide「湿気の多い季節」となり、フランス語での挨拶代わりがこうなります。

基本例 **Il fait chaud et humide.**
蒸し暑い。

＊Il fait humide. あるいは Le temps est humide. で「湿度が高い」の意味。名詞の「湿度」を用いて Quelle humidité ! なら「すごく蒸し蒸しする！」といった感じ。気温が40℃近くなると la canicule「猛暑、熱波」という単語の出番となります。

「洗濯物」が sec, sèche「乾いた」ならいいのですが……。

 Mon linge est encore humide.
洗濯物がまだ湿っぽい。
→ moite「湿っぽい」という類義語も使えます。

I

ici 副 ここで、ここに

英語の here に対応する単語。habiter ici「ここに住む」とか être né(e) ici「ここで生まれた」なども使いますが、人を導く次

の一言が大事です。また「この近く」près d'ici も欠かせません。

[基本例] **Par ici, s'il vous plaît.**
こちらへどうぞ。

＊「こちらへお座りください」Asseyez-vous ici, je vous en prie. なども基本。

[基本例] **Est-ce qu'il y a une pharmacie près d'ici ?**
この近くに薬局はありますか？

＊ Est-ce que la station est près d'ici ?「駅はこの近くにありますか？」も必須。また、上記の例文にある par ici も使えます。

[別例] **Il y a un bon restaurant par ici ?**
この辺に美味しいレストランはありますか？

「このすぐ近く、ごく近く」は下記の例のように「ここから二歩（三歩、四歩）で」と表現できます。

🛈 **Mes beaux-parents habitent à deux pas d'ici.**
義理の父母はこのすぐそばに住んでいます。

→ La banque est à deux [trois, quatre] pas d'ici.「銀行は目と鼻の先です」、こんな使い方もします。

---

idée [女] 考え、観念

頭の中にある「考え」「観念」の意味で英語の idea とほぼ同義。

[基本例] **J'ai une idée !**
いい考えが浮かんだ！

＊ C'est une [bonne] idée ! とか Bonne idée ! なら「いい考えだね！」「妙案だ！」の意味。逆なら、たとえば、à court de qch「〜が不十分な」を用いてこんな言い方をします。

[別例] **Je suis à court d'idées.**
考えが浮かばない。

---

avoir (une) idée de qch で「〜の見当（想像）がつく、〜

を着想する」の意味です。

 Tu as une idée du prix de ce sac ?

このバッグの値段は想像がつく？

→たとえば、Non, aucune idée.「いや、全然わからない」といった具合に返事をします。

important(e) 形 重要な、大きな

important は英語と同じ綴りですが、フランス語では「重要な」という語義の他に、規模や数量が「大きい」という意味でも使います。後者の意味は英語にはありません。

基本例 **N'oubliez pas, c'est important.**
忘れないでください、これは重要です。

＊もし、「これを〜することが重要だ」と言いたいのなら、à + inf. を添えます。

別例 **C'est important à savoir.**
これは知っておくべきです。

基本例 **Le petit déjeuner est le repas le plus important de la journée.**
朝食は一日のうちで一番大事な食事です。

基本例 **J'ai quelque chose de très important à vous dire.**
あなたに大事な話があります。

名詞として使う L'important(,) c'est + inf.「大事なのは〜だ、要は〜することだ」のパターンは応用が利きます。

 L'important c'est de participer.

大事なのは、参加することだ。

→近代オリンピックの基礎を築いたクーベルタン男爵 Coubertin の言葉です。日本語では「参加することに意義がある」という訳で知られていますね。なお Le plus important, c'est de qch/ + inf. という形も使います。

> 別例 **Le plus important, c'est ton sourire.**
> 一番大事なのは君の微笑みだ。

impossible 形 不可能な

対義語 possible を打ち消した形容詞。「可能でない」が直訳です。

> 基本例 **C'est impossible de finir en peu de temps.**
> 短時間で終えるのは不可能です。

* C'est impossible. あるいは C'est pas possible. で「そんなことはできません（あり得ない、まさか）」という意味。例文は、何ができないのか de + inf. を添えた形。

> 基本例 **Ce texte est impossible à comprendre.**
> この文章は理解できない。

* à + inf. を添えて「〜することができない」の意味。非人称構文を使って、Il est impossible de comprendre ce texte. と書き換えられます。外国人の名前はこんなケースも少なくありません。

> 別例 **Elle a un nom impossible à prononcer.**
> 彼女は発音できない名前です。

> 口語で「（人の行動などが）とんでもない、（状況が）どうしようもない」という意味でも使われる語です。
>
> **Jacques est vraiment impossible, il est encore en retard.**
> ジャックはまったくどうしようもない、また遅刻だよ。

incroyable 形 信じられない

初級レベルの単語ではないですが、会話によく登場します。いろいろな「信じられない」に使えます。たとえば、こんな具合。

> 基本例 **Incroyable, ce prix !**
> 信じらない、この値段！

* C'est incroyable !「(これ) 信じられない！、そんなバカな！」
（= C'est pas croyable !）なら対象を明示せず用います。

反意語と並べて使われるこんな言い回しも覚えたいですね。また、C'est incroyable. に続けて内容説明をするこんな例文がきちんと言えれば上級です。

> **Incroyable, mais vrai !**
> 信じられないけど、本当です！

> **C'est incroyable ce qu'il a pu faire en si peu de temps.**
> 彼がこんなわずかの間にできたことが信じられません。

→ en peu de temps は「わずかの間に、またたく間に」の意味。

instant 男 瞬間

何かことが起きようとしている「瞬間」の意味で、大半の例で moment に置き換えられます。

[基本例] **Un instant, s'il vous plaît.**
ちょっとお待ちください。

* Un moment, s'il vous plaît. も同義です。

[基本例] **J'arrive dans un instant.**
すぐに行きます。

* J'arrive tout de suite. も同義。à l'instant は過去を指して「たった今、今しがた」の意味。

[別例] **Pierre est arrivé à l'instant.**
ピエールは今しがた着きました。

[基本例] **Le train va partir dans quelques instants.**
電車はすぐに出発します。

* dans quelques instants「すぐに」は、dans un instant とも言います。

こんな表現も覚えておきたいものです。

 Pour l'instant, tout va bien.
今のところは、万事順調です。

→仕事の進捗状況などを説明する言い回しです。Pour le moment, tout se passe bien. などとも言います。

intelligent(e) 形 頭のいい

そもそもは「理解力のある」という意味。日常的には「頭がいい」(英語 smart) という意味で使われます。「頭がキレる」brillant(e) という類語もあります。

|基本例| **C'est une femme intelligente.**
彼女は頭のいい女性だ。

こんな「頭の良さ」もあります。

 Ce Chinois est super intelligent en affaires.
あの中国人はものすごく商才に富んでいる。

→「商売が上手い」とも訳せます。たとえば、Alibaba（阿里巴巴）の創業者 Jack Ma などはその最たる人物ではないでしょうか。

intéressant(e) 形 興味深い、面白い

intéresser「興味を引く」、s'intéresser「興味がある」から派生した現在分詞派生の形容詞。英語の interesting に相当する単語です。

|基本例| **Vous trouvez quelque chose d'intéressant ?**
何か興味のあるものは見つかりましたか？

＊英語 find something interesting に相当。なお、Rien d'intéressant.

で「面白いことは何もないです、別にこれといってありません」といった返答にもなります。

基本例　**Je trouve le cinéma japonais très intéressant.**
邦画はとても面白いと思います。

intéressant(e) は「相手の注意を引く知的な」面白さで、「笑いを誘う滑稽な」amusant(e) とは別物です。

 Mon mari fait toujours des remarques intéressantes.
夫はいつも面白い指摘をする。

→「興味深い」ということ。なお、Mon mari dit souvent des choses amusantes. なら「夫はしょっちゅう面白いことを言っている（よくおかしなことを口にして人を笑わせる）」という意味になります。

inviter 動　招待する

まずは招待の報告、あるいは招待された際の一言。

基本例　**Je suis invité(e) à dîner.**
夕食に誘われています。

＊ inviter qn à + inf. で「人を～することに招待する」の意味。

基本例　**Je vous remercie de m'avoir invité(e).**
ご招待いただきありがとうございます。

＊「招待」という名詞を用いた Je vous remercie de votre invitation. も同義。

ついで、人に「おごる」際に用いられる必須の一言。

 Je vous invite.
私のおごりです。

→「あなたを招待します」が直訳。そのため、Je vous invite pour mon anniversaire.「私の誕生日に招待します」と

inviter 〜

いった使い方もできます。Vous êtes mon invité(e). も同義になります。レストランなどに誘う際にはこんな一言を添え、たとえば強調構文で。

別例 **On va au restaurant ? C'est moi qui invite ce soir.**
レストランに行きません？　今夜は僕がおごります。

J

jamais 副 (ne ... jamais で) けっして〜ない

(ne) ... jamais「けっして（一度も）〜ない」ははずせない入門レベルの表現ですね。ただし、会話では ne は省かれるケースが多くなってきています。

基本例 **Je suis jamais allé(e) au Vietnam.**
私は一度もヴェトナムには行ったことがない。

基本例 **― Tu as déjà mangé des escargots ?**
― Non, jamais.
―エスカルゴを食べたことはある？
―いいえ一度も。

＊否定の応答語として ne が省かれている例。なお、non も省いて Jamais. と一語で応じるケースも少なくありません。

同じ (ne) ... jamais でも次の例は少し解釈が難しい。それと"[時を表す表現] + ou jamais" で「〜を逃せば二度とない」という定型の言い回しは押さえておきたいものです。

⚠ **On sait jamais.**
まさかということもある。

→「人には何が起こるかはけっしてわからない」が直訳。たと

えば、外が晴れていても……。

別例 **Prend un parapluie, on sait jamais.**
傘を持って行って、雨が降らないとは限らないから。

🔊 **C'est le moment ou jamais.**
いまが絶好のチャンスだ（千載一遇のチャンスだ）。

→ C'est maintenant ou jamais. なら「今をおいては二度とないよ」の意味になります。なお、de + inf. を添えて、下記のように何のチャンスなのかを明示できます。

別例 **C'est le moment ou jamais de lui en parler.**
彼（彼女）に話をするにはまたとないチャンスです。

jambe 男 脚

簡単に言えば、靴下を履く部位が「足」le pied で、それより先は"（通常）腿 la cuisse から足首 la cheville まで"が「脚」la jambe です。

基本例 **Christie s'est cassé la jambe au ski.**
クリスティはスキーで脚を折った。

＊「スキーをしていて」とするなら en faisant du ski といった言い方をします。

基本例 **Ma petite amie a de belles jambes.**
僕の恋人は脚がきれいだ。

直訳「脚に蟻がいる」も頻度が高い言い回しです。

諺 **J'ai des fourmis dans les jambes.**
脚がしびれました。

→ avoir des fourmis「（しびれなどで）チクチク、むずむずする」の意味。

janvier 男 1月

月名に関係する基本表現を janvier を例にして列記しておきます。

基本例　**Elle est née le premier janvier 2000.**
　　　　彼女は 2000 年 1 月 1 日の生まれだ。

*"le +[日付（1日は序数／他は基数）]+[月]+[年]"の順番。

基本例　**Il quitte Tokyo au mois de janvier[en janvier].**
　　　　彼は 1 月に東京を離れる。

*「〜月に」と表現するなら "au mois de +[月]" か "en +[月]" を用います。以下の文は意外に盲点。「誕生日は 1 月にある」と考えます。

別例　**Mon anniversaire est en janvier.**
　　　誕生日は 1 月です。

「1 月いっぱい」という表現も知らないと対応に難儀します。

 Mon père sera à Lyon tout janvier.

父は 1 月いっぱいリヨンにいます。

→ tout janvier は口語的。tout le mois de janvier とも言います。

---

jardin 男 庭

左右対称、シンメトリーの「庭」は「フランス式庭園」jardin à la française と呼ばれ、自然を模した「イギリス式庭園」は jardin à l'anglaise と称されます。

基本例　**Il y a plusieurs jardins japonais dans ce quartier.**
　　　　この界隈にはいくつも日本庭園があります。

私立の小学校に併設された un jardin d'enfants「幼稚園」は知らないと思い浮かびません。それと知られたヴォルテール Voltaire の言葉に jardin が登場します。

Il faut cultiver notre jardin.
　　自分たちの庭を耕さなくてはならない。

→『カンディード』Candide の結びのせりふ。空理空論にふけることなく「（まずは）自分の仕事に身をいれよ」ということ。

jeudi 男 木曜日

jour de Jupiter「木星の日」から派生。以下は「今日は何曜日？」C'est quel jour aujourd'hui ? という問いへの返答。他の曜日もチェックしてください。

基本例　**C'est jeudi aujourd'hui.**
　　今日は木曜日です。

＊ Nous sommes jeudi. / On est jeudi. とも言います。

下記の似て非なる2つの疑問文の違いがわかりますか？ それと「木曜日が週に4回」という成句が意味するところは？

Q **Qu'est-ce que tu fais jeudi ?**
　　木曜は何するの？

→次にやってくる「その木曜日」（一回）を指します。つまり、jeudi prochain「来週の木曜日」、jeudi dernier「先週の木曜日」の間の「今週の木曜日」ce jeudi です。

Q **Qu'est-ce que tu fais le jeudi ?**
　　木曜日には何をしているの？

→曜日に定冠詞が添えられた「毎曜日」（通常、その曜日に）という含意。chaque jeudi, tous les jeudis などと置き換えられます。

 Elle viendra la semaine des quatre jeudis.
　　彼女はけっして来るはずがない。

> →かつて「月月火水木金金」という歌詞がありましたが、la semaine des quatre jeudis は「けっして〜ない」という打ち消しの表現になります。

jeune 形 若い、年下の 名 (多く複数で) 若者

人が「若い」、物が「新しい」がそもそもの意味。英語の young とほぼ同義。名詞として「若者」の意味でも使われます。

基本例 **Mon mari est plus jeune que moi.**
夫は私より年下です。

基本例 **Les jeunes n'ont pas assez d'expérience.**
若者は経験が浅い (十分な経験がない)。

* les jeunes gens「若者、青年」とも言います。なお、一人一人の「若者」の場合には形容詞の jeune を用いて un jeune homme, une jeune fille といった言い方をします。

> 転じて「未熟な」の意味でも使われる形容詞です。また、faire jeune は「若く見える」という意味。
>
> 💡 **Ce vin est encore jeune.**
> このワインはまだ若い (熟成が足りない)。
>
> 💡 **Il fait jeune pour son âge.**
> 彼は年の割に若く見えます。
>
> *否定文を用いて、Il fait pas son âge. としても同義。

joli(e) 形 かわいい、きれいな

おおむね英語の pretty に相当する形容詞です。

基本例 **Regarde ces fleurs. Elles sont jolies.**
この花を見て。きれいだね。

基本例 **Clara est encore plus jolie qu'avant.**
クララは以前よりずっときれいだ。

＊形容詞 beau[bel] (belle) が「美しさ」を指すのに対して、見出語は「きれいさ、かわいらしさ」を意味します。

|基本例| **Tu as un joli sourire.**
あなたの笑顔はすてきです。

口語では「(金額や地位などが) かなりの、相当の」(= considérable) の意味で使われます。

 Ma nièce a gagné une jolie somme d'argent au loto.
姪(めい)は宝くじで相当の額を手に入れた。

---

jouer [動] 遊ぶ、(楽器を) 演奏する、(スポーツなどを) する

語源は「遊びたわむれる」、そこから多様な語義が派生しました。初級レベルでは、まずは英語の play に相当する動詞と考えればいいでしょう。たとえば、jouer dehors「外で遊ぶ」、jouer à cache-cache「かくれんぼする」、jouer au tennis「テニスをする」、jouer du piano「ピアノを演奏する」など。

|基本例| **Mon grand-père et moi aimons jouer aux échecs.**
祖父と私はチェスをするのが好きです。

＊ jouer à qch「～で遊ぶ」「(スポーツを) する」の意味。

|基本例| **Je joue de la guitare depuis trois ans.**
3年前からギターを弾いています。

＊ " jouer de + [楽器]" で「～を演奏する」の意味。

トランプの順番を示唆する以下の例は頻度の高い言い回し。

 C'est à vous de jouer.
(次は) あなたの番です。

→「今度はあなたが何かをする番です」という意味でも使われます。

jour 男 一日、日、日中

基本の表現をこれだと特定しにくい単語ですが、まずは「日付」と「毎日」を表現する次の言い回しが必須だと感じます。

基本例 **On est quel jour, aujourd'hui ?**
　　今日は何日ですか？

＊この疑問文は「今日は何曜日ですか？」の意味にもなります。

基本例 **Je joue du piano tous les jours.**
　　毎日ピアノをひきます。

＊chaque jour という言い方もします。ただし、「一日中」toute la journée と混同しないように。あわせて「日常会話」を la conversation de tous les jours と表現するのは、意外に知られていません。

基本例 **Laissez-moi réfléchir deux ou trois jours.**
　　二、三日考えさせてください。

＊他に「一日に3度」trois fois par jour、「日に日に」jour après jour なども大事です。

応用例もいろいろありますが、下記のような挨拶とことわざを記憶しておきたいところ。

 Repassez me voir un de ces jours.

　　近いうちにまた寄ってください。

→ un de ces jours「いつか、近いうちに」という表現。A un de ces jours ! なら「またいずれ近いうちに！」という別れ際の挨拶になります。

 Demain il fera jour.

　　急ぐことはありません（明日という日を焦らず待ちましょう）。

→「明日、また陽は昇る（お天気）」の意味。「明日は明日の風が吹く」とも訳されます。なお、日々前向きに歩まれる人には、アメリカの小説家ポール・オースター P. Auster の

~ journée

こんな一言がお似合いでしょうか。

別例　**Chaque jour est neuf et chaque jour je renais.**
日々新しくそして日々私は生まれ変わる。

journal 男　新聞

単語「朝刊［夕刊］」le journal du matin[soir] や、lire le journal「新聞を読む」、acheter le journal「新聞を買う」などは、日々の暮らしではずせない言い回しですね。

基本例　**Mon père lit le journal tous les matins.**
父は毎朝新聞を読みます。

tenir un journal は「日記をつける」（= écrire son journal）という意味になります。また、「ニュース番組」の意味でも journal が使われます。

Ma fille tient un journal intime.
娘は私的な日記をつけています。

→ un journal intime は公開を意図しない「私的な日記」。

Le journal télévisé passe à 19h00.
テレビニュースは午後7時に放送される。

→「ラジオニュース」は le journal parlé と称されます。

journée 女　一日、日中

朝から夕刻までを指します。それ以降は soirée となります。

基本例　**Bonne journée !**
いい一日を（お過ごしください）！

＊朝から昼ぐらいまでに人と別れる際の挨拶として。メールでも使えます。

157

journée ～

[基本例] **Elle reste à la maison toute la journée.**
彼女は一日中家にいます。

* toute la journée は「一日中、終日」の意味ですが、「一日中ずっと」と継続のニュアンスを強調するなら à longueur de journée という言い方もします。

[別例] **Il joue au jeu vidéo à longueur de journée.**
彼は一日中（朝から晩まで）ずっとビデオゲームをやっている。

「一日の労働（時間）」の意味でも使います。たとえば、une journée de huit heures は「8時間労働」の意味。また、こんな言い方でも使われます。

 C'est payé à la journée.
日給制です。

→ travailler à la journée なら「日給（日雇い）で働く」という意味になります。

---

juillet 男 7月

Julius Caesar ジュリアス・シーザー（ユリウス・カエサル）にちなんだ月です。フランス人が大好きな les vacances と7月は連動しています。

[基本例] **Les vacances d'été commencent en juillet.**
夏のヴァカンスは7月にはじまります。

---

en juillet, au mois de juillet で「7月に」の意味。そして、7月14日はフランス人にとって歴史的に大事な日です。

 Le 14 juillet, c'est la Fête Nationale française.
7月14日はフランスの国民の祝日です。

→フランス革命の記念日で、Fête Nationale と呼ばれる日。

juin 男 6月

6月と言えば、日本では「梅雨」la saison des pluies です。よって、こんな例文の登場です。

[基本例] **Au Japon, il pleut beaucoup en juin.**
　　　日本では、6月はたくさん雨が降ります。

> 守護女神 Juno が語源で、結婚・豊穣を象徴します。英語の June bride はここから。フランス語では la mariée de juin と呼ばれます。ただ、フランスの高校生たちにとってはもっと差し迫った大切な行事が待っています。
>
> 🛈 **Les étudiants passent le baccalauréat en juin.**
> 　　学生たちは6月にバカロレアを受験する。
>
> →大学入学のための統一試験（資格試験）がバカロレア（le bac と略す）です。

juste 副 ちょうど 形 公正な、正しい

英語の just に相当する単語で、基本の言い回しはたくさんあります。

[基本例] **On arrive juste à temps.**
　　　ちょうど時間通りに着いた。

＊時間にかかわる表現と juste は切り離せません。

[別例] **Il est midi juste.**
　　　昼12時ちょうどです。

[基本例] **Je viens juste de finir de déjeuner.**
　　　ちょうど昼食を済ませたところです。

＊ venir de + inf.（近接過去）と juste は相性抜群！

[基本例] **C'est juste !**
　　　その通りです！

＊ Très juste ! とか Rien de plus juste ! などとも言います。否定文 C'est pas juste ! なら「（それは）おかしいよ！」「不公平

だ！」という意味。しばしば、この否定表現を子供が親に向かってぶつけます。

---

bien, trop, un peu などとともに「（衣料などが）窮屈な、ぎりぎりの」は定番。それと、こんな juste が自然に使えたら上級レベルです。

 Cette jupe est un peu trop juste.
このスカートはちょっときつすぎます。

→ 一般にサイズが合わないときには「合いません」Ça me va pas. と言えば、大きい小さいを言わずにすみます。

 Vous arrivez juste au bon moment.
ちょうどいいところに来てくれた。
→ Vous tombez bien. と言い換えられます。

K

karaoké 男 カラオケ

日本語がフランス語になった代表例。フランス人も大半の人がカラオケは好きです（なかにはかたくなに嫌がるご仁もいますが、それはそれ）。「カラオケに行く」は aller au karaoké と言います。

| 基本例 | **On va au karaoké ?**
カラオケに行かない？

こんな風に話しかけるのもありでしょう。

 Le karaoké est un divertissement d'origine japonaise.
カラオケは日本が生んだ娯楽です。

→ 1971年に誕生したカラオケは le symbole de la culture pop japonaise「日本のポップカルチャーのシンボル」です。

kilo, kilogramme 男 キログラム（記号：kg）

Un kilo d'orange, s'il vous plaît.「オレンジを1キロください」のように、買い物の際にも「重さ」は気になりますが、日常生活でもっと気になる重さと言えば「体重」le poids でしょう。

基本例 **Je pèse soixante-dix kilos.**
体重は60キロです。

＊体重は kilogramme(s) とせず、kilo(s) と略します。なお、動詞 peser「重さがある」の代わりに faire を用いることもできます。

ダイエットとからめた応用文ならこんな感じ。

 Elle fait un régime pour perdre quelques kilos.
彼女は何キロか落とすためにダイエットをする。

→ faire un régime「ダイエットをする」、se mettre au régime「ダイエットをはじめる」、suivre un régime「ダイエットしている」の意味。なお「3キロ太った」なら prendre trois kilos、「1キロ痩せた」なら perdre un kilo と表現します。

kilomètre 男 キロメートル（記号：km）

日本語のように kilo とは略しません。フランス語で kilo と略記するのは「キログラム」のときです。

基本例 **Tu habites à combien de kilomètres de Paris ?**
パリから何キロのところに住んでいますか？

＊たとえば、Versailles なら Paris から20キロの距離ですので、地理的な表記は以下のようになります。

kilomètre 〜

|別例| **Versailles est à vingt kilomètres de Paris.**
ヴェルサイユはパリから 20 キロのところにある。

散歩やジョギングは距離（歩数）が気になる人が多いようです。

 Tous les matins je fais trois kilomètres à pied pour garder la santé.
毎朝、健康のために 3 キロ歩いています。
→「〜を歩く」" faire +［距離］+ de marche" とも言います。

L

laisser |動| 残す、置き忘れる、〜のままにしておく

ホテルのオートロックに慣れていないと、こんな laisser を使う羽目になります。また「〜を…のままにしておく」も頻度が高い言い回し。

|基本例| **J'ai laissé ma clef dans ma chambre.**
部屋に鍵を忘れました。

* oublier「忘れる」も使えます。ただし、laisser を使った場合、文脈次第ですが「（意識的に）部屋に鍵を置いておきました」という意味にもなります。

|基本例| **Laissez la fenêtre ouverte.**
窓は開けたままにしておいてください。

*「人や物を〜のままにしておく」という意味。

|基本例| **Laisse-moi tranquille !**
ほっておいて（私にかまわないで）！

* 直訳は「私をそっとしておいて」の意味。命令は頻度が高い。

|別例| **Laissez-moi réfléchir un instant.**
ちょっと考えさせてください。

食事をしていてこんな風に言われることがあります。

 Laisse si t'as plus faim.
お腹がいっぱいなら残して。

→ Tu peux laisser, si tu en as trop. といった言い方もします。

langue 女 言語、〜語、舌

本書を手にしている方の大半の基本語義はまず「言語」ですね。ただ「舌」という意味でもよく使われます。

基本例　**Vous parlez combien de langues ?**
いくつ言葉を話せますか？

*語学を「自在に操る」maîtriser という動詞と一緒に使うケースもままあります。

別例　**Zoé maîtrise parfaitement plusieurs langues.**
ゾエは数ヶ国語を自在に操る。

基本例　**Ma fille a le don des langues.**
うちの娘は語学の才能がある。

* avoir le don de qch で「〜の才能がある」の意味になります。

基本例　**Tu n'aimes pas la langue de bœuf ?**
牛タンは好きじゃないの？

簡単な言い回しですが、以下の表現は意外に盲点です。なお、le langage も「（広義の）言語、言語活動」などと訳される類義語です。

 Il a mauvaise langue !
彼は口が悪い！

→ dire du mal de tout le monde「みんなを悪く言う」という言い方もあります。また直訳が「よくのびた舌」となるこんな言い回しもあります。

Il a la langue bien pendue.
彼は口が達者だ。

🗣 **Le silence est le seul langage commun à tous les peuples.**
沈黙はすべての民族に共通の唯一の言語である。

→ 少々ややこしいですが、「沈黙」は langue（フランス語、日本語といった言葉）ではありませんが、langage（言語以外の手段を使った記号活動）ではあります。

large 形 幅のひろい、大きい

「幅ひろくゆったりしている」が基本的な語義（例：Ce couloir est large.「この廊下は幅がひろい」）ですが、具体的な「物」が「大きい」の意味ではあまり用いません。ただし、次のような言い方はよく使われます。

基本例 **Ce pull est trop large.**
このセーターはだぶだぶです。

＊「（衣服が）ゆったりした」という意味。

別例 **Il aime mettre des vêtements larges.**
彼はゆったりした服を着るのが好きです。

「肩幅がひろい」の意味でも使います。

 Mon père est large d'épaules.
父は肩幅がひろい。

→ Mon père a des épaules larges. とも言います。

laver 動 洗う

人や物を「洗う」の意味で、英語の wash に相当します。代名動詞 se laver なら「体を洗う、自分の〜を洗う」の意味です。

~ léger(ère)

基本例　J'aime pas laver la vaisselle.
　　　　皿を洗うのは好きじゃない。

* un lave-vaisselle（une machine à laver la vaisselle）で「食洗機」、une machine à laver なら「洗濯機」の意味です。

別例　J'ai acheté une nouvelle machine à laver.
　　　新しい洗濯機を買いました。

基本例　Lave-toi les mains avant de manger.
　　　　食事の前には手を洗いなさい。

* se laver les dents「歯を磨く」（= se brosser les dents）も基本表現です。

「洗濯物」は le linge à laver です。

　Tu as du linge à laver ?

洗濯物はある（あったら出してくれる）？

→「洗濯物」は des affaires à laver、la lessive とも言います。

léger(ère)　形　軽い

対義語は lourd(e)「重い」です。名詞との組み合わせでは、こんな例が浮かんできます。une valise légère「軽いスーツケース」、un repas léger「軽い食事」、un café léger「薄いコーヒー」、un léger rhume「軽い風邪」、le sommeil léger「浅い眠り」など。

基本例　Ces chaussures sont légères.
　　　　この靴は軽い。

*この例は「重さを感じさせない軽快さ」を意味するケース。

à la légère という成句はよく使われます。

　Ne parle pas à la légère !

でまかせを言わないで！

→ à la légère で「軽々しく、軽率に」の意味。

léger(ère) ~

別例 **Il prend les choses trop à la légère.**
彼は物事をひどくいい加減に受け取る。

lettre 女 手紙、文字

この単語は「文字」を意味し、転じて「手紙」や複数形で「文学」の意味になりました。

基本例 **Il y a 26 lettres dans l'alphabet français.**
フランス語のアルファベットは 26 文字です。

＊「文字」に関するこんなしゃれた言い回しもあります。

別例 **Ajoutez deux lettres à Paris et c'est le paradis.**
Paris に 2 文字を足すと、paradis「楽園」となる。

基本例 **J'ai envoyé une lettre à ma grand-mère hier.**
昨日祖母に手紙を出した。

＊ envoyer une lettre とともに、écrire une lettre「手紙を書く」、poster une lettre「手紙を投函する」などは必須。それと une lettre d'amour「ラブレター」や une lettre de remerciements「礼状」も。

複数の lettres で「文学」の意味になります。

 Monsieur Martin est professeur de lettres à l'Université Paris VI.
マルタン氏はパリ第 4 大学の文学の教授です。

→ la faculté des lettres なら「文学部」、un docteur ès lettres で「文学博士」の意味。

lever 動 持ち上げる 代動 起床する、起き上がる

基本の語義は他動詞で「持ち上げる」ですが、圧倒的に使用頻度が高いのは代名動詞「起きる」の意味になる用例です。

基本例 **A quelle heure tu te lèves en général ?**
いつも、何時に起きるの？

~ libre

[基本例] **Lève-toi ! Il est déjà huit heures !**
起きて！もう8時だよ！

* Debout !「起立！」の一言でも同じ意味になります。

代名動詞には下記のような使い方もあります。また、lever「持ち上げる」の意味では lever le doigt がフランス人に欠かせない仕草（フランス人は「挙手する」lever la main より、人差し指だけをあげて賛成や質問の意志を表すジェスチャー）。それとこんな言い回し。

🛈 **Le jour se lève.**
夜が明ける。

→ Il fait jour. とも言います。

諺 **Il a pas levé le petit doigt pour m'aider.**
彼は私を助けようと小指一本動かさない。

→「何もしない、手を貸さない」という意味。lever と身体つながりで追記すれば se lever du pied gauche（→左足から起きる）で「寝起きが良くない、（1日の）出だしが悪い」という意味になる決まり文句もあります。

---

libre 形 自由な、暇な、空いている、無料の

次の例は使用頻度が高いです。

[基本例] **Tu es libre ce soir ?**
今晩、暇（あいてる）？

*「いつなら、暇？」と問うなら Tu es libre quand ? などと聞きます。

[基本例] **Cette place est libre ?**
この席は空いていますか？

* Il y a quelqu'un, ici ?「ここ、どなたかおいでですか？」も同義です。

libre 〜

> 「無料の」という意味でも使われます。あるいは、こんな言い回しでも。
>
> 🛈 **L'entrée du musée est libre le lundi.**
> 月曜の美術館の入館料は無料です。
>
> → gratuit(e)「ただの」という形容詞も使われます。
>
> ⚠ **Libre à vous de ne pas me croire.**
> 私を信じないのはあなたの勝手です。
>
> → Libre à soi de + inf. で「〜するのは…の自由だ」の意味。

lire 動 読む

たとえば、lire un roman「小説を読む」、lire couramment le français「フランス語をすらすら読む」などと具体的に読むものを添えて用います。あるいは、目的語を添えずに以下のようにも使われます。

[基本例] **Mon père lit le journal dans les toilettes tous les matins.**
父は毎朝トイレで新聞を読みます。

[基本例] **Ma fille aime lire.**
娘は読書が好きです。

*何を読むかが明示されないケースは多くが「読書する」の意味（例：Elle lit beaucoup.「彼女は読書家だ」）になります。ただし、こんな例もあります。

[別例] **Mon fils apprend à lire.**
息子は読み方を習っています。

> もちろん、目には見えないものを「読む」こともあります。
>
> 🛈 **Il faut lire entre les lignes.**
> 行間（言外の意味）を読まなくてはなりません。

→ lire en filigrane という言い方もあります。

lit 男　ベッド

英語の bed とほぼ同義です。

基本例　**Mon fils fait jamais son lit.**
息子はまったくベッドをきちんとしない。

* faire son lit あるいは faire le lit で「(起床後、自分の)ベッドを整える、ベッドメイキングをする」の意味。これを使って「寝心地はベッドの整え方次第」＝「自業自得」ということわざができます。

別例　**Comme on fait son lit, on se couche.**
自業自得。

基本例　**Va vite au lit !**
(子供に)早く寝なさい！

* Au lit !「寝なさい！」とも言います。Va vite te coucher ! も同義です。

ホテルを予約するならこんな風に lit が登場します。

 Je voudrais réserver une chambre avec un lit double.
ダブルの部屋を予約したいのですが。

→ une chambre à un lit [à deux lits] なら「シングル [ツイン] の部屋」です。

livre 男　本

「本」にもいろいろあります。un livre de poche「ポケットブック」、un livre d'images「絵本」、un livre audio「オーディオブック」、un livre d'occasion「古本」など。動詞との組み合わせなら feuilleter un livre「本のページをめくる」、parcourir un livre「本にざっと目を通す」、écrire un livre「本を書く」、

もちろん lire un livre「本を読む」も。

基本例 **Quel genre de livres est-ce que vous lisez ?**
どんな本を読んでいますか？

基本例 **C'est écrit dans les livres.**
本にそう書いてあります。

フランスを代表する作家、ユゴー V. Hugo は「本」を次のように定義しました。

諺 **Les livres sont des amis froids et sûrs.**
本は冷静かつ信頼のおける友である。

→数えられる名詞の総称ですから、定冠詞を添えた複数形 les livres になります。

---

loin 副 遠く（に）

英語の far に相当、空間的・時間的に「遠く（に）」の意味です。

基本例 **Encore un petit effort. Les vacances sont plus bien loin.**
あと少しの辛抱です。ヴァカンスはそう遠くないですから。

基本例 **Est-ce que c'est loin d'ici ?**
（それは）ここから遠いですか？

＊ loin de qn/qch で「〜から遠くに」の意味（反意：près de qn/qch）。もちろん時間的な意味合いにも用います。

別例 **Mon père est encore loin de la retraite.**
父は定年にはまだ間があります。

---

aller loin は直訳すれば「遠くに行く」という意味ですが、未来形で以下のように比喩的な意味で使われます。また、よく知られたことわざにも登場します。

 Cet étudiant ira loin dans la vie.
この学生は将来出世するだろう。

→この例は「偉くなる、出世する」（＝ réussir dans le monde）の意味。

 Loin des yeux, loin du cœur.
去る者は日々に疎し。

→「視界から消えると心からも消える」というのが直訳です。説明的に仏訳すれば、Le souvenir de ceux qui sont partis diminue jour après jour. といった具合。

long(ue) 形 長い

英語の long とほぼ同義で、空間的・時間的に「長い」の意味です。

基本例 **Sylvie a de beaux cheveux longs.**
シルヴィは美しい長い髪をしています。

基本例 **Le spectacle était trop long à mon avis.**
そのショーは長すぎると思います。

"le long de ＋［（細長い）場所］"で「～に沿って」の意味。それと、コーヒーに関して以下の注意を参照してください。

 J'aime bien me promener le long de la rivière.
私は川沿いを歩くのが好きです。

→他に、le long des Champs-Elysées なら「シャンゼリゼに沿って」の意味。

 自動販売機で目にするのが、un café court や un café long という表示。直訳すると「短いコーヒー」「長いコーヒー」ですが、日本式のブレンドとアメリカンのようなもの。un café court のほうがやや濃い目、un café long は湯で薄めてあるコーヒーです。

longtemps 副 長い間

"long「長い」+ temps「時」"が語源ですから、まさに「長い間」ですね。

基本例 **Ça fait longtemps.**
お久しぶりです。

* Ça fait longtemps qu'on ne s'est pas vu(es).「(互いに会わなくなって)久しい」下線部が省かれた形。

基本例 **Vous vous connaissez depuis longtemps ?**
古くからのお知り合いですか？

* depuis longtemps で「ずっと前から」の意味。pendant longtemps は「長い間」、avant longtemps なら「近いうちに、まもなく」。

---

pour longtemps「長い間」はよく使われますが、少し使い方が難しい表現です。それと、典型的なこんな構文があります。

⚠️ Vous êtes à Kyoto pour longtemps ?
京都にはずっといらっしゃいますか？

→ pour longtemps は、今後の「予定の期間、時間」を指して「(今後)長い間、長期の予定で」の意味になります。「長時間、長い間」pendant longtemps や「ずっと前から」depuis longtemps とはニュアンスが異なります。

ℹ️ Ça fait longtemps que ma mère est morte.
母が亡くなってずいぶん時間が経ちます。

→ Ça fait longtemps que + ind.［直説法］は口語表現。Il y a [Voilà] longtemps que + ind. という形も使われます。

---

louer 男 貸す、借りる

louer は「貸す」(prêter) と「借りる」(emprunter) という正

反対の意味を同時に持っています。ただし、この賃借は「金銭をともなう」という点に注意。

基本例 **Cette maison est à louer.**
この家は貸家です。

＊街で見かける « A louer » の看板は「貸家（貸し間）あり」の意味です。

基本例 **Florence loue un petit studio à Paris.**
フローランスはパリに小さなワンルームマンションを借りています。

もちろん「レンタカー」も賃貸しされる対象です。

 On louera une voiture sur place.

現地でレンタカーを借りよう。

→ louer une voiture で「車をレンタルする」の意味。

---

lourd(e) 形 重い、もたれる

類義語は pesant(e)、対義語は léger(ère)「軽い」です。英語の heavy に対応します。

基本例 **Ce plat est un peu lourd pour moi.**
この料理は私には少し重たい。

基本例 **J'ai la tête lourde.**
頭が重い。

「眠り」や「天候」に関係する表現でも使われます。

 J'ai le sommeil lourd.

私は眠りが深いです（ぐっすり眠れます）。

→ avoir le sommeil léger なら「眠りが浅い（熟睡できない）」の意味。他に avoir le cœur léger [lourd]「心がうきうきしている［気が重い］」があります。

lourd(e) ～

 Il fait lourd.
鬱陶しい天気だ。

→「ひと雨来そうだ」とか「ひどく暑い」とも訳せます。

lundi 男 月曜日

" lune「月」+ di「日」= lundi" という組み合わせ。基本はこんな別れ際の一言でしょうか。

基本例　**A lundi !**
また月曜日に！

多くのサラリーマンは「月曜」が苦手なはず。

 Je déteste le lundi.
私は月曜が嫌いだ。

→ le lundi は分析的に訳せば「一般に " 月曜日になる " と決まって」というニュアンス。たとえば、une boutique fermée le lundi で「月曜定休の店」となります。微妙な差異ですが、les lundis ならば、多くは tous を添えて「どの月曜日でもいつも」という含意になります。

別例　**Tous les lundis, j'ai du mal à me lever.**
月曜はいつも、なかなか起きられない。

lunettes 男複 メガネ

「メガネ」の意味では英語の glasses と同じく複数形で使います。

基本例　**Ma mère porte des lunettes.**
母はメガネをかけています。

* porter des lunettes は「メガネをかけている」という状態を指し、mettre des lunettes は「メガネをかける」という動作を表現します。ただし、以下の命令文は「あなたのメガネをか

けなさい」が直訳ですが、これは比喩表現です。

 Mettez vos lunettes.
　もっとよく見てみなさい。

基本例　**J'ai besoin de lunettes de soleil.**
　サングラスが必要です。

＊ lunettes de soleil は「サングラス」です。

単数形でも使われます。たとえば「望遠鏡」（= télescope）や、こんな意外な意味でも……。

 N'oublie pas de baisser la lunette des toilettes.
　トイレの便座を下げるのを忘れないで。

M

magasin 男　商店

例をあげれば、un magasin de chaussures は「靴屋」、un grand magasin なら「デパート」です。un magasin より小規模な「店」は une boutique、「スーパーマーケット」は un supermarché、「コンビニ」は une supérette と言います。

基本例　**A Paris, il y a beaucoup de magasins.**
　パリにはたくさんの店がある。

基本例　**Elle travaille dans un magasin de vêtements.**
　彼女は洋品店で働いている。

---

faire les magasins で「買い物に行く」の意味になります。

 Je vais faire les magasins, tu veux venir ?
　買い物に行くけど、一緒に来る？

→ faire des achats とも言います。日用品の買い物なら faire les courses が使われます。

magnifique 形 素晴らしい、見事な

extraordinaire, merveilleux(se) あるいは splendide, superbe といった類語があります。感嘆の次の一言は頻出です。

基本例 **C'est magnifique !**
素晴らしい！

＊壮麗な建物や素晴らしい自然を前にしても使いますが、たとえば「プレゼント」をもらって、「すごく嬉しい！」という意味でも使えます。

下記のように、景色や建物などの壮大さを讃えたり、立派な人物や天候を形容したりします。

De cet hôtel on a une vue magnifique du Mont Fuji.
このホテルからの富士山の眺めは見事です。

On a eu un temps magnifique cette semaine.
今週は素晴らしい天気でした。

mai 男 5月

豊穣を司る女神 Maia が語源とされます。他の月も参照ください。

基本例 **On peut voir beaucoup de fleurs en mai.**
5月にはたくさんの花が見られます。

le Premier(-) Mai は「メーデー」（= la fête du Travail）、フランスでは国民の祝日。日本は5月5日が祝日ですね。

Le premier mai, c'est la fête du Travail.
5月1日はメーデーだ。

Au Japon, le 5 mai est appelé « Tango no sekku » et c'est une fête pour les garçons.
日本では5月5日は「端午の節句」と呼ばれ、男の子のお祭りです。

maigre 形 痩せた

形容詞 maigre の対義語「太った」は gros, grosse あるいは gras, grasse で、動詞「痩せる」は maigrir（反意語は grossir）と言います。

基本例 **Elle est trop maigre.**
彼女は痩せすぎだ。

＊相手を褒めて「ほっそりした、すらりとした」と形容するなら svelte を用い、逆に「ガリガリ（骨と皮）」と表現するなら squelettique という形容詞を使います。

こんな使い方、わかりますか？ それと動詞「痩せる」を用いた例文を一つ。

 － Elle est comment ?
－ C'est une grande maigre.
－彼女はどんな人？
－背が高くて痩せています。

→ つまり、Elle est grande et maigre. というわけです。

Dis donc, tu as maigri !
あらまあ、あなた痩せたわね！

→たとえば、「2キロ痩せた」なら maigrir de deux kilos（あるいは perdre deux kilos）と言います。また、maigrir du visage なら「頬がこけた」ということです。

main 女 手

「手」にかかわるパフォーマンスはあれこれあります。

基本例 **Donnez-moi la main.**
手を貸して。

基本例 **Elle a serré la main du Premier ministre.**
彼女は首相と握手をした。

* serrer la main de qn で「〜と握手をする」の意味。ただし、握手する相手が人称代名詞の場合には à qn を使います。

別例 **Laurent lui a serré la main.**
ロランは彼（彼女）と握手する。

基本例 **Du soba fait main.**
そばは手打ち（お手製）です。

*老舗の蕎麦屋で、Le fait main fait la différence !「手打ち（手作り）は違うね！」と声を上げたフランス人がいました。「手打ちそば」le soba fait[fabriqué] à la main と少々説明的な表現も可能です。

「手に手をとって」は日本語と同じ発想です。また、こんな言い回しも。

 Elles marchaient main dans la main.
彼女たちは手に手をとって歩いていた。

→冠詞を添えて marcher la main dans la main とも言いますが使用頻度は低いようです。donner la main à qn なら「〜と手をつなぐ」の意味。

諺 **Ils sont comme les deux doigts de la main.**
彼らは固い友情で結ばれている。

→直訳すれば「手の2本の指のように」というわけですから、文脈次第では「まるで兄弟のようだ」comme des frères と訳すこともできます。

maintenant 副 今

話をしている「今・現在」を指す最も一般的な語。

基本例 **Je dois partir maintenant sinon je vais manquer mon train.**
今、行かないと、電車に乗り遅れます。

基本例 **Qu'est-ce que tu as fait jusqu'à maintenant ?**
今まで何してたの？

基本例 **Pas maintenant.**
今はだめ。

＊「すぐはダメ（無理）」の意味合いで、Pas tout de suite. とも言います。

こんな言い回しも覚えておきたいですね。

!! **C'est maintenant ou jamais.**
やるなら今でしょ。

→うしろに de + inf. を置いて、C'est maintenant ou jamais de + inf. の形でも使われ「今こそ〜すべきときだ」という意味になります。強調構文を用いたこんな言い回しも。

別例 **C'est maintenant qu'il faut agir.**
行動するなら今です。

ⓘ **A partir de maintenant, on doit porter une cravate au bureau.**
今後は、会社でネクタイを着用しなくてはならない。

→ à partir de maintenant「今からは、これからは」の意味。ちなみに、未来の表現とともに、maintenant 一語だけでも同じニュアンスを伝えることができます。

別例 **Maintenant, tout ira bien.**
これ以降は、すべてうまくいくでしょう。

mais 接 しかし 副 返答の強調

対立を意味する接続詞として、語をつなぎ、文をつなぎます。mais > pourtant > cependant の順で「しかし」の意味合いが弱くなっていきます。また、副詞として強調の語となります。

基本例 **Alain est intelligent, mais un peu méchant.**
アランは頭はいいけど、少し意地悪だ。

* mais il est un peu méchant の主語と動詞が省かれた例。対立をもっと明瞭にする相関句 certes A mais B「なるほど A ではあるが B でもある」を使って書き換えられます。

別例 **Alain est intelligent, certes, mais un peu méchant.**
アランは確かに頭はいいのだが、少し意地悪だ。

基本例 **Mais oui.**
もちろんだよ。

＊否定を強調するなら Mais non.「とんでもない」となり、否定命令に肯定的な返事を導くなら Mais si. を使います。

下記はシンプルな言い回しですが、応用範囲がひろいです。

 Lentement mais sûrement.
ゆっくり、でも確実に。

→ 文頭に語句を補って、Avancer lentement mais sûrement.「ゆっくり前進、でも確実に」といった応用表現が可能です。

---

maison 女 家

「家」、「家屋」「住まい」を意味する語です。

基本例 **Mes parents habitent dans une maison à la campagne.**
両親は田舎で一戸建てに住んでいます。

＊ habiter dans une maison individuelle「一戸建ての家に住

む」とも言えます。なお、une maison isolée で「一軒家」、une maison à deux étages で「3階建ての家」、une maison en construction なら「建築中の家」となります。

基本例 On va manger à la maison.
　　　　家で食べましょう。

* à la maison で「家で、家に」の意味。「外食する」なら manger au restaurant あるいは manger en ville といった言い方をします。なお、être à la maison は「在宅している」、être dans la maison なら「家（の建物内）にいる」の意味になります。

「お店」の意味でも使います。またこんな使い方は盲点。

Q Quelle est la spécialité de la maison ?
　　お店の自慢料理は何ですか？

!! Goûte cette tarte, c'est fait maison !
　　このタルト食べてみて、自家製なの！

→ fait(e) maison あるいは fait(e) à la maison で「自家製の」意味。une tarte maison で「自家製タルト」の意味（この maison は「自家製の、ホームメイドの」を意味する形容詞）。

---

mal [男] 痛み、病気、悪、苦労　[副] 悪く、下手に

名詞ではこの表現、副詞では次の一言ははずせません。

基本例 J'ai mal à la tête.
　　　　頭が痛い。

* "avoir mal à + [定冠詞] + [身体]"、「～が痛い」は大事な言い回し。こんな言い方もあります。

別例 J'aime pas prendre le bateau, j'ai le mal de mer.
　　　　船に乗るのは苦手です、船酔いしますから。

mal ～

|基本例| **Pas mal.**
悪くないです（結構いいね）。

＊ C'est pas mal. とも言います。これは肯定の意味合いで「まあまあ」より上の状態を言います。

|基本例| **J'ai mal dormi la nuit dernière.**
昨晩、よく眠れなかった。

＊逆に「よく眠れた」なら J'ai bien dormi la nuit dernière. となります。

|基本例| **Mon père écrit mal.**
父は字が下手です。

こんな言い回しは、すっと理解できるでしょうか。

On a eu du mal à trouver sa maison.
彼（彼女）の家がなかなか見つからなかった。

→この mal は「苦労」の意味合い。

J'ai pas mal de livres à lire.
読まなくてはいけない本がたくさんあります。

→ pas mal de qch/qn で beaucoup de qch/qn の意味になります。

---

malade |形| 病気の

「病気」という名詞は la maladie で、malade が名詞で使われると「患者、病人」(= une personne malade) の意味です。初級レベルではこれを取り違える人がいますので要注意。

|基本例| **Je tombe toujours malade en hiver.**
私は冬になると決まって病気になります。

＊ tomber malade で「病気になる」、se sentir malade なら「気分がすぐれない」の意味。

|基本例| **Mon fils est souvent malade en voiture.**
息子はしょっちゅう車酔いします。

＊「車に酔う」être malade en voiture は、avoir mal au cœur としても類義。

基本例　**Mon grand-père est malade du cœur.**
　　　祖父は心臓を病んでいます。

＊"de +［定冠詞］+［身体の器官］" で「～を病んでいる」の意味。avoir le cœur malade「心臓が悪い」も類義。

Je suis malade. なら「病気です」の意味ですが、これを以下のようにアレンジすると？　また、会話では「気がおかしい」という意味でも使われます。

　J'en suis malade.
　　　そのことでまいっています。

→「（不安や嫌悪感で精神的に）困った、混乱した」の意味で、「そのことで気分が落ち込んでいる」という意味合いです。

　Tu es malade de faire autant de bruit à quatre heures du matin !
　　　朝4時にそんなに騒ぐなんて頭がおかしいよ！

---

malheureux(se)　形　不幸な、不運な

"mal「悪い」+ heureux(se)「幸福な」" からわかるように、文字通り「不幸な、不運な」の意味。

基本例　**Je suis malheureux depuis que ma petite-amie est partie en France.**
　　　恋人がフランスに行ってしまって悲しい。

＊この例は、かなり落ち込んだケース、同情を引くような内容で使われます。通常なら、triste「悲しい」ぐらいがいいかもしれません。なお、副詞 malheureusement「残念ながら」の意味合いならこんな用例で。

malheureux(se) 〜

別例 **Malheureusement, je suis pris(e) ce soir.**
あいにく、今晩は予定がつまっています。

C'est malheureux [triste] à + inf. で「〜であるのは気の毒だ、残念だ」という言い回しになります。

 C'est malheureux à dire mais il n'y arrivera jamais.
こう言うのは気の毒だけど、彼はけっしてうまくいかないよ。

→ y arriver で「成功する、うまくいく」の意味になります。なお、文意が不明瞭にならないように否定 ne ... jamais の ne を省いていません。

---

manger 動 食べる

目的語があるケースとないケースがあります。

基本例 **En général, je mange du poisson le soir.**
普通、晩は魚を食べます。

基本例 **Claude mange au restaurant tous les midis.**
クロードは昼はいつもレストランで食事をします。

＊ただし、「朝食、昼食、夕食。おやつ」などを目的語にする際には prendre を使います。

別例 **J'ai pris le déjeuner avec mon amie.**
私は友だちとお昼を食べました。

基本例 **J'ai bien mangé.**
お腹いっぱいです。

＊「食べ過ぎた」なら J'ai trop mangé.、「全部食べた」なら J'ai tout mangé. と言います。似ていますが、Je mange de tout. は「何でも食べる」の意味で、manger beaucoup なら「たくさん食べる」の意味になります。

---

manger に関係する単語として la salle à manger「食堂」は欠かせません。それと「スープを飲む」には boire は使わ

ず manger de la soupe と表現する点に注意。なお、代名動詞 se manger は下記のように「食べられる」という意味になります。

 Ça se mange ?
これ食べられるの？

manquer 動 足りない、不足している

本来、あるはずのものが「欠けている」という意味。それと以下の単純未来の言い回しは基本です。

[基本例] **Il manque d'expérience.**
彼は経験が足りない。

* manquer de qch で「〜が足りない、欠けている」の意味。たとえば、manquer de sommeil「睡眠不足」、manquer d'exercice physique「運動不足」、他に、manquer de patience「辛抱が足りない」、manquer de temps「時間が足りない」など。

[基本例] **Le temps me manque pour aller le voir.**
彼に会いに行く時間がない。

* manquer à qn で「人にとって欠けている」という意味。

[基本例] **Je n'y manquerai pas.**
そう伝えます（忘れずにかならずそうします）。

*「〜によろしく」（例：Mes respects à Madame.「奥さんによろしく」）と言われたり、「電話して」（例：Appelez-moi au bureau.「事務所に電話をください」）といった会話の返事として、「了解」のニュアンスで使う定型表現です。会話では J'y manquerai pas. とも言っていますが、ここは定型を守った表記にしています。

「人がいなくて寂しい」は大事な表現。「（乗り物に）乗り遅れる」もよく使われます。

Elle me manque beaucoup.
彼女がいなくてすごく寂しい。

→ manquer à qn/qch で「(人や物が)なくて寂しい、つまらない」の意味。

 Tu viens de manquer le bus ?
バスに乗り遅れたの?

→ manquer「乗り遅れる、逃す」(= rater)の意味。manquer une occasion「機会を逃す」も頻度が高い言い回しです。

marcher 動 歩く、(機械などが)動く

人が「歩く」から転じて「(機械が)動く」の意味でも使われます。

[基本例] **Il marche vite.**
彼は急ぎ足で歩く。

＊「ゆっくり歩く」なら marcher lentement、marcher à petits [grands] pas は「小股[大股]で歩く」の意味。

[基本例] **Je marche tous les matins avant de prendre mon petit déjeuner.**
毎朝、朝食をとる前に歩いています。

＊「散歩する」は se promener, faire une promenade、「(あたりを)ぶらつく」なら flâner, balader といった動詞を用います。

[基本例] **Mon ordinateur ne marche pas bien.**
私のパソコンは調子が良くない。

＊ Mon ordinateur ne marche plus. であれば「もう動かない」、つまり「故障している」être en panne の意味合い。

さらに「(事柄が)うまく運ぶ」というニュアンスを反映した次の一言は大事です。

－ **On va au cinéma ce soir ?**
  － **Ça marche !**
  ―今晩、映画に行かない？
  ―いいよ！
→ 承諾の返事として使われた例です。Ça marche ? も「うまくいってる？」「仕事は順調？」「OK ですか（大丈夫ですか）？」など Ça va ? に近い感覚でいろいろな場面で登場します。また、過去形も。

別例 **Alors, ça a marché ?**
で、うまくいったの？

mardi 男 火曜日

他の曜日と同じですが、たとえば、こんな表現が基本です。

基本例 **Tu es libre mardi soir ?**
火曜の夜は空いてる？

基本例 **Je fais du yoga tous les mardis.**
毎週火曜はヨガをやっています。

基本例 **Je suis en congés le mardi.**
火曜は休みです。

＊ tous les mardis と le mardi は類義です。être en congé は「休みをとっている」という意味。

「来週の火曜」ならこんな風に言います。

 Je verrai mes parents mardi prochain.
今度の火曜日に両親に会います。

→「先週の火曜日」は mardi dernier と言います。

mars 男 3月

en mars あるいは au mois de mars で「3月に」の意味。語末

mars 〜

の〈s〉は発音されます。

[基本例]　**Je prends des vacances en mars.**
　　　　私は3月にヴァカンスをとります。

[基本例]　**Le 21 mars, c'est le premier jour du printemps.**
　　　　3月21日は春の日です。

＊暦の上でフランスの「春」は3月21日にはじまります。なお、「春分」は l'équinoxe de printemps と言います。

大文字で書けばこの単語は天体「火星」の意味になります。ちなみに " Mars + di =「火曜日」(→ mardi)" です。

 Un jour l'homme habitera sur Mars.
　　いつか、人は火星に住むことになろう。

---

matin 男　朝

ce matin なら「今朝」、tous les matins や chaque matin は「毎朝」の意味です。

[基本例]　**Je me lève à cinq heures tous les matins.**
　　　　私は毎朝5時に起きます。

＊「早起きする」は se lever de bon matin [de bonne heure]、あるいは se lever tôt le matin などと言います。また「朝の5時に」なら à cinq heures du matin と表現します。

[基本例]　**Son secrétaire travaille du matin au soir.**
　　　　彼（彼女）の秘書は朝から晩まで働いている。

＊ du matin au soir も使用頻度の高い言い回し。ちなみに「朝晩」ならこんな言い方をします。

[別例]　**Le temps se refroidit le matin et le soir.**
　　　　朝晩の冷え込みが厳しい。

「朝型です」、実はこんな簡単な一言がなかなか浮かびません。

Je suis du matin, et vous ?
　　私は朝型ですが、あなたは？

→「夜型です」なら être du soir と言います。

mauvais(e) 形　悪い、(質的に) よくない

英語の bad に相当する語で、対義語は bon(ne) です。「悪い」「好ましくない」という主観的な判断を表す意味でひろく用いられます。

基本例　**Miho parle un mauvais anglais.**
　　ミホは下手な英語を話す。

＊ Miho est mauvaise en anglais. なら「ミホは英語が苦手だ」の意味。

基本例　**Mon fils a de mauvais résultats à l'école.**
　　うちの息子は学校の成績が悪い。

＊特定の科目の成績なら、たとえば、以下のように表現します。

別例　**Ma fille a de mauvaises notes en français.**
　　娘はフランス語の成績が悪い。

基本例　**Quel mauvais temps !**
　　なんてひどい天気だ！

基本例　**Cette soupe est vraiment mauvaise.**
　　このスープは本当にまずい。

＊「まずい！」なら C'est mauvais ! が簡便なのですが、否定文で Ce n'est pas bon ! を使うほうがいいと教える教員もいます。

Ça sent bon ! なら「いいにおい！」の意味。逆は……。

 Ça sent mauvais ! Ouvre la fenêtre !
　　ひどいにおいだ！ 窓を開けて！

→ sentir mauvais「嫌な臭いがする」。この mauvais は副詞です。

médecin 男 医者

医者に「なりたい」人は少なくないですね。

[基本例] **François voudrait devenir médecin.**
フランソワは医者になりたがっている。

[基本例] **Vous feriez bien d'aller voir le médecin.**
お医者さんに診てもらった方がいいですよ。

* faire bien de + inf.（faire は［条件法］）を使って「〜したほうがいい」とした例。なお、「医者に診てもらう（診断を受ける）」は consulter le médecin とも言います。

 それと「医者に行く」は aller chez le médecin と言いますが、間違って aller au médecin とする方がけっこういます。

医者に呼びかけるなら「先生」docteur を用います。よって、診察室に入る際には、Bonjour, docteur.「先生、こんにちは」と声をかけます。それと、医者に予約はつきもの。したがって、下記はよく使う言い回しです。

 Demain, j'ai rendez-vous chez le médecin.
明日、医者の予約をしています。

---

meilleur(e) 形 よりよい

bon の優等比較級で、英語の better とほぼ同義です。

[基本例] **Mon frère est meilleur que moi en sport.**
兄（弟）はスポーツでは私より優れています。

[基本例] **Tu as une meilleure solution ?**
もっといい解決策がある？

[基本例] **Alex est mon meilleur ami.**
アレックスは私の一番の親友です。

＊所有形容詞を用いた最上級の例です。

日常会話ではこんな使い方ははずせないでしょう。

 Quel est le meilleur chemin pour aller à la gare ?
　　駅に行くにはどうやって行くのが一番ですか？

→距離的、時間的に「一番よい道」le meilleur chemin を問う文です。

même 形 同じ　副 ～でさえ、まさに～

形容詞としては英語の same、副詞としては英語の even, just の類語です。

基本例　**Notre anniversaire est le même jour.**
　　　　私たちの誕生日は同じ日です。

＊例文を英語で書けば、Our birthdays are the same day. となります。

基本例　**C'est la même chose.**
　　　　それは同じことです。

＊ C'est pareil. も類義。なお、Faites la même chose. 「同じようにやってみて」、La même chose, s'il vous plaît. 「同じものをください」など応用例はいくつもあります。

基本例　**Même pour moi, c'est facile.**
　　　　私にとってさえ、それは簡単だ。

＊通常、修飾する語句の前に置きます。

"[人称代名詞強勢形]-même" で「～自身」の意味。あわせて、次のような例が自然に使えるようになれば中級は卒業と言えそうです。

 IKEA vend des meubles qu'il faut monter soi-même.
　　イケアでは自分で組み立てる必要のある家具を売っている。

→ soi-même は英語の oneself に相当する単語。また、この

例文の monter は「組み立てる」の意味。

 Merci quand même.
とにかくありがとう。

→十分な返答（回答）は得られなかった、結局役には立たなかった、「それでもお礼は申し上げます」の意味。譲歩を表す副詞句 quand même は「それにもかかわらず、それでも、やはり」の意味。（cf. 見出語：quand même）

mer 女 海

海、海岸の基本はこんな例でしょうか。

基本例　**Mes parents ont une villa au bord de la mer.**
両親は海岸に別荘を持っています。

基本例　**Chaque été nous allons à la mer pour les vacances.**
毎年、ヴァカンスには海に行きます。

* aller à la mer は「（休暇などで）海（海岸）に行く」という意味合い。

こんな言い回しも。直訳「（まさか）海をのみほすわけではない」という表現が、ことわざとして使われます。

 C'est pas la mer à boire.
それほど困難なことではない。

merci 間投　ありがとう

フランス語を学習したことがない人でも知っているお礼の一言、「メルシー」ですね。

基本例　**Merci beaucoup.**
どうもありがとう。

* Merci bien. なら「（軽い礼で）どうも」という感じ。Merci

mille fois. あるいは Mille fois merci. は「千回ありがとう」なので「本当にありがとうございます」（＝ Je vous remercie beaucoup.）の意味。

基本例 **Non, merci.**
いいえ、結構です。

＊何かを断る際の最も普通の言い回し。

Merci に pour qch を添えて具体的な礼が言えます。

😊 **Merci pour aujourd'hui.**
今日はありがとう。

→ Merci pour tout.「いろいろとありがとう」。ただし、うしろに動詞の inf. を添える際には de + inf. を用います。

別例 **Merci de m'avoir prévenu d'avance.**
事前にお知らせいただいてありがとうございます。

😊 **Merci de ne pas fumer.**
禁煙をお願いします。

→ Merci de + inf. で「〜してください」となる例もあります。

---

mercredi 水曜日

基本例の言い回しの別例は lundi, dimanche など他の曜日を参照してください。

基本例 **Nous sommes le mercredi 19 juillet.**
今日は 7 月 19 日水曜日です。

ℹ️ **En France, il y avait pas d'école ni le dimanche ni même le mercredi.**
フランスでは、日曜だけでなく水曜も学校はありませんでした。

→フランスの登校日は地域により違いはありますが、たとえ

ば、パリ地区の小学校では、2012年度までは、授業日は月、火、木、金の4日間で水曜日はお休みでした。

métro 男 地下鉄

chemin de fer métropolitain「首都を走る鉄道（首都高速度鉄道）」の略です。

基本例 **Je prends le métro pour aller travailler.**
地下鉄に乗って仕事に行っています。

＊ prendre le métro で「地下鉄で行く」の意味。

基本例 **Pour aller au Louvre je dois descendre à quelle station de métro ?**
ルーヴル美術館に行くには、どの地下鉄の駅で乗り換えなくてはなりませんか？

＊地下鉄の「駅」は la station で、鉄道の「駅」la gare は使いません。ただし、「小さな駅」なら、鉄道の「駅」でも la station と言わないことはありません。なお、la bouche de métro は「地下鉄の出入り口」のことです。

次の言い回しはフランス人サラリーマンの悲哀を言い当てています。

　－ **Alors, quoi de neuf ?**
　－ **Oh rien tu sais, métro, boulot, dodo.**
　－で、何かあるの？
　－いや、何もないよ、メトロ、ブロ、ドド。

→パリで暮らす人々の味気ない思いを3つの単語で韻を踏んで表現したもの。「地下鉄に乗ってさ、仕事してさ、おねんねさ」。

mettre 動 置く、（衣服などを）身につける、（時間を）かける

人が「物を〜に置く」（例：mettre une bouilloire sur le feu

「ヤカンを火の上に置く（かける）」がそもそもの意味。そこから多様な語義に展開していきます。英語の put に類した語です。

[基本例] **Tu peux mettre ce vase sur la table, s'il te plaît.**
その花瓶をテーブルの上に置いてください。

[基本例] **Mets un pull avant de sortir, il fait un peu froid.**
外出する前にセーターを着て、少し寒いから。

*他に mettre une robe「ドレスを着る」、mettre ses lunettes「メガネをかける」、mettre des chaussures「靴を履く」など「動作」を表します。また、こんな応用例も。

[別例] **Elle a mis trop de parfum.**
彼女は香水をつけすぎだ。

[基本例] **J'ai mis une bonne heure pour venir ici.**
ここに来るのにたっぷり1時間かかりました。

*この bon(ne) は「かなりの、相当の」の意味。

「（不意に）〜し始める」を意味する代名動詞も大切。

🛈 **Mon mari s'est mis en colère.**

夫は怒った。

→ se mettre en colère で「怒る」の意味。「怒っている」なら être en colère を使います。

🛈 **Ma femme s'est mise à apprendre l'italien.**

妻はイタリア語を習いだした。

→ commencer à + inf. が事前に予期していた出来事を「始める」のに対して、se mettre à + inf. は「（不意に）〜し始める」という含意があります（cf. 見出語：commencer）。

---

mieux 副 もっとよく、最もよく 形 よりよい、最もよい

副詞・形容詞 bien の優等比較級、最上級として使われる単語。英語の better, best に相当します。教科書的な例なら、Ma femme chante mieux que moi.「妻は私より上手に歌う」とか、C'est Pierre qui danse le mieux dans sa classe.「ピエールがクラスで一番踊りが上手い」といった具合ですが、日常生活で実際に使用頻度が高いのは次のような文です。

> 基本例 **Vous allez mieux, maintenant ?**
> （体調・病状について）もう、よくなりましたか？

* aller bien を比較にして「（以前より）よくなっているか？」と問いかける文です。

> 基本例 **C'est mieux.**
> （別の物より）こちらがいい。

*形容詞の例。なお、J'aime mieux ça.「こっちがいい」という言い回しは使いますが、大半の辞書に載っている「BよりもAを好む」aimer mieux A que B = préférer A à B という等式は不自然です。後者を使うのが自然です。

応用は「一番いいのは（最良なのは）〜です」という簡便なパターンと faire de son mieux「最善（全力）を尽くす」という決まり文句。どちらも mieux を名詞とする例です。

> !! **Le mieux, c'est de se marier.**
> 結婚するのが一番いいですよ。

> ☺ **Je ferais de mon mieux.**
> 最前を尽くします。

→ faire au mieux, faire pour le mieux とも言います。

minute 女 分

英語の minute と同じ意味です。略して min と書きます。

> 基本例 **La gare est à cinq minutes d'ici.**
> 駅はここから5分です。

> 基本例 **Attends une minute, je reviens.**
> ちょっと待ってて、すぐ戻るから。

＊「1分待って」が直訳。Vous avez une minute ?「ちょっといいですか（お話しさせていただいてもいいですか）？」も頻度が高い言い回し。なお、Minute !「待って！」の一言が、相手の話をさえぎる感覚で使われるケースもあります。

Une minute de silence. は哀悼の気持ちを表す「（1分の）黙祷（もくとう）」のこと。ただし、宗教的な意味合いなら une prière silencieuse と言います。これは知らないと浮かんできませんね。それとこんな「1分」も。

 Il suffit d'une minute pour aimer quelqu'un.
誰かを好きになるのに1分あれば十分だ。

moins 副 より少なく

語源はラテン語 minus「より少なく」で、peu の劣等比較級。おおむね英語の less に相当します。名詞では「マイナス（-）」の記号の意味がありますので、そのイメージをふくらませるとこの単語の守備範囲がわかるかもしれません。

基本例 **Il court moins vite que moi.**
彼は私より走るのが遅い。

基本例 **Parle moins fort !**
もうちょっと小さな声で話して！

基本例 **Il est deux heures moins dix.**
2時10分前です。

基本例 **Il fait moins cinq ce matin.**
今朝は零下5度です。

moins de qch で「より少ない〜」の意味。また、au moins は「最小限に見積もる」が直訳。この moins は文法上は男性名詞です。

Tu as moins de fièvre ?
熱は下がった？

→ この例は「職場の同僚」や「よく知らない相手」を意識して、Tu as としたが、家族や友人なら T'as moins de fièvre ? とするほうが自然です。なら、これに数詞を加えて「〜以下の」もよく使われます。

別例 **Louna a moins de vingt ans.**
ルナは20歳（はたち）前です。

Il faut au moins deux heures pour aller au Mont Saint Michel.
モンサンミッシェルに行くには少なくとも2時間はかかります。

→ " il faut + [時間] + pour + inf. " で「〜するのに…かかる」という言い回し。

mois 男 月

基本は「来月」le mois prochain、「先月」le mois dernier、あるいは「月に一度」une fois par mois、「毎月、月ごとに」tous les mois、chaque mois など。また、学習用、子供用の辞書にはかならずと言っていいほど次の例が載っています。それと「〜月に」と表現する言い回しも。

基本例 **Mon frère gagne dix mille dollars par mois.**
兄（弟）は月に1万ドル稼ぐ。

基本例 **Il y a douze mois dans une année.**
一年は12ヶ月あります。

基本例 **Le stage commence au mois d'avril.**
研修（スタージュ）は4月にスタートする。

* " au mois de + [月]" あるいは " en + [月]" で「〜月に」の意味。

右のような言い回しも必須です。

Je touche mon salaire à la fin du mois.

月末に給与を受け取る。

→ à la fin du mois で「月末に」の意味。au début du mois なら「月の上旬に」、au milieu du mois は「月の半ばに」の意味です。

moment [男] 瞬間、好機

英語の moment とほぼ同義。「瞬間」は、moment > minute > instant, seconde の順で時間が短くなっていきます。

[基本例] **Attendez un moment.**
ちょっと待ってください。

[基本例] **C'est le moment.**
今がチャンスだ。

＊この moment は「好機」の意味。C'est pas le moment. なら「今はタイミングがよくない」の意味。なお、C'est le moment ou jamais.「またとないチャンスだ」もよく使う言い回し（cf. 見出語：jamais）。

中級レベル以上なら、次のような例は押さえておきたいところ。

 Je suis pas libre en ce moment.
今は手がはなせません（暇がない）。

→ en ce moment「今」（= maintenant）。

 Je reviens dans un moment.
すぐに戻ります。

→ dans un moment で「すぐ、間もなく」の意味。

 Pour le moment, tout va bien.
今のところすべて順調です。

→ pour le moment「今のところ、さしあたり」の意味。pour l'instant とか jusqu'à présent も類義表現。

 Vous arrivez juste au bon moment.
ちょうどいいところに来てくれたね。

→「かなり、相当の」を意味する bon(ne) を用いた成句。Vous tombez bien. も類義。depuis un bon moment なら「ずいぶん前から」の意味になります。

montagne 女 山

下記は小学校の教科書で見かけるような例文ですが……。

基本例 **Le mont Fuji est la plus haute montagne du Japon.**
富士山は日本で一番高い山だ。

＊語順を変えて、Le mont Fuji est la montagne la plus haute du Japon. とすることも可能です。

基本例 **Je voudrais passer mes vacances à la montagne.**
山でヴァカンスを過ごしたい。

＊ aller en montagne で「山に行く」、faire une excursion en montagne なら「山歩きをする」の意味です。

「山（を）なす」となるとフランス語でも「うず高く積もる」意味合いになります。

 Il y a une montagne de dossiers sur mon bureau.
私の仕事部屋（書斎）には山のように書類がある。

→ "montagne de +［無冠詞名詞］" で「山ほどの（多量の）〜」の意味。例文は女性名詞 pile「堆積」を用いて des piles de dossiers と置き換えられます。ちなみに、une montagne de dettes なら「山のような借金」のことです。

montre 女 腕時計

いずれも女性名詞ですが pendule は「(家庭用の)置き時計、掛け時計」、horloge は学校や駅にあるような「大時計」を指します。

[基本例] **Paul a acheté une nouvelle montre.**
ポールは新しい時計を買った。

[基本例] **Il est six heures vingt à ma montre.**
私の時計では 6 時 20 分です。

[基本例] **Ma montre retarde de dix minutes.**
時計が 10 分遅れている。

＊会話では Je retarde de dix minutes. とも言います。なお、avancer なら「進んでいる」の意味。こんな例もあります。

[別例] **Ta montre est à l'heure ?**
君の時計合ってる？

次の言い回しは文章ではありませんが、大切です。

😊 **Dans le sens des aiguilles d'une montre.**
時計回りに。

→反意の「反時計回りに」なら一語添え dans le sens inverse des aiguilles d'une montre とします。学生時代、原書を読む輪読会でジェスチャーを交えてこの一言を発した教師がいて覚えました。

---

montrer 動 見せる、示す

英語の show に相当するこの動詞が一番使われる用例はこんな命令文でしょう。

[基本例] **Montrez-moi.**
私に見せてください。

＊具体的に見せてほしい対象を言うなら、Montrez-moi votre valise, s'il vous plaît. で「(税関で) スーツケースを見せてく

ださい（拝見します）」といった具合。

別例 **Est-ce que vous pouvez me montrer la gare sur le plan ?**
地図上で駅を示していただけますか？

「〜なのかを示す」の例で、間接疑問の節を導く文を操れれば中級レベルです。

 Tu peux me montrer comment on fait ça ?
それをどうやってやるかを教えてくれる？

mort(e) 形 死んだ 女 死

必須の表現は être mort(e) の形でしょう。(cf. 見出し語：mourir)

基本例 **Mon grand-père est mort il y a six mois.**
祖父は半年前に亡くなった。

＊「死ぬ」を意味する言い回しはさまざまです。官庁などの公式の表現なら、Mon grand-père est décédé.「祖父が逝去した」、あるいは自分を主語にして J'ai perdu mon grand-père.「祖父を亡くしました」といった言い方もします。

日本語の「死にそう」とか「死ぬ〜〜！」といった言い回しと同じで、程度を強調、誇張する単語でもあります。

 Je l'aime à mort.
私は彼（彼女）が死ぬほど好き。

→誇張的に s'ennuyer à mort「死ぬほど退屈する」といった表現でも、être blessé(e) à mort「致命傷を負う」といった文字通りの意味でも使います。

 Je suis mort(e) de fatigue.
疲れて死にそう（くたくたです）。

→ Je suis fatigué(e). を強調した言い回し。

mot 男 単語、言葉

英語の word に相当する語です。

基本例 **Je parle pas un mot de grec.**
　　ギリシア語は一言も話せません。

* mot à mot は熟語で「一語一語、逐語的に」の意味になります。

基本例 **Entrez votre mot de passe.**
　　（コンピュータ）パスワードを入れてください。

*他に、mot-clé「キーワード」や mot d'emprunt「借用語」など。

下記の用例は盲点です。

 Ma femme m'a écrit un petit mot.
　　妻が私に短い手紙（メッセージ）を書いた。

→「言葉、短信」の意味。envoyer un mot「短い手紙を出す」といった言い方もします。

mourir 動 死ぬ

基本は人や生物が「死ぬ」の意味。(cf. 見出語：mort(e))

基本例 **Elle est morte jeune.**
　　彼女は夭折した。

*逆に mourir de sa belle mort で「大往生する」、mourir dans son lit なら「天寿をまっとうする」の意味になります。

応用表現は誇張的に「（人が）死ぬほど」のニュアンスで用いられるケースです。

 Je m'ennuie à mourir.
　　私は死ぬほど退屈している。

→ à mourir で「死ぬほど、ひどく、極端に」の意味になります。s'ennuyer à mort とも言います。

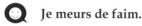 **Je meurs de faim.**
　腹がへって死にそうだ。

→ "mourir de +［無冠詞名詞］" で「〜で死にそうである」の意味。

別例　**Je meurs de chaud.**
　暑くて死にそう。

moyen(ne) 形　平均の、平凡な

たとえば、un Japonais moyen であれば「平均的日本人男性」、la durée moyenne de la vie は「平均寿命」の意味です。また、こんな例は基本の言い回し。

基本例　**Claire est moyenne en maths.**
　クレールは数学の成績は普通です。

日常会話ではこんな風に登場します。

－ **Qu'est-ce que tu penses de ce film ?**
－ **Je trouve ça moyen....**
　－あの映画どう思う？
　－普通だと思うけど……。

→この moyen(ne) は「凡庸な、平均の」（= ordinaire）の意味。

musée 男　美術館、博物館

フランスの musée と言えば、まずは le musée du Louvre「ルーヴル美術館」。

基本例　**La Joconde se trouve au musée du Louvre.**
　モナ・リザはルーヴル美術館にあります。

＊フランス語表記 La Joconde は Mona Lisa のこと。

基本例　**Tu vas au musée une fois par mois ?**
　　　月に一度、美術館（博物館）に行くの？

＊この例は「行く」＝「足を運ぶ」という意味。

musée に「行く」＝「見物する」なら visiter が使われます。

 On a visité des musées.
　　　美術館（博物館）を見物しました。

→例文は複数ですから「美術館（博物館）巡り」。

musique 女　音楽

musée も musique も語源は「ミューズ」muse（ギリシア神話の女神で、文芸、芸術、音楽などを司る）から来ています。

基本例　**Mon oncle fait de la musique.**
　　　おじは音楽をやっています。

＊ faire de la musique で「音楽をやる」、écouter [entendre] de la musique なら「音楽を聴く［音楽が聞こえる］」、jouer de la musique なら「演奏する」の意味。

基本例　**Qu'est-ce que tu aimes comme musique ?**
　　　どんな音楽が好きなの？

＊ Tu préfères quel genre de musique ?「どんなジャンルの音楽が好き？」などという問いも類義です。

20世紀で最も影響力のある作曲家の一人とされるドビュッシー Debussy は「音楽」をこう定義づけています。

 La musique, ce n'est pas l'expression du sentiment, c'est le sentiment lui-même.
　　　音楽は情緒の表現ではない、それは情緒そのものだ。

N

nager [動] 泳ぐ

物を主語にして「浮いている」といった意味でも使われますが、基本は「(人が) 泳ぐ」の意味です。

基本例 **Il va nager à la piscine une fois par semaine.**
彼は週に1度プールに泳ぎに行く。

基本例 **Je sais pas nager.**
私は泳げません。

＊「金槌」の意味。体調等の理由で「(今は) 泳げない」なら動詞を変えて、Je peux pas nager. と言います。なお「泳ぎが上手い」ことを nager comme un poisson（→魚のように泳ぐ）と形容します。

 se baigner も「(海やプールなどで) 泳ぐ」「海水浴をする」を意味する類義語です。ところが la baignoire「浴槽」からの類推でしょうか、この単語を prendre un bain「風呂に入る」と訳している単語帳があります。しかし、それは間違いです。

日常会話ではこんな用例があります。

 Je comprends rien ! Je nage complètement.
何だかまったくわかりません！ 完全にお手上げです。

→動詞 nager が「何が何だかわからない」「手も足も出ない」という意味になります。

 Elle nage dans son pantalon.
彼女はだぶだぶのズボンをはいている。

→「ズボンの中で泳ぐ」わけですから相当に大きな服です。

~ naissance

naître 動 生まれる

日常会話では、圧倒的に être né(e) という複合過去で使われます。

基本例 **Je suis né(e) à Osaka le premier décembre 2000.**
2000 年 12 月 1 日に大阪で生まれました。

＊原則"場所から時間へ"並べるというルールのある英語とは違って、状況補語の語順に厳しくないので、例文は、Je suis né(e) le premier décembre 2000 à Osaka. とすることも可能です。一般に重要と考える順に並べると覚えれば良さそうです。

基本例 **Elle est née dans cette ville.**
彼女はこの町で生まれました。

＊ C'est sa ville natale. とも言い換えられます。

もちろん現在形の例もあります。また、次の一言が個人的には好きです。

 Les hommes naissent libres et égaux.
人は生まれながらにして自由にして平等だ。

→この当たり前（「フランス人権宣言」の第 1 条）が脅かされている地域が世界中にはいくつもあるわけですが……。

 Je suis pas né(e) d'hier.
だてに年はとっちゃいない。

→「昨日生まれてきた訳じゃない」が直訳です。

---

naissance 女 誕生、出生

「生年月日と出生地」は date et lieu de naissance です。ちなみに、「誕生日」のことは l'anniversaire と言います。

基本例 **Quelle est votre date de naissance ?**
あなたの生年月日はいつですか？

基本例 **J'habite ici depuis ma naissance.**
私は生まれてからずっとここに住んでいます。

naissance 〜

「出生数の減少」は大きな社会問題です。また、de naissance は「生まれつき」の意味。

> **Le nombre des naissances a fortement diminué dans notre pays.**
> わが国では出生数がはなはだしく減少してきている。

> **Mon fils est étourdi de naissance.**
> 息子は生まれつき（根っから）そそっかしい。

nécessaire 形 必要な

英語の necessary とほぼ同義です。たとえば「手を貸しましょうか？」などと声をかけられた際に、こんな返答で。

|基本例| **Non, c'est pas nécessaire, merci.**
いいえ、その必要はありません、ありがとう。

＊最後の merci は「声をかけてくれたこと」への謝辞です。

非人称構文 il est nécessaire de + inf. の形で使われます。

> **Est-ce qu'il est nécessaire de venir en costume ?**
> スーツを着てくる必要がありますか？

→ Il faut venir en costume ? としても同義。ドレスコードに関しては exiger「（強く）求める」という動詞を用いて、こんな尋ね方もできます。

|別例| **Vous exigez une veste et une cravate ?**
上着とネクタイが必要ですか？

neiger 男 雪が降る

pleuvoir「雨が降る」と同じく、非人称 il を主語にして使う代表的な動詞。

~ neuf(ve)

基本例　**Est-ce qu'il va neiger demain ?**
　　明日は雪が降りそう？

＊ aller + inf. で「(近接未来) 〜しそうだ」の意味。「雪が降る」Il neige. なら、名詞 la neige を用いて Il tombe de la neige. とも言えますし、少々詩的に La neige tombe. とも言えます。

un bonhomme de neige「雪だるま」も覚えておきたい単語です。

 Il neige ! On va pouvoir faire un bonhomme de neige !
　　雪が降ってる！雪だるまが作れるぞ！

neuf(ve) 形 (まだ使われていないという意味で) 新しい

会話で使われるのはこの問いかけ。

基本例　**Alors, quoi de neuf ?**
　　で、何か変わったことは？

＊挨拶を交わしたあとに話を切り出すきっかけとなる定番の一言。何もなければ Pas grand-chose.「とくに何も」といった返事をします。会話学校などでこの問いかけに「政治や宗教」の話まで持ち出して話し出す人がいるようですが……。

多くの参考書には載っていますので、応用とは言えないかもしれませんが、「車」に関係する「新しさ」は意外と厄介です。

 J'ai acheté une voiture neuve il y a une semaine.
　　1週間前に新車を買いました。

 une voiture neuve は「(ピカピカの) 新車」を言います。「(買ったばかりの) 新車」(「中古車」une voiture d'occasion でもかまわない) は une nouvelle voiture です。ややこしい。

209

nez 男 鼻

「鼻」は形状が問題になります。それと、ニキビも気になりますね。

基本例　**Léon a un grand nez.**
　　　　レオンは鼻が高い。

＊ avoir un long nez とも言います。ちなみに、高慢という意味で「鼻が高い」なら être fier(ère) を使います。「低い鼻」は un petit nez あるいは un nez plat で、「だんごっ鼻」は口語で un nez en patate（→イモ鼻）と言います。

基本例　**J'ai un bouton sur le nez.**
　　　　鼻の上にニキビができた。

＊服の「ボタン」を指す bouton は「ニキビ、吹き出物」の意味でも使われます。

「洟（はな）」にもこんな風に「鼻」が登場します。また「所変われば品変わる」Autres pays, autres mœurs. で「首を突っ込む」の首の代わりに「鼻」を使うのがフランス式。

 J'ai le nez qui coule.
　　　洟（鼻水）が出ます。

→ Son nez coule. なら「彼（彼女）は鼻水をたらしている」の意味。「鼻が詰まる（詰まらせている）」なら「栓をした」bouché(e) を使って J'ai le nez bouché. と言います。

 Arrêtez de mettre votre nez dans mes affaires.
　　　私のビジネスに首を突っ込むのはやめてください。

---

nom 男 名前

英語の What is your name? をフランス語に直訳するとこうなります。

基本例　**Quel est votre nom ?**
　　　　お名前は（どちら様ですか）？

＊役所やホテルのフロント、あるいは名簿で名前を探すようなケースで使われます（英語の May I have your name? に近い感覚）。ホテルなら、C'est à quel nom ?「（予約は）どなたのお名前で？」とも言われます。ただ、通常、相手の名を問うなら s'appeler を用います。

別例 **Vous vous appelez comment ?**
お名前は何とおっしゃいますか？

基本例 **J'ai oublié son nom.**
彼（彼女）の名前を忘れました。

＊ Son nom m'échappe.「名前が浮かんでこない（→名前が逃げた）」という言い回しもあります。

C'est à quel nom ?「（予約は）どなたのお名前で？」にからんでこんな言い方もします。

 J'ai réservé une table au nom de M. Durand.
テーブルはデュランの名で予約しました。

---

nord 男 北

方位・方角 direction は大事な言葉です。

基本例 **La Belgique est au nord de la France.**
ベルギーはフランスの北にある。

＊たとえば au nord de Tokyo なら「東京の北（東京の外）」ですが、dans le nord de Tokyo なら「東京の北部（東京内の北の部分）」の違いがあります。

地域を表す「北の」は多くが大文字で書かれ、「北フランス」la France du Nord、「北アメリカ」l'Amérique du Nord、「北朝鮮」La Corée du Nord といった具合ですが、形容詞的なら「北国」le pays du nord のように小文字で書かれます。また、「北向き」なら次のような言い方が可能です。

Cette pièce est froide parce qu'elle est au nord.
この部屋は寒い、北向きだからです。

→ une pièce orientée[exposée] au nord「北向きの部屋」という言い方もできます。

nouveau (nouvel), nouvelle 形 新しい

「まだ使われていない」=「新しい」neuf(ve) とは違います。「更新された」「これまで存在していなかった」「最近できた」といった「新しい」を指す単語です。le nouvel an「新年」（→前のものと更新された）、la nouvelle cuisine「ヌーヴェルキュイジーヌ」（→従来の味とは違う）、le Beaujolais nouveau「ボジョレ・ヌーヴォー」（→できて間もない）などです。

基本例 **Tu veux un nouveau smartphone ?**
新しいスマホが欲しいの？

基本例 **C'est nouveau pour moi.**
私には初耳です。

基本例 **Rien de nouveau.**
別に何も。

* Quoi de neuf ? や Quoi de nouveau ? など、話を切り出す枕となる質問に対する返答として使われます。

次のような成句（名詞の例）も使用頻度が高い。

 Il pleut de nouveau.
また雨です。

→ 類語は encore、英語 again のニュアンスになるのが de nouveau「再び、もう一度」という言い回し。

 On a examiné à nouveau la question.
問題を再検討してみた。

→ à nouveau は「改めて、初めから新たに」という成句。

nouvelle 女 ニュース、知らせ

形容詞 nouveau の女性形が名詞化した単語。「新しい知らせ」（英語 news）の意味。単数の la nouvelle なら「（個々の）ニュース、知らせ」の意味ですが、複数形なら「（テレビや新聞などの）ニュース」を指します。les nouvelles du jour なら「今日のニュース」のこと。

基本例　Quelle bonne nouvelle !
　　　　何ていいニュースだ！

＊ちなみに、bad news ならこんな例文で。

別例　J'espère que c'est pas une mauvaise nouvelle.
　　　それが悪い知らせでないといいのですが。

基本例　Je lis les nouvelles sur internet.
　　　　インターネットでニュースを読みます。

＊ écouter les nouvelles à la radio「ラジオでニュースを聞きます」。

下記のことわざはよく使われます。

 Pas de nouvelles, bonnes nouvelles.
便りのないのはよい便り。

novembre 男 11月

使い方の基本は他の月も参照してください。

基本例　La nuit tombe très tôt en novembre.
　　　　11月は日が暮れるのがとても早い。

11月15日は七五三ですね。簡単に、次ページのような説明ができれば中級レベル以上です。

~ novembre

 Le 15 novembre est le jour de Shichi-go-san (7-5-3ans) : c'est une fête pour les enfants qui ont trois, cinq et sept ans.

11月15日は七五三で、3歳、5歳、7歳になった子供の祝いです。

→現在ではかならずしも11月15日に実施されるわけではないですが……。

nuit 女 夜

La nuit vient après le coucher du soleil.「夜は日没後にやってくる」もの。ただし、とくに夜寝ている時間帯を指して使われることが多い単語です。日常の使用頻度から言えば、この一言から。

基本例　**Bonne nuit !**
おやすみ！

基本例　**On a causé toute la nuit.**
一晩中語り明かした。

* On a passé toute la nuit à causer. とも言えます。なお、toutes les nuits「毎晩」、nuit et jour「夜も昼も、絶えず」、en pleine nuit「真夜中に」（＝ au milieu de la nuit）などもよく使われます。

上記の書き換えた例もそうですが、動詞 passer「過ごす」という単語とともに用いられることがよくあります。

 J'ai passé une nuit blanche.

眠れずに一夜を過ごした。

→ passer une nuit blanche は「眠られぬ夜を過ごす」だけでなく「徹夜する」とも訳せます。直訳的に「眠れない夜を過ごす」passer la nuit sans sommeil [sans dormir] といった言い方もします。

occupé(e) 形 忙しい

「忙しい」は「心を亡くす」と書きます。フランス語では動詞 occuper から派生した「ふさがっている」occupé(e) を使います。「ふさがっている」のはスケジュールだけではないですね。

基本例　**Désolé(e), je suis très occupé(e) cet après-midi.**
すみません、今日の午後はとても忙しいです。

基本例　**Ma mère est occupée à préparer le dîner.**
母は夕飯の準備で忙しい。

＊ à + inf. で「忙しい」理由を添えた例。

基本例　**Le téléphone sonne occupé.**
（電話で）話し中です。

＊電話をかけた相手が「話し中」のときに。La ligne est actuellement occupée.「ただいま、お話し中です」は電話を取り次いでくれた人などの言い方。

トイレも「ふさがっている」か否かが問題。

  « Occupé »
（トイレの表示）使用中

→飛行機の表示などに使われます。「空き」は « Libre » です。

---

octobre 男 10月

語源はラテン語で3月を初月として8番目の「月」の意味から。octo- は「（8本足の）蛸（たこ）」（英語の octopus、ちなみにフランス語では une pieuvre と言います）が示しているように「8」の

意味。用例は他の月も参照してください。

基本例 La rentrée universitaire est en octobre.
大学の新学期は 10 月です。

＊ la rentrée は「（夏休み後の）新学期、新学年」の意味。

日本の「衣替え」le koromogaé : une habitude japonaise qui consiste à changer de vêtements という習慣を説明するケースで登場可能です。また、北海道ではこんなことも。

🛈 **Le premier octobre, on commence à mettre les vêtements d'hiver.**
10 月 1 日、冬服を着用し始める。

🛈 **A Hokkaïdo, les premières neiges tombent parfois en octobre.**
北海道では、ときに 10 月に初雪が降ることがあります。

œil 男 目（複数形は yeux）

通常は「両目」yeux の形で用います。たとえば、Elle a les yeux bleus.「彼女は目が青い」とか Il a de beaux yeux.「彼はきれいな目をしている」といった具合。「目が痛い」も多くは avoir mal aux yeux ですが、もちろん「片方の目が痛い」ことはあり得ます。（cf. 見出語：yeux）

基本例 J'ai mal à l'œil.
目が痛い。

＊もちろん、どちらの「目」と特定することはあります。

別例 Ma petite-fille voit pas bien de son œil gauche.
うちの孫（娘）は左目がよく見えない。

応用レベルの表現では単数の œil がいろいろな言い回しで使われます。たとえば、旧約聖書の句 Œil pour œil, dent pour dent.（cf. 見出語：dent）や「一瞥」un coup d'œil などは単数形で使われます。また、ジェスチャーをともなうこ

んな言い回しもあります。

 Ça vaut le coup d'œil.
　一見の価値ありですね。

→ 観光地や素敵な眺望などを指して言います。なお、jeter un coup d'œil sur qch「〜に一瞥をくれる、ざっと見る」も頻度の高い言い回しです。

 Mon œil !
　まさか（嘘だよ）！

→「そんな馬鹿な」「あり得ない」、相手の話が信じられないとき、疑念を持ったときに「疑い」「拒否」の意志を示して、フランス式、あかんべえ！ とともに間投詞として使われます。ただ、少々下品な表現です。

offrir 動 贈る、提供する

英語の offer とほぼ同義で、基本の語義は「人に物を提供する」。こんな例が定番です。

基本例　**J'ai offert des fleurs à ma mère hier.**
　昨日私は母に花を贈った。

* faire un cadeau de qch「〜をプレゼントする」という類義の言い方もあります。

基本例　**C'est pour offrir.**
　贈り物です。

*お店で「包んでください」の代用として使われます。（cf. 見出語：cadeau）

食事や飲食を「供する」「出す」の意味も大事です。

 Je vous offre quelque chose à boire ?
　何か飲み物はいかがですか？

→ この offrir は「(客にサーヴィスとして飲み物などを) 提供する、出す」の意味。飲み物と特定せずに次のように問い、問われるケースもままあります。

別例 Qu'est-ce que je vous offre ?
何かいかがですか？

oiseau 男 鳥

–eau のスペリングですから、複数形が oiseaux となる点に注意してください。「鳥を飼う」élever un oiseau といった言い回しや、森や庭でのさえずりが話題になります。

基本例 Les oiseaux chantent dans le jardin.
鳥が庭でさえずっています。

「鳥の（ような）名詞」"[名詞] + d'oiseau" という言い回しが比喩表現として使われます。avoir un appétit d'oiseau「(人が) 食が細い」、avoir une cervelle d'oiseau「(人が) おつむが弱い、おっちょこちょいだ」とか。他にもこんな言い回しがあります。

ⓘ A vol d'oiseau, il y a environ 50 km d'ici à Tokyo.
直線距離で、ここから東京まではだいたい 50 キロです。

→ à vol d'oiseau で「上空から見下ろして、鳥瞰して」の意味。例のように「直線距離で」とも訳されます。

ⓘ Ce gars, c'est un drôle d'oiseau !
あの男、変なやつだ！

→ 口語では「人、やつ」という意味合いで oiseau が使われます。例文は「変わり者」とか、「いかがわしいやつ」と訳せます。

opinion 女 意見、見解

類語の un avis が「(個人の) 意見」であるのに対して、une opinion は「個人の意見」(= une opinion personnelle「個人的見解」) とともに「集団の意見」(= l'opinion publique「世論」) の意味でも使われます。

基本例　**Quelle est votre opinion sur ce point ?**
この点に関してあなたのご意見は？

＊ votre avis と置き換えられます。

基本例　**Chacun son opinion.**
考え方は人それぞれ。

「評価」というニュアンスでこんな言い回しが使われます。

 Sa mère a une mauvaise opinion de moi.
彼 (彼女) の母親は私のことを評価していない (よく思っていない)。

→ avoir une bonne [mauvaise] opinion de qn/qch で「〜を評価している [していない]、〜をよく [悪く] 思う」という言い回しになります。

---

ordinateur 男 パソコン、コンピュータ

かつて「パソコン」は ordinateur personnel や PC /pese/ でしたが、今では ordinateur だけでも「パソコン」の訳が自然でしょう。もはや日常生活に欠かせないアイテムですから。

基本例　**J'ai besoin d'un ordinateur portable pour travailler.**
仕事にはノートパソコンが必要です。

＊ちなみに「ノートパソコン」という用語は和製英語 (英語では laptop) です。

せっかくですから、ordinateur の基本用語をいくつか。

Mon clavier d'ordinateur marche plus.
　パソコンのキーボードが動かない。

→「(キーボードの) キー」は une touche、「マウス」は une souris、「画面」は un écran、「ディスプレー」は un moniteur、「カーソル」は un curseur、「プリンター」une imprimante と言います。

oreille 女 耳

児童用の語彙辞典などには、Nous entendons avec nos oreilles.「私たちは耳で聞きます」(英語なら We hear with our ears.) といった例が載っています。これが大人の辞典ですと、Les oreilles sont les organes de l'ouïe.「耳は聴覚器官である」となります。日常的には、se nettoyer les oreilles「耳掃除をする」、rougir jusqu'aux oreilles「耳まで赤くなる」といった言い回しが基本。それと「聞こえ方」が問題です。

基本例　**Il a l'oreille fine.**
　　彼は耳がいい。

＊例文は「耳ざとい」とも訳せます。なお、逆に「耳が遠い」なら、Il est dur d'oreille. と表現します。「耳鳴りがする」は avoir des bourdonnements dans les oreilles といった表現が辞書にありますが、通常はこんな言い回しが使われます。

別例　**J'ai les oreilles qui sifflent.**
　　私は耳鳴りがします。

「音楽の耳を持っていない」で「音痴である」(= chanter faux) という意味。また、「壁に耳あり」は会話でもちょくちょく使います。

 Il a pas l'oreille musicale.
　彼は音痴です。

Les murs ont des oreilles.

壁に耳あり。

oublier 動 忘れる

「失念する」「置き忘れる」の意味合いで使います。

基本例 **J'ai oublié son nom.**
彼（彼女）の名前を忘れた。

＊例文にからんで、「最近物忘れするようになった」と表現するならこんな言い方をします。

別例 **Depuis quelques temps, mon père est devenu tête en l'air.**
最近、父は物忘れするようになった。

基本例 **J'ai oublié ma clé dans mon bureau.**
オフィスに鍵を忘れてきた。

基本例 **N'oubliez pas de poster cette lettre.**
忘れずにこの手紙を投函してください。

＊ de + inf. をプラスして「～するのを忘れる」の意味にした例。Postez cette lettre sans faute.「かならずこの手紙を投函してください」としても同義。

「忘れる」oublier の訳にこだわらず、下記のような発想で文章が自然に浮かんでくれば相当のフランス語力！

 Oublions ça !
水に流そう！

→「すんだことは水に流そう」なら Ne revenons pas sur ce qui est fait. といった言い方もできますが、例文の方が圧倒的に簡便です。

 Oublie-la.
彼女のことはあきらめなよ。

oublier ~

→ Laisse-la tomber. も同義になります。

ouest 男 西

東西南北、いずれも重要ですが、日が沈む方角として不動の地位です。他の方角も参照してください。

基本例　**Le soleil se couche à l'Ouest.**
　　　　太陽は西に沈む。

＊太陽 le soleil は「起きて」se lever（→昇る）、「眠る」se coucher（→沈む）のがフランス式で、そのため「西日」は soleil couchant と言います。

たとえば、関西の都市圏を伝えるならばこんな風に使えます。

 D'ouest en est, les villes de Kobe, d'Osaka et de Kyoto forment la deuxième plus grande agglomération urbaine du Japon.
　西から東へ、神戸、大阪、京都の都市が日本で2番目に大きな都市圏を形作っています。

→方角の「AからBへ」を表現する際には、de A à B ではなく、多く例文のように de A en B の形を用います。

ouvrir 動 開ける、開く

私たちは ouvrir「開ける」と fermer「閉める」という動作を、何度も日々繰り返して暮らしていますね。この単語は他動詞としても自動詞としても使います。

基本例　**Il fait chaud. Ouvre la fenêtre, s'il te plaît.**
　　　　暑い。窓を開けてくれない。

＊「(閉じられている物を)開ける、開く」の別の例をあげれば、ouvrir une nouvelle bouteille de vin「新しいワインのボトルを開ける」、ouvrir une lettre「手紙を開封する」、ouvrir le robinet「蛇口をひねる」（= ouvrir l'eau）、ouvrir un parapluie「傘を開く」、それと教室でのこんな一言。

> **別例** **Ouvrez vos livres page 18 (dix-huit).**
> 教科書の 18 ページを開いてください。

> **基本例** **Ce supermarché ouvre à dix heures du matin.**
> そのスーパー（マーケット）は午前 10 時に開きます。

> **基本例** **Je peux ouvrir ?**
> （プレゼントをもらって）開けてもいい？

フランス語では「食欲」もまた ouvrir の対象です。

♡ **Ça sent bon ! Ça m'ouvre l'appétit !**

いいにおい！ 食欲がそそられる！

→ ouvrir l'appétit à qn で「〜の食欲をそそる」（= donner de l'appétit à qn, mettre qn en appétit）という意味になります。

P

pain 男 パン

日本語の「パン」はポルトガル語経由。ポルトガル語 páo、フランス語 pain、どちらもラテン語 pains に由来する単語です。

> **基本例** **Cette boulangerie fait du bon pain.**
> あのパン屋さんはおいしいパンを作る。

＊ boulangerie「パン屋（店）」、boulanger(ère) は「パン屋さん（人）」を指します。

> **基本例** **Les Français aiment manger du pain avec du fromage.**
> フランス人はパンをチーズと一緒に食べるのが好きだ。

＊というより、パンがないとチーズは食べない。パンが余れば

チーズを、チーズが余ればパンを、いつまでもきりがないのがフランス式!

le pain perdu はご存じでしょうか (ちなみに、プルースト Proust の Le temps perdu「失われたとき」ではございません)。なお、パンを使う成句としては se vendre comme des petits pains「飛ぶように売れる」とか、avoir du pain sur le planche「仕事をたくさん抱えている」といったものが知られています。

 On fait du pain perdu avec du pain rassis.
固くなったパンでフレンチトーストを作る。

→ le pain perdu は「フレンチトースト」のこと。カナダのフランス語では le pain doré とも言います。また、le pain rassis「固くなったパン」の代わりに、le pain sec「乾いたパン」も使います。

papier 男 紙、(複数で) 書類、身分証

基本は「紙」、転じて「書類」「文書」の意味になります。

基本例 **Tu as un bout de papier pour écrire ?**
メモするのに紙持ってない?

＊直訳は「書くために一片の紙切れを持っていますか?」です。

基本例 **La police m'a demandé mes papiers.**
警察が身分証の提示を求めてきた。

＊たとえば Vos papiers, s'il vous plaît.「身分証 (= une pièce d'identité) を見せてください」といった具合に書類の提示を求められます。通常、une carte d'identité「身分証明書」、un passeport「パスポート」それに un permis de conduire「運転免許証」が含まれます。

「紙」や「用紙」はそのまま文字通りの意味で使われますが、

目的に応じてこんな風に使われることも。

 T'as pas des mouchoirs en papier ?
　ティッシュ持ってない？

→「紙のハンカチ」で「ティッシュ」のこと。商品名を使って kleenex（男性名詞）とも言います。

 Il y a plus de papier-toilettes.
　トイレットペーパーがありません。

→または、papier hygiénique（会話では略して un PQ）と言います。

paquet 男 包み、小包

さまざまな「包み」「パック」「袋」が存在しますね。

基本例 **Tu fumes un paquet par jour ? C'est trop !**
　一日に 1 箱吸うの？ 吸いすぎだよ！

＊ fumer un paquet par jour「一日に 1 箱タバコを吸う」の意味。この un paquet は un paquet de cigarettes のこと。

基本例 **J'ai envoyé un paquet par la poste à mes parents.**
　両親に郵便で小包を送った。

＊ envoyer un paquet par la poste「郵便で小包を送る」。faire un paquet で「荷造りする」、défaire un paquet なら「荷をほどく」の意味です。

基本例 **Hier soir, j'ai acheté un paquet de riz au supermarché.**
　昨日の夕方、スーパーで米を 1 袋買いました。

普通、フランスでは店員さんにはっきり「プレゼント」だと伝えないと「包装」してもらえません。

 Est-ce que vous pouvez me faire un paquet cadeau ?
　包装していただけますか？

parapluie 男 傘

"para-「防ぐもの」+ pluie「雨」" が語源です。ちなみに、parachute (para- + chute「落下」) も同じ。ouvrir son parapluie で「傘を開く」、prendre son parapluie「傘を持っていく」、marcher avec un parapluie で「傘をさして歩く」の意味。なお、「日傘」は une ombrelle あるいは un parasol、「折りたたみ傘」は un parapluie pliant と言います。

基本例　**N'oubliez pas votre parapluie.**
　　　　傘を忘れないようにね。

こんな迷信 une superstition があります。ちなみに ouvrir le parapluie は成句で「自己保身する、責任逃れをする」の意味になります。

 Ouvrir son parapluie dans la maison porte malheur.
　　　家で傘をさすと不幸をもたらす。

→ porter malheur は「不幸をもたらす、縁起が悪い」の意味。これは欧州でひろく言われているようですが、根拠は諸説あるようです。

pardon 男 許し

動詞 pardonner から派生した名詞で、以下のように間投詞的に使われます。

基本例　**Pardon, Madame, vous avez l'heure, s'il vous plaît ?**
　　　　すみません、今何時でしょうか？

＊人に声をかける際に。S'il vous plaît, Madame. や Excusez-moi, Madame. とも言います。

~ par exemple

|基本例| **Oh, pardon ! Je suis désolé(e).**
あっ、すみません！ 悪かったです。

＊謝るときに。

|基本例| **Pardon ? Vous pouvez répéter, j'ai pas entendu.**
何ですか？ もう一度おっしゃってください、聞こえませんでした。

＊相手の言っていることが聞きとれなかったときに。Quoi ? とか Hein ? は「えっ？」「何？」といったくだけた言い方。

丁寧に謝る際に、あるいは仲直りをするようなときにこの一言を使います。

 Je vous demande pardon.
申し訳ありません。

→ Excusez-moi. などと類義です。

---

par exemple　たとえば

英語の for example に相当する一言。こんな風に聞けますし、こんな具合に具体的な例をあげて使います。

|基本例| **Par exemple ?**
たとえば（具体例は）？

|基本例| **Mon directeur est très stricte, il aime pas par exemple le gaspillage de papier au bureau.**
部長はとても厳しい人（几帳面）で、たとえば、会社の用紙の無駄使いが嫌いです。

対立のニュアンスを含む表現として、あるいは「まさか、とんでもない」と驚きを表す言い回しとしても使われます。

 Ça par exemple ! Quelle surprise !
そんなまさか！ 驚いたな！

par exemple 〜

→間投詞のように使われる例です。

par hasard 偶然、たまたま

hasard は「偶然」を意味する男性名詞。

基本例 **Il y a une semaine, je suis tombé(e) par hasard sur un ancien camarade au parc.**
　　一週間前、たまたま公園で旧友にばったり出くわした。

* tomber sur qn は「〜にばったり会う」という意味。ちなみに、au hasard「でたらめに、行き当たりばったりに」（例：parler au hasard「口からでまかせを言う」）もよく使われる言い回し。

話の枕として、Si, par hasard ... ?「もしかして、ひょっとして」という言い方をします。

 Si, par hasard tu vois Mathilde, préviens-la.
ひょっとしてマチルドに会うことがあれば、彼女に知らせてあげて。

parler 動 話す

「（人が）話す」の意味で、英語なら speak, talk に相当します。基本例文はこんな文。

基本例 **Vous parlez japonais ?**
　　日本語は話せますか？

*「話せますか（できますか）?」とはっきりと問いたいなら Vous savez parler japonais ? を使います。なお、parler en japonais は「日本語で話す」の意味です。

基本例 **Il peut parler cinq langues.**
　　彼は5ヶ国語が話せる。

*ちなみに、共著者の Michel さんは「フランス語、英語、ポル

トガル語、スペイン語」それに「日本語」が話せます。

---

parler de qn/qch で「〜の話をする」意味ですが、擬人化したこんな言い回しはなかなか難しいし、思い浮かびません。

Q　Ce livre parle de quoi ?
　　その本は何の本？
→「その本は何について話しているか？」が直訳です。Vous parlez de quoi ?「あなたは何の話をしているの？」を応用した形。

---

partager 動 （分配するために）分ける、分かち合う

そもそもはひとまとまりのものを part「取り分」に「分ける」という意味合いの単語。

基本例　Delphine est égoïste, elle aime pas partager.
　　デルフィーヌはわがままで、人とものを分け合うのが好きではない。

基本例　On partage l'addition ?
　　割り勘にしますか？

＊ Partageons la note.「割り勘にしましょう」もよく使いますし、faire moitié-moitié「半分ずつにする」という表現もあります。（cf. 見出語：addition）

Je partage votre opinion. なら「あなたの意見に賛成です」（→あなたと意見を分かち合います）。また、こんな「分かち合い」もあります。

 Je partage votre peine.
　　心中お察しいたします。
→「あなたの悲しみを分かち合います」が直訳。

partir 動 出発する

人がある場所から「出かける」が基本語義。

基本例 Je pars en voyage en Europe ce soir.
今晩ヨーロッパ旅行に発ちます。

＊かれこれ30年前には " partir pour + [場所]" という表現を使うようにと言われていましたが、言葉は生き物、現在では partir en France も partir à Paris も普通に使われます。なお、partir de Paris は「パリを発つ」の意味になります。

基本例 Dépêchez-vous. Le train part dans deux minutes.
急いでください。電車は2分後に出ます。

何か事を始める際に決まり文句で以下のように言います。また、比喩的に「(シミなどが) 落ちる」という意味でも partir は使われます。それと à partir de + qch は大事な言い回し。

😊 **C'est parti !**
さあ、頑張るぞ (やるぞ)！

→英語の Here we go!「さあ、行こうよ」→「さあ、頑張って行こう！」の感覚でこの一言を発します。

ℹ️ **Cette tâche part pas au lavage.**
このシミは洗っても落ちない。

🔊 **A partir d'aujourd'hui, j'arrête de fumer !**
今日から、タバコはやめます！

→例文は dès aujourd'hui と置き換えられます。à partir de qch は、時間的・空間的に「〜から (始めて)、〜以降」の意味。à partir de demain「明日から」、à partir d'ici「ここから」など。

⚠️ 「過去のある時点からの継続：〜から」なら depuis を用います。à partir de は未来や現在とともに用いるケースが大半です。以下の例で比較対照してください。

> 例：**Il pleut beaucoup depuis hier soir.**
> 　　昨夜から大雨です。
>
> 例：**Il fera beau à partir de demain.**
> 　　明日からは晴れるでしょう。

pas du tout　まったく〜ない

du tout で (ne) ... pas を強調した形。英語の not at all は、このフランス語がもとです。

[基本例]　**Je comprends pas du tout.**
　　　　まったく（全然）わかりません。

＊ Je comprends plus du tout. なら「もう何も（もう全然）わからない」となります。(ne) ... rien du tout という言い方もあります。

[別例]　**Ma femme sait rien du tout.**
　　　　妻はまったく何も知りません。

> 相手の指示や指摘に対して、「いや全然」「違います」という意思表示としてこんな風にも使われます。
>
> 　− **Tu regardais encore la télévision ?**
> 　　　− **Mais non, pas du tout !**
> 　　　―まだテレビを見ていたの？
> 　　　―とんでもない、全然違うよ！

passeport　[男]　パスポート

passer le port「港を通過する」にはそれなりの証明書が必要です。demander un passeport は「パスポートを申請する」、montrer son passeport は「パスポートを提示する」の意味。そして、空港の挨拶代わりがこれですね。

[基本例]　**Votre passeport, s'il vous plaît.**
　　　　パスポートを見せてください。

「パスポートの更新」も必須です。

 Je dois renouveler mon passeport.
パスポートを更新しなくては。

→ " re-「再び」+ nouvel「新しく」+ -er「する」"わけです。

passer 動 通る、過ごす、過ごす

日常会話において実に多様な意味合いで使われる動詞です。こんな例が浮かんできます。

[基本例] **Je passe chez toi ce soir vers dix-neuf heures.**
今晩7時頃お宅に寄りますね。

[基本例] **Comme le temps passe vite !**
なんと時が経つのは早いことか！

[基本例] **Je dois passer un examen.**
試験を受けなくてはなりません。

＊英語からの類推で「受かる」と訳したくなりますが、réussir un examen, être reçu(e) à un examen などが「試験に受かる」の意味。

[基本例] **Tu peux me passer le sel, s'il te plaît.**
塩を取ってください。

[基本例] **Où est-ce que tu vas passer tes vacances ?**
ヴァカンスはどこで過ごすつもり？

un film qui passe actuellement「現在上映中の映画」とか、Passons à autre chose.「話題を変えましょう」、passer le temps「時間をつぶす」(= tuer le temps) なども大事な言い回し。あわせて、代名動詞 se passer も忘れてはなりません。

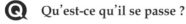 **Qu'est-ce qu'il se passe ?**
どうしたの（何が起きたのですか）？

~ payer

> →代名動詞 se passer「(事件などが) 起きる」の基本例文ですね。Que se passe-t-il ? とも言いますし、Qu'est-ce qu'il y a ? という言い回しも同義です。それと Tout va bien. の類義になるこの言い回し。
>
> 別例 **Tout se passe bien.**
> すべて順調です。

payer 動 払う

「人に金を払う」「代金を払う」の意味で用います。英語の pay に相当します。

基本例 **Je peux payer par carte ?**
カードで払えますか？

* 「現金で払う」はいろいろと言い回しがあります。payer en espèces, payer en liquide あるいは英語式に payer cash など。

基本例 **C'est moi qui paye.**
私が払います (私がおごります)。

* 「私が」少々表に出る感じの言い方です。他に Je paye pour toi. あるいは Je t'invite. など類義の言い回しがいくつかあります。また、おごりおごられる仲なら、C'est ma tournée.「今回は私の番」といった表現も使われます。ときには、こんなおねだりもありでしょうか。

別例 **Tu paies un café ?**
コーヒーおごって？

基本例 **On voudrais payer séparément.**
別々に支払いたいのですが。

* 店の人にこう打診します。「まとめて」ならいちいち店にことわりはいりませんが、口にするのなら On paye en totalité.「まとめて支払います」といった言い方をします。

> 代名動詞 se payer を用いた次のような慣用句もあります。

Tout se paie.
何事にもすべてツケがついてまわる。

→物が主語で se payer で「支払われる、高くつく」の意味。なお、payer は活用形が 2 種類あるので（語幹が pay- と pai- と 2 種）、この例は Tout se paye. とも書けます。

penser 動 考える、思う

英語の think に相当する単語です。ちなみに、哲学者デカルト Descartes のよく知られた言葉「我思うゆえに我あり」Cogito ergo sum. は、フランス語では Je pense, donc je suis.、英語では I think, therefore I am. と訳されます。penser を含むさまざまな構文があります。

基本例　**A quoi pensez-vous ?**
　　　　何を考えていますか？

＊ penser à qn/qch で「〜のことを思う」の意味。penser qch de qn/qch なら「〜について…と思う」の意味。

別例　**Qu'en pensez-vous ?**
　　　それについてどう思いますか？

基本例　**Il ne pense qu'à gagner de l'argent.**
　　　　彼は金もうけのことしか考えていない。

＊ penser à + inf.「〜することを念頭に置く」を ne ... que で限定した例文。

基本例　**Je pense qu'elle viendra.**
　　　　彼女は来ると思います。

＊否定文にすると que 以下は接続法になるので、Je pense pas qu'elle vienne.「彼女が来るとは思わない」となります。

penser + inf. なら「〜すると思う、〜しようと思う」の意味になります。それと「冗談じゃない！」という口語の強い否定にも penser が登場します。

Je pense pouvoir finir avant la fin de la semaine.
週末までには終えられると思います。

→動詞を半過去にする形もよく使います。

別例 **Je pensais pas vous revoir.**
またお会いするとは思っていませんでした。

 Penses-tu !
まさか（冗談じゃない）！

→不信や否定を強調する言い方です。Pas possible ! に似た言い方です。

perdre 動　失う、なくす、負ける

物を「失う」が基本語義。そこから転じて「(試合などに) 負ける」の意味が派生します。英語の lose とほぼ同じですが、大半は人が主語です。

基本例 **Ma fiancée a perdu sa bague.**
フィアンセが指輪をなくした。

基本例 **J'ai perdu deux kilos.**
私は体重が2キロ減った。

* maigrir de deux kilos とも言います。反意の「体重が増える」なら prendre du poids と言います。

基本例 **Nous avons perdu le match.**
私たちは試合に負けた。

* gagner le match は対義語です。

他にも perdre du temps「時間を浪費する」、perdre son père「父をなくす」、perdre son assurance「自信をなくす」など、人はいろいろな対象を失います。

 La jeune femme a soudainement perdu connaissance.
その若い女性は突然気を失った。

→ prendre connaissance で「気を失う」、reprendre connaissance で「息を吹き返す」の意味になります。ただ「理性を失う」perdre la raison は「気が狂う」の意味です。

permettre 動 許す

英語の permit とほぼ同義。人に何かを「許す」が基本義です。

基本例 **Si le temps le permet, on partira demain.**
天候が許せば、明日出発します。

＊「天気がよければ」とも訳せます。英語の weather permitting に相当する言い回し。

基本例 **Permettez-moi de vous présenter mon ami Chris.**
友人のクリスを紹介させていただきます。

＊ Permettez-moi de + inf. で「〜することをお許しください」という定番の言い方。とくに他己紹介でよく使われます。

"permettre que + sub. [接続法]" の形も大事です。

 Vous permettez que j'ouvre la fenêtre ?
窓を開けてもいいですか？

→相手の許可を求める際あるいは相手の話をさえぎって反論するようなケースで、Vous permettez ?「かまいませんか？」「ちょっと、よろしいですか？」だけでも使います。

personne 女 人 不定代 だれも〜ない

英語 person に相当する女性名詞、多く (ne) ... personne の形で使われる不定代名詞が同じスペリングです。

基本例 **C'est pour combien de personne ?**
（レストランで）何名様ですか？

＊ Vous êtes combien ? と聞かれるケースも。たとえば、Trois

personnes.「3人です」（または Nous sommes trois.）といった応答をします。

|基本例| **Il y avait personne quand je suis arrivé(e).**
私が着いたときには誰もいなかった。

＊「どなたかいませんか？」と問いかける際にも。省略して Personne？とも聞きます。

|別例| **Il y a personne ?**
誰かいませんか？

---

par personne なら「一人につき」、comme personne は「誰よりも」の意味。

Ça coûte 30 euros par personne.
一人 30 ユーロになります。

→類語に par tête「一人頭」という表現もあります。

Richard joue de la musique comme personne.
リシャールは音楽の演奏では誰にも負けない。

→誰かと何かを比較対照する文脈で用いられます。

---

petit(e) |形| 小さい、ちょっとした

人や物が「小さい」から「かわいい」「ちょっとした」という意味が生まれてきました。

|基本例| **Ma fille est petite pour son âge.**
娘は年の割に小さい。

|基本例| **Ce pull est trop petit.**
このセーターは小さすぎる。

＊ un peu petit なら「ちょっと小さい」。サイズが合わないときにひろく使われるのは下記の言い回し。

|別例| **Ça me va pas.**
私には合いません。

petit(e) 〜

[基本例] **Nathalie habite dans un petit studio.**
ナタリーは小さなワンルームマンションに住んでいます。

例をあげるとキリがないですが、次のような「ちょっとしたプレゼント」とか「少しずつ」といった表現は必須でしょう。それとこんな言い回しも。

♡ **C'est un petit cadeau pour vous.**
あなたへの心ばかりのプレゼントです。

ℹ **Elle apprend le français petit à petit.**
彼女は少しずつフランス語を学んでいる。

→ petit à petit で「少しずつ」（= peu à peu）の意味。ただし、この petit は副詞です。この言い回しを「鳥の巣作り」と関連させたこんなことわざもあります。

[別例] **Petit à petit, l'oiseau fait son nid.**
コツコツは励めば大事もなる。

☺ **Le monde est petit.**
世の中は狭いもんだ。

→偶然人に出会った際に使います。

petit déjeuner [男] 朝食

petit-déjeuner とも書かれます。「朝食をとる」は petit déjeuner あるいは prendre son petit-déjeuner で、manger は用いません。

[基本例] **Au petit déjeuner, je prends toujours un café avec du pain grillé.**
朝食はいつもトーストとコーヒです。

[基本例] **Qu'est-ce que tu prends au petit déjeuner ?**
朝食に何を食べますか？

＊なお、prendre le déjeuner や prendre le dîner は現在ではほ

とんど死語といった状況ですが、prendre le petit-déjeuner はまだ使われています。

ホテルでは以下の表現が欠かせません。

 Le petit déjeuner est compris ?
（ホテルで）朝食付きですか？

→ Le petit déjeuner est inclus ?「朝食は料金に含まれていますか？」とも聞けます。

 フランスでは「朝食」petit(-)déjeuner、「昼食」déjeuner、「夕食」dîner ですが、かつては déjeuner「朝食」、dîner「昼食」で、「夕食」が souper でした。たとえば、カナダは現在でも後者の呼称を使っています。

peur 女 恐怖

英語の fear に相当する名詞ですが、とにもかくにも avoir peur「怖い」が基本でしょう。

基本例 **J'ai peur.**
怖い。

* J'ai eu peur ! なら「怖い思いをした」が直訳で「驚いた !」「びっくりした !」という意味合い。何が「怖い」のかを明示したいなら de qn/qch を添えて次のように言います。

別例 **Tu as peur des araignées ?**
蜘蛛（くも）が怖いの？

基本例 **Ça fait peur !**
それは怖いな！

* faire peur は「怖がらせる」の意味。

avoir peur は que + sub.［接続法］も導きます。また、avoir peur de + inf. は「～するのではないかと恐れる」の

意味。

 J'ai peur qu'il (ne) pleuve.
　　雨が降るのではないかと心配です。

→この ne は虚辞と呼ばれ、あってもなくてもかまわないものです。「雨が降ることが"あるのではないか"心配である」という含意です。

 J'ai peur d'avoir attrapé la grippe.
　　インフルエンザにかかったんじゃないか心配なんです。

peut-être 副 たぶん

英語 maybe や perhaps に類した語で、そもそもは (il) peut être「～はあり得る（かもしれない）」から派生した単語です。peut-être「かもしれない」< probablement「おそらく」< sans doute「きっと」の順に確実性が高くなっていきます。

基本例　**Elle viendra peut-être.**
　　彼女はたぶん来るでしょう。

＊ Peut-être elle viendra. とも言いますし、改まった書き言葉ならば Peut-être viendra-t-elle. と主語と動詞が倒置されることもあります。

基本例　－ **Elle sait ça ?**
　　　　－ **Peut-être pas.**
　　－彼女はそれを知ってるかな？
　　－たぶん知らないね。

＊「たぶん知ってるね」なら Peut-être. と応じます。

peut-être ~ mais...「～かもしれないが、しかし…」という相関句としても使われます。また、会話で使われる Peut-être (bien) que + ind. [直説法]「たぶん（もしかしたら）～だろう」という言い回しもあります。

Thierry est peut-être intelligent, mais il est pas studieux.
ティエリーは頭はいいかもしれないけど、勤勉じゃない。

Peut-être qu'elle a oublié son rendez-vous.
ひょっとしたら彼女は約束を忘れたのかもしれない。

→辞書によっては que 以下に否定文が載っている例もあるようですが、この文は肯定文を置くケースが多いように思います。

photo 女 写真

photographie の略語ですが、この単語はほとんど用いられません。un appareil photo で「カメラ」の意味です。

[基本例] **J'aime faire de la photo quand je pars en vacances.**
ヴァカンスに出かけて写真を撮るのが好きです。

＊単に「写真を撮る、撮影する」prendre des photos とはニュアンスが違い、faire de la photo は「(趣味で)写真をやる」という意味。

あわせてこんな言い方、こんな感想も口にしますね……。

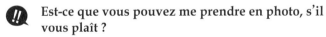

Est-ce que vous pouvez me prendre en photo, s'il vous plaît ?
私を撮っていただけますか？

→ prendre qn/qch en photo で「〜を写真に撮る」の意味。

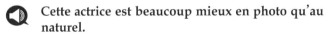

Cette actrice est beaucoup mieux en photo qu'au naturel.
あの女優は実物より写真の方がずっといい。

piano 男 ピアノ

豆知識ですが、この楽器の正式の名称はイタリア語でクラヴィチェ

ンバロ・コル・ピアノ・エ・フォルテ Clavicembalo col piano e forte で、省略され「ピアノ」と一般に呼ばれるようになったそうです。

基本例　**Ma mère joue bien du piano.**
母はピアノが上手です。

* 直訳は「ピアノを上手に弾きます」。Ma mère est bonne pianiste. と言い換えられます。" jouer de + ［定冠詞］+ ［楽器］" は初級フランス語の定番（例：jouer de la guitare [la flûte]「ギターを弾く［フルートを吹く］」。ただし、se mettre au piano「ピアノに向かう」になると上級レベルの言い回しです。

基本例　**J'ai un cours de piano tous les samedis.**
毎週土曜日にはピアノのレッスンがあります。

" faire + ［部分冠詞］+ ［楽器］" という形も使います。

 Je fais du piano depuis que j'ai six ans.
私は6歳からピアノをやっています。

→ faire du piano は「ピアノを弾く」とも「ピアノの練習をする」とも訳せます。

pièce 女 部屋

そもそもは「一つ、一個」を意味する語で、現在では多様な語義で使われます。ただ、フランス語の初級者にとってまずは、「部屋」（多くは部屋数を言うため）という語義が大事です。

基本例　**Ma sœur habite dans un trois-pièces.**
私の姉（妹）は3部屋のアパルトマンに住んでいます。

* un trois-pièces は un appartement de trois pièces のこと。

 trois-pièces は部屋数が3つの意味（pièce に台所、浴室、トイレは含まれません）で、" deux chambres「2つの寝室（部屋）」+ une salle à manger「ダイニングルーム」"を指します。

もちろん「部屋」以外の意味もいろいろあります。たとえば、une pièce (de théâtre) は「戯曲」、une pièce d'identité なら「身分証明書」を指します。また、こんな意味で。

 Tu as une pièce de deux euros ?
2ユーロ硬貨持ってる？

→ pièce de monnaie「硬貨」の意味で使われます。

pied 男 足

jambe「脚」に対して、ソックスを履く部位「足」の意味。また「(木の) 根元」「(山の) 麓（ふもと）」も pied です。

[基本例] **Vous pouvez aller à pied jusqu'à la gare.**
駅までは歩いていけます。

* aller à pied「徒歩で行く」の意味。

[基本例] **J'ai trop marché, j'ai mal aux pieds.**
歩き過ぎて、足が痛い。

[基本例] **Il y a un sac au pied de l'arbre.**
木の根元にバッグがある。

* au pied de qch「(木の) 根元に、(山の) 麓に」の意味。たとえば、つい忘れがちですね、un sac qui est resté au pied de l'arbre「木の根元に置きっぱなしのバッグ」。

通常、足は手のように自在には動かせません。そこで、comme un pied（→足のようだ）なら「不器用だ、下手だ」という意味になります。

 Mon père conduit comme un pied.
父は運転がすごく下手だ。

→ conduire mal と置き換えられます。

place 囡 場所（スペース）、座席、チケット、順位、広場

初級レベルの人は英語の place のイメージがあるため、フランス語の une place と un endroit とを取り違えることがあるはずです。微妙な差異でなかなか手強いのですが……。その前に、基本の例文をチェック。

基本例 **Il y a de la place ?**
（レストランなどで）席はありますか？

＊ Vous avez de la place ? も同義。

基本例 **J'ai acheté deux places pour le concert.**
コンサートのチケットを2枚買った。

基本例 **Mon fils est arrivé à la première place au concours de dessin.**
息子は絵画コンテストで一等をとった。

基本例 **On peut voir la place du Palais Impérial de l'hôtel.**
ホテルから皇居前広場が見えます。

こうした成句表現もあります。

 A votre place, je n'accepterais jamais.

あなたの立場なら、私はけっして承知しないでしょう。

→ à la place de qn で「〜の代わりに、〜の立場で」の意味。

 英仏で似て非なる単語 faux amis「偽の友」のひとつですが、英語の place とは守備範囲が違います。手元の英語の place と同じと記された辞書や参考書もありますが、それは違います。多く形容詞をともなって使われる「場所」はフランス語では un endroit を用います。un lieu は慣用表現や法的な用語として、「（人や物が占めるべき）場所・（物の）置き位置・（空いている）スペース」なら place です。

例：**Je cherche un endroit agréable pour déjeuner.**
昼食をとるのに快適な場所を探す。

例：**On doit décider la date et le lieu.**
　　日時と場所を決めなくてはなりません。

例：**Ce meuble prend trop de place.**
　　この家具は場所（スペース）をとりすぎる。

plaire 動 (人の) 気に入る

英語 please (→ if it pleases you から派生) と同じく、s'il vous plaît, s'il te plaît の頻度は抜群です。

基本例　**Fermez la fenêtre, s'il vous plaît.**
　　すみませんが、窓を閉めてください。

基本例　**La place de la Concorde, s'il vous plaît.**
　　コンコルド広場へはどう行きますか。

＊最も簡単に道を尋ねる定番の問いかけ。"[知りたい場所（目的地)], s'il vous plaît." というパターンです。

主語の多くが事項になるこの動詞は中級レベルの方でも使い勝手の難しい動詞です。

Ça vous a plu ?
気に入りましたか？

→たとえば映画や芝居を見たあとに感想を聞くようなときに。

Cette veste me plaît pas.
このジャケットは気に入らない。

→ 人を主語にした次のような言い回しもあります。また、代名動詞を用いた「〜を好む」という展開も。

別例　**Hélène me plaît beaucoup.**
　　私はエレーヌが大いに気に入りました。

別例　**Elle se plaît au travail.**
　　彼女は仕事が好きです。

plein(e) 形 いっぱいになった、満員の

名詞のうしろに置いて、complet, complète「満員の」の意味、対義語は vide です。

基本例 **Cet hôtel est plein.**
そのホテルは満員だ。

＊時間的に「いっぱいの、充実した」という意味でも使われます。

別例 **J'ai eu une journée pleine.**
忙しい一日だった。

基本例 **Ne parle pas la bouche pleine !**
口に物を入れたまま話さないで！

＊ la bouche pleine で「食べ物を頬ばったままで」の意味。

> 名詞の前に置かれる例も押さえておきたい。
>
> 🛈 **Elle travaille à plein temps.**
> 彼女はフルタイムで働いている。
>
> → à temps partiel「パートタイムで」、à mi-temps なら「ハーフタイムで」。
>
> 🔊 **J'aime pas rester en plein soleil.**
> 照りつける太陽の下にいるのは好きではありません。
>
> → " en plein(e) + [無冠詞名詞]" で「〜の最中に、〜の真ん中に（で）」の意味。別例 en pleine nuit「真夜中に」、en pleine mer「（はるか）沖合に」、en plein été「真夏に」など。なお、映画「太陽がいっぱい」の仏語のタイトルは Plein soleil です。

pleurer 動 泣く、涙を流す

pleurer「泣き」、rire「笑う」は人が感情を表す基本の動作で対義語ですが、これを重ねて pleurer de rire とすると「涙が出る

ほど笑う」という意味になります。

|基本例| **Cet enfant s'est mis à pleurer.**
その子は泣き出した。

＊ se mettre à pleurer で「(不意に)泣き出す」の意味。

|基本例| **Pourquoi tu pleures ?**
なぜ泣いているの？

＊泣き方にもいろいろあります。pleurer de douleur [de joie]「悔しくて[嬉しくて]泣く」、pleurer en silence「しくしく泣く」など。

> 「偽りの涙を流す(嘘泣きする)」は feindre de pleurer と言いますが、pleurer des larmes de crocodile と表現できます。「ワニ」は餌を口にする前に「泣く」(?)のだそうです。ご存じでしたか。それとこんな言い方。人生前向きに！
>
> **Il vaut mieux en rire qu'en pleurer.**
> めそめそ泣いているより、笑い飛ばそう

pluie 女 雨

「大雨」は forte pluie、「小雨」なら pluie fine あるいは pluie faible、「雨の中を」であれば sous la pluie、「雨上がりの」なら après la pluie といった言い方をします。

|基本例| **Le temps est à la pluie.**
天気は雨模様です。

＊ La pluie menace. といった言い方もします。

|基本例| **C'est la saison des pluies.**
梅雨(雨季)です。

> 次のことわざはよく知られています。
>
> **Après la pluie vient le beau temps.**
> 悲しみのあとには幸せがくる。

> →動詞 venir を省いて、Après la pluie, le beau temps. とも言います。「雨のあとではいい天気」というわけですから「不幸は幸福のもと」とも訳されます。

porte 女 ドア

ouvrir la porte「ドアを開ける」、fermer la porte「ドアを閉める」、frapper à la porte「ドアをノックする」、あるいは不平・不満を示すこんな動作が基本の言い回しです。

基本例 **Elle est sortie en claquant la porte.**
彼女はドアをバタンと閉めて出て行った。

> 「搭乗ゲート」la porte d'embarquement の意味でも使われます。
>
> **Embarquez porte D, s'il vous plaît.**
> ゲートDからご搭乗ください。

porter 動 身につけている、(荷物などを) 支え持つ、運ぶ

まずは「(衣服を) 身につけている、着ている」porter (状態) と「身につける」(動作) mettre の差異は大事なポイントです。

基本例 **Elle porte une jolie robe verte et un beau chapeau blanc.**
彼女は緑のかわいいワンピースときれいな白い帽子を身につけている。

* mettre un robe「ワンピースを着る」、mettre un chapeau「帽子をかぶる」の意味。なお、être habillé(e) は「服を着ている」の意味 (例：Elle est habillée de blanc.「彼女は白い服を着ている」)。

基本例 **Cette valise est trop lourde, ma femme peut pas la porter.**
このスーツケースは重すぎて、妻には持てません。

年齢とともに使われますし、代名動詞としても使われます。

❶ Il porte bien son âge.
彼は年相応に見えます。

→ porter (bien) son âge で「年齢が顔に出ている」の意味。外見と実年齢が一致しないと感じたら、たとえばこんな言い方をします。

別例 **Il paraît plus jeune [vieux] que son âge.**
彼は年の割に若く［老けて］見える。

⚠ Tes parents se portent bien ?
ご両親はお元気ですか？

→ se porter で「体の調子が〜である」の意味。Tes parents vont bien ? と同義です。

poser 動 置く、（質問が）なされる

「人が物をあるべき場所に置く」が基本の意味です。

基本例 **Pose ça sur la table, s'il te plaît.**
それテーブルの上に置いてください。

＊この例文なら「（ひろく一般的に）置く」を意味する mettre も、「意図して配置する」という含意の placer も使えます。

基本例 **Je peux vous poser une question ?**
質問してもいいですか？（cf. 見出語：question）

突然ですが……poser un lapin「ウサギを置く」ってどんな意味？

 Elle m'a posé un lapin.
彼女に約束をすっぽかされたよ。

→ poser un lapin à qn で「人との約束をすっぽかす」の

意味。Elle est pas venue à mon rendez-vous. と同義です。「脱兎（だっと）のごとく」という言い方が日本語にもありますが、これに類した男女のエピソードが語源とされているようです。

possible 形 可能な

「（事柄が）可能な」が基本の語義。impossible が対義語です。

基本例　C'est possible.
　　　　可能です。

＊文脈次第では「あり得る」、ニュアンスで「たぶん」「五分五分」という意味合いにもなります。C'est possible ? なら「本当ですか？」という疑問になります。あわせて、de + inf. で何が「可能か」という具体例を添えるケースも。かつてレストランで遭遇したのですが、ステーキの付け合わせは des frites（= des pommes frites）が定番ですが、それが変えられるかどうかを問うている人がいました。

別例　C'est possible d'avoir des haricots à la place des frites ?
　　　フライドポテトの代わりにインゲンにすることはできますか？

基本例　C'est pas possible !
　　　　あり得ない（まさか）！

＊口語では Pas possible ! とも言います。

「できれば」「できるだけ」など possible を用いる決まり文句がいくつもあります。

　Si possible, j'aimerais vous voir ce soir.
　　　できれば、今晩お目にかかりたいのですが。
→ si c'est possible とか、si ça se peut といった言い方も可能です。

　Je préfère rester ici aussi longtemps que possible.
　　　私はできるだけ長くここにいたい。

> → dès [aussitôt] que possible「できるだけ早いうちに」も記憶しておきたい言い回しです。

pouvoir 動 〜することができる、〜かもしれない、〜してもよい、〜してくれますか

pouvoir は大きく分けて、(1) 人が主語で可能を表し「(条件が整っていてその場で)〜できる」の意味(英語の can)、(2) 人か物が主語で推測を表し「〜かもしれない」(英語の may)の意味で用います。また、(3) 許可「〜してもよい」と (4) 依頼「(相手の判断に委ねて)〜していただけますか」も大事な語義です。

基本例 **Je peux finir ce travail avant la fin de la journée.**
その仕事は今日中に終えられます。

＊能力的に、生まれつき、あるいは学習によって「〜できる」なら savoir が使われます。

別例 **Ma fille sait lire et écrire.**
私の娘は読み書きができます。

基本例 **Est-ce que je peux entrer ?**
入ってもかまいませんか？

基本例 **Vous pouvez venir à huit heures ?**
8時に来ていただけますか（おいでになれますか）？

> よく知られたことわざ、それに会話で頻繁に使われる次の一言も確認しておきたい。
>
> **Vouloir, c'est pouvoir.**
> 願うことはかなう。
> →「望むことはできること」が直訳。ただし、これは棚ぼた式の受け身を言うのではなく、「精神一到何事かならざらん」という努力を背景とした成就の意味合いです。
>
> **J'en peux plus !**
> もう限界！

pouvoir 〜

> → (n')en pouvoir plus で「もうダメだ、とても疲れた」を
> 意味する口語表現。

préférer 動 （B より）A を好む

préférer A à B あるいは préférer A ou B が使用頻度の高い形です。

基本例 **Je préfère la mer à la montagne.**
山より海が好きです。

基本例 **Tu préfères la cuisine française ou japonaise ?**
フランス料理と日本料理どっちがいい？

> 不定詞を置いて B が明示されない言い方、「〜するほうがいい」もよく使います。
>
> **Je préfère faire du sport le matin.**
> 朝、スポーツをするほうが好きです。

premier(ère) 形 第一の 男 1日（ついたち）、2階

「第一の」「最初の」の意味する形容詞も大事ですが、男性名詞として使われる「月の1日（ついたち）」と建物の階数が大事なポイントです。

基本例 **Alex vient au Japon le premier juillet.**
アレックスは7月1日に来日します。

＊日付に関して「1日（ついたち）」は序数を使い、他は基数 deux, trois... を用います。

基本例 **J'habite au premier étage.**
私は2階に住んでいます。

＊1階は le rez-de-chaussée、étage「階」は2階からスタートしますので、le premier étage「第一番目の階」が「2階」に相当。以下、序数と日本式の階数は数字がひとつずれる理屈。

|基本例| **Prenez la première rue à droite.**
最初の通りを右に行ってください。

「〜するのは初めてだ」という表現はよく使われます。

 C'est la première fois que j'entends ça.
それを聞いたのは初めてです。

→「初めて」pour la première fois を用いて、J'entends ça pour la première fois. と言い換えられます。

---

prendre [動] 取る、（乗り物に）乗る、食べる、（写真を）撮る、（道を）行く

おおむね英語の take に相当する語で語義の幅、用例の幅は実に多種多様です。

|基本例| **Vous prenez quel cours ?**
どの講義を取るつもりなの？

|基本例| **On prend le bus ou le train ?**
バスにする、電車にする？

＊ prendre le train「電車に乗る」は「電車を利用する」という含意。monter dans le train も同じく「電車に乗る」と訳せますが、これは「電車に乗り込む」という動作を指して使います。

|基本例| **Je prends un croissant avec mon café le matin.**
朝はコーヒーとクロワッサンを食べます。

＊ prendre で manger, boire の意味になります。

|別例| **Prenez encore un petit peu de café.**
コーヒーをもう少しいかがですか。

|基本例| **On peut prendre des photos ?**
写真を撮ってもいいですか？

＊「〜を写真に撮る」なら prendre qn/qch en photo です。

|別例| **Ma fille déteste qu'on la prenne en photo.**
うちの娘は写真を撮られるのを嫌がります。

prendre 〜

[基本例] **Prenez la deuxième rue à gauche.**
2本目の道を左に進んでください。

[基本例] **Ça prend combien de temps ?**
どれぐらい時間がかかりますか？

[基本例] **Tu vas prendre une douche ?**
シャワーを浴びたら？

＊ prendre un bain なら「風呂に入る」の意味。

よく使われる誘いの一言、それと prendre A pour B という会話での使用頻度が高い熟語を使った下記のような言い回し。

On va prendre un pot ?

何か飲みに行きませんか？

→ prendre un verre「一杯飲む」とも言います。un pot は「壺（つぼ）」、un verre は「グラス」の意味ですが、このケースはどちらも「酒」の意味です。

Vous me prenez pour qui !

馬鹿にしないでくれ（見損なわないでくれ）！

→ prendre A pour B「A を B とみなす」の意味なので、直訳は「私を誰だと思っているんだ」という意味。

---

préparer 動 準備する

「食事の準備をする」préparer le repas とか「試験の準備をする」préparer son examen などあれこれと「準備する」の意味。

[基本例] **Je vais vous préparer du café.**
コーヒーを入れましょうか。

＊ préparer du café (à qn) で「（〜に）コーヒーを準備する」が直訳。faire du café も類義になります。

[基本例] **Je dois préparer la réunion de demain.**
明日の会議の準備をしなくてはならない。

代名動詞 se préparer「準備を整える、身支度する」も大切。

 Prépare-toi vite !

急いで支度（したく）をして！

→何を「準備」するか明示するなら pour qch/ + inf. を添えます。

près 副　近くに

英語の near に近い語。単独でも使いますが、près de qn/qch の形でよく使われます。

[基本例] － **Est-ce que la gare est loin d'ici ?**
　　　　－ **Non, c'est tout près.**
　　　　－駅はここから遠いですか？
　　　　－いいえ、すぐ近くです。

＊位置的な「近くに」でも、時間的な「近くに」でも使えます。

[別例] **Noël est tout près.**
　　　クリスマスはもうすぐだ。

[基本例] **Mes amis ont une maison près de la montagne.**
　　　私の友人たちは山にほど近い家に住んでいます。

＊こんな「近く、間近に」でも près de は用いられます。

[別例] **Mon père est près de la retraite.**
　　　父は退職が間近です。

à qch près で「〜を除けば」（例：à quelques exceptions près「いくつかの例外を除けば」）、あるいは「〜の差で」の意味になります。

 J'ai raté mon train à une minute près.

1分の差で電車に乗り遅れた。

présenter [動] 紹介する　[代動] 自己紹介する

基本の語義は「人を紹介する」の意味。英語の動詞 present とほぼ同義です。

[基本例] **J'ai présenté ma fiancée à ma famille proche il y a une semaine.**
一週間前、近い親戚の人たちにフィアンセを紹介しました。

[基本例] **Permettez-moi de vous présenter mon épouse, Charlotte.**
妻のシャルロットを紹介させていただきます。

*改まった紹介文。普通は、Je vous présente Charlotte.「シャルロットを紹介します」といった言い方をします。

[基本例] **Je me présente : Pascal Vincent.**
私はパスカル・ヴァンサンと申します。

*礼儀正しい自己紹介文の例。一般には、Je m'appelle Pascal Vincent. の形を使います。

> 物が主語で se présenter は「(事が)起こる、生じる」の意味でも使われます。
>
> **Si l'occasion se présente, je veux faire du parachutisme.**
> 機会があれば、スカイダイヴィングをやってみたい。

presque [副] ほとんど

「だいたい、ほぼ」の意味を表す単語。こうした語をうまく使えるとよどみのない会話につながっていきます。

[基本例] **J'ai presque fini.**
ほとんど終わりました。

[基本例] **Vous avez lu presque tous ces livres ?**
ここにある本はほとんど読んだのですか？

*「大部分、大半」のニュアンスなら la plupart de ces livres と

表現します。

> 以下のような応答の表現としても使われます。
>
>
> - Il y avait des fautes ?
> - Presque pas.
>
> ─誤りはありましたか？
> ─ほとんどありません。

prêter 動 （無償で）貸す

「貸す」「借りる」は区別が意外に難しい。prêter の対義語は emprunter「借りる」。類義の動詞 louer は貸し・借り両方の意味を持ちますが、お金を介した「賃貸し、貸借り」を意味する単語です。ただし、直接的に「金を貸す」「金を借りる」の意味では prêter と emprunter が使われます。

基本例 **Tu me prêtes ton stylo ?**
　　　　ペンを貸してくれる？

基本例 **Tu peux me prêter mille yens ?**
　　　　千円貸してくれない？

> こんな慣用表現があります。
>
> **On ne prête qu'aux riches.**
>
> 　人は日々の行いで評価される。
>
> →「金持ちにしか金は貸してくれない」（貧乏人には金は貸さない）が直訳。「無名な人物は顧みられない」とも訳せます。

printemps 男 春

季節は男性名詞ですが、「夏に」「秋に」「冬に」は前置詞 en を用いますが、「春に」だけは au printemps です。「春」だけが子音

で始まるからです。

基本例 Les cerisiers fleurissent au printemps.
桜は春に咲く。

春と言えば、このことわざが浮かびます。それと「春たけなわ」、さて、どう言いますか？

 Une hirondelle fait pas le printemps.
ひとつの例だけで全体を推し量ることなかれ。

→「一羽のツバメが来ただけでは春にはならない」が直訳、よく聞く言い回しです。

 En ce moment, c'est vraiment le printemps !
今、まさに春たけなわ！

problème 男 問題

ひろく社会に関わる「問題」（例：le problème de la pollution「公害問題」、le problème énergique「エネルギー問題」）も指しますが、会話では実生活上の「問題」が話題になります。また、日常会話で頻度が高いのは何かを頼まれて「問題ない、事は簡単だ」と返答する一言。

基本例 Ma mère a des problèmes de santé.
母は健康問題を抱えています。

基本例 Pas de problème.
問題ないよ。

＊承諾を表して「いいですよ」の意味にもなります。Il y a pas de problème. の省略形。Aucun problème. とか Sans problème. も類義です。

下記のような一言も使います。また、en cas de problème という成句も。

~ prochain(e)

 C'est mon problème.
これは私の問題ですから（他の人には関係ありません）。

→ Ça te regarde pas.「君には関係ない」も類義ですが、これは「干渉しないでくれ」といった含意のきつい表現です。

 En cas de problème, contactez-moi à ce numéro.
もし問題があれば、この番号に連絡してください。

→ "en cas de +［無冠詞名詞］" で「〜の場合には、もし〜なら」の意味（例：en cas de besoin「必要なら」）。

prochain(e) 形 近い、次の

時間的・空間的に「近い」を意味する語で、英語の next に近い単語です。

基本例 **A la semaine prochaine !**
また来週！

基本例 **Je rentre de voyage d'affaires vendredi prochain.**
今度の金曜に出張から戻ります。

＊「次の、今度の」の意味で dernier(ère) の対義語。他に l'année prochaine「来年」、l'été prochain「来年の夏」、la prochaine fois「次回」など。

基本例 **Descendons à la prochaine station.**
（地下鉄で）次の駅で降りましょう。

文法的な注意ですが prochain(e) は「現在を起点」にする単語であるのに対して、任意の時点を起点に「次の」と表現する際には suivant(e) を用います。

 Si tu es pris(e) lundi prochain, viens me voir le lundi suivant, s'il te plaît.
もし今度の月曜がふさがっていたら、その次の月曜に会いに来てください。

professeur(e) 名 教師、教員

小学校の「先生」には instituteur(trice) を使い、professeur は中学校以上の「先生」に用います。

基本例 **Il est professeur de français.**
彼はフランス語の教師です。

* Il enseigne le français. も同義。" professeur de + ［無冠詞名詞（科目名）］" で「〜の先生」。なお、un professeur français なら「フランス人の教師」の意味になるので注意。

基本例 **Je suis professeur dans un collège.**
私は中学の教師です。

* Qu'est-ce que vous faites ?「職業は？」と問われた際に、Je suis professeur. の返答はあまり自然でないとされます。「教職についています」Je suis enseignant(e). と応じるか、さもなければ、例示のように機関名を添えるのが一般的な返答です。

> 習い事の「先生」にも professeur が使われます。
>
> **Mon cousin était professeur de dance.**
> いとこはダンスの先生をしていました。

promener 動 〜を散歩させる 代動 散歩する

英語 walk the dog で「犬を散歩させる」の意味。これが意外に盲点。下記の例がそれ。フランス語は se promener と代名動詞にすれば「(人が) 散歩する」の意味です。

基本例 **Je promène mon chien tous les matins avant de partir au travail.**
仕事に行く前に毎朝犬の散歩をしています。

*「犬を散歩させる」は sortir mon chien とも言います。

基本例 **J'aime bien me promener dans le parc près de chez moi.**
家の近くの公園を散歩するのが好きです。

たとえば、お使いを頼むケースでこんな言い回しを添えます。

> **!!** **Ça te promènera.**
> ちょっとした散歩になりますよ。
>
> →これをアレンジして命令でVa te promener!とすると「うるさい、出て行け!」（= Va-t'en !）となります。

propre 形 きれい、清潔な

「固有な」「適した」「清潔な」といった意味を持つ形容詞ですが、日常的には「きれいな、清潔な」の意味で使用頻度が高い語です。

[基本例] **J'ai nettoyé la cuisine, maintenant elle est très propre.**
台所を掃除したので、今はとてもきれいです。

[基本例] **La baignoire est pas propre.**
浴槽が汚れています。

＊「清潔でない」=「汚れた」saleの意味。

> les mains propresで「きれいな（清潔な）手」の意味ですが、こんな風に比喩的に使われるケースがあります。
>
> **ⓘ** **On dit qu'il y a peu de politiciens qui ont les mains propres.**
> 清潔な政治家はほとんどいないと言われている。

Q

quand même それでも、いずれにしても

こんな言い回しがさりげなく使えるようになれば初級レベルは卒業

です。

基本例　**Merci quand même.**
　　　　とにかくありがとう。

＊Merci. に値するようなサポートを受けられなかった際に、「それでも、ありがとう」と言いたいです、言っておきます、そんな感覚で使います。

基本例　**Quand même pas.**
　　　　それにしても嫌だよ。

＊妙な提案をされた際に、「いくら何でもそれはないでしょ」という含意で。

こんな例はいかがでしょうか。

 Tu exagères, quand même !
それにしても、大げさだな（本当にもう、やりすぎだよ）！

 ― **Cette montre coute 2000 euros !**
― **Quand même !**
―この時計は 2000 ユーロですよ！
―まさか、そんな！

→「それにしても、まったくもって（高い）」（= C'est quand même trop cher !）という気持ちを表しています。

quart　男　4分の1

初級レベルでは、まずは時刻表示（15 分 = quart d'heure）がポイントです。

基本例　**Il est une heure et quart.**
　　　　1 時 15 分です。

基本例　**Il est deux heures moins le quart.**
　　　　2 時 15 分前です。

15 分には un quart d'heure という言い方もあります。ま

た「4分の3ほど」aux trois quarts で「大部分」というニュアンスを表すことがあります。

> **Je reviens dans un quart d'heure.**
> 15分ほどで戻ります。

> **La salle était aux trois quarts pleine.**
> ホールは満員に近くなってきていた。

→ presque「ほとんど」までは至っていない、その手前ぐらいの分量を言います。

quartier 男 （土地の）地区、界隈

そもそもは「4つに分けたものの1つ」の意味で、町の「区域」を指します。パリの「学生街」Le Quartier latin は有名ですね。

基本例 **J'aime beaucoup le quartier de Kagurazaka.**
神楽坂界隈が大好きです。

基本例 **Je connais pas bien ce quartier.**
このあたりはよく知りません。

もし知らない土地で道を聞かれたら、下記のように切り返せます。また「地区の人々」の意味でも quartier は使われます。

> **Désolé(e), je suis pas d'ici. Demandez à quelqu'un du quartier.**
> すみません、ここの者ではありません。この地区の人にお尋ねください。

→ Je suis pas du quartier.「このあたりの者ではありません」とも言います。「このあたりはよく知りません」Je connais pas bien ce quartier. としても類義です。

> **Tout le quartier a entendu l'accident.**
> 近所の人たちは皆、その事故を知っていた。

quelque chose 不定代 何か

"「ある」quelque +「物」chose" で英語の something に相当する語。

基本例　**Tu prends quelque chose à boire ?**
　　　何か飲むものはある？

＊形容詞を介する形では " de +［男性形単数］" を添えます。

別例　**Il y a quelque chose d'intéressant dans le journal du matin ?**
　　　朝刊に何か面白いことが載ってる？

基本例　**Vous voulez quelque chose d'autre ?**
　　　他に何か（追加はありますか）？

＊接客の表現。Vous voulez boire quelque chose d'autre ? なら「飲み物の追加はありますか？」となります。

---

dire quelque chose で「(事柄が) 何かを感じさせる、思い出させる、見覚え［聞き覚え］がある」の意味。

!!　**Ça te dit quelque chose ?**
　　　何か思いあたることはある？

→ Non, ça me dit rien.「いいえ、何も」といった応答になります。quelque chose で聞いて、否定なら (ne) … rien と応じます。

---

quelqu'un 不定代 誰か

"「ある」quelque +「人」un" で英語の someone に相当する語。

基本例　**Est-ce qu'il y a quelqu'un ?**
　　　誰かいますか？

＊否定なら、Non, il y a personne.「いいえ誰もいません」と応じます。quelqu'un で聞いて、否定なら ne … personne と応じます。

|基本例| **Robert est quelqu'un de bien.**
　　　　ロベールはいい人です。

＊ quelqu'un de bon とも言います。

こんな言い方がさりげなく口から出てくれば中級レベルです。

ⓘ J'ai quelqu'un à voir à six heures.

人と6時に待ち合わせています。

→直訳「6時に会う人（誰か）がいます」。

☺ Il y a quelqu'un ici ?

ここ空いてますか？

→「ここに誰かいますか？」＝「座っていいですか？」の意味。C'est libre ?「空いてますか？」や La place est prise ?「ここふさがってますか？」という表現と類義です。

---

question 女 質問、問題

「質問する」poser une question が基本。それに「問題」あれこれ。英語の question とほぼ同義です。

|基本例| **J'ai une question à vous poser.**
　　　　質問があります。

＊教室なら、Monsieur, j'ai une question.「先生、質問」という感じで切り出せます。

|基本例| **C'est une autre question.**
　　　　それは別問題です。

＊逆に「問題なのはそこだ」なら C'est là la question. を用い、「問題外です」なら C'est hors de question. あるいは Il en est pas question. と言います。

次ページのような一言も、会話での使用頻度が高い。

question ～

 Pas question !
とんでもない！

→ il (n')est pas question de ...「～することは論外だ」から。「常軌を逸した話だ」という感覚でこんな「とんでもない」もあります。

別例 **C'est une histoire insensée.**
とんでもない話だ。

quitter 動 （場所を）離れる、（人と）別れる、（活動を）やめる

英語の leave と類義。そもそもは「（ある場所を）離れる」の意味。まずは、電話で使う目的語なしの一言から。

基本例 **Ne quittez pas.**
（電話で）そのままお待ちください。

＊内線などをつなぐ際の決まり文句。ただ、ホテルに電話を入れて、受付係の冷たい口調で言われる ne ... pas の否定命令文を聞いて「（相手が）いない、不在」と勘違いして電話を切ったという話はときどき聞きますが……。

基本例 **Je quitte mon bureau à dix-huit heures en général.**
普通、私は会社を午後6時に出ます。

基本例 **Elle a quitté la société.**
彼女は会社を辞めた。

＊ quitter son emploi なら「仕事を辞める」の意味になります。

ホテルを「離れる、去る」ことも quitter なので、下記のようにチェックアウトで使います。

 Je vais quitter mon hôtel à dix heures.
10時にホテルをチェックアウトします。

→ quitter [libérer] sa chambre とも言います。「チェックイ

> ンする」と表現するなら prendre sa chambre（→部屋を取る）を用います。

R

raison 女　理由、道理

"avoir +［無冠詞名詞］" の代表、avoir raison で「正しい」の意味。これは基本中の基本です。

基本例　**Tu as tout à fait raison.**
　　　　君はまったく正しいよ（おっしゃる通り）。

＊「言うこと、やることがもっともだ」という意味合い。avoir tort は反意の表現。

> sans raison は「理由なしに、みだりに」の意味になります。
>
>
> 　－ **Pourquoi il a fait ça ?**
> 　－ **Je sais pas, sans raison apparemment.**
> 　　－どうして彼はそんなことをしたの？
> 　　－わからない、おそらく理由はないんじゃない。
>
> → avec raison なら「正当な理由があって」の意味。二重否定を用いて、non sans raison という言い方もします。
>
> **別例**　**Elles se sont fâchées non sans raison.**
> 　　　　彼女たちが怒ったのも無理はありません。

rappeler 動　電話をかけ直す、思い出させる
　　　　　　代動　思い出す、覚えている

appeler の頭に r(e)-「再び」がついた動詞。「（人を）もう一度呼ぶ」「電話をかけ直す」などの意味を持ちます。代名動詞で「～を

rappeler 〜

思い出す」は必須の表現です。

> [基本例] **Je te rappelle dans cinq minutes.**
> 5分後に電話をかけ直します。

＊「かけ直してくれてありがとう」なら Merci de me rappeler. という言い方をします。

> [基本例] **Tu te rappelles de cette photo ?**
> この写真のこと覚えてる？

> [基本例] **Je me rappelle le jour où j'ai vu M. Maruyama la première fois.**
> 初めて丸山さんに出会った日のことは覚えています。

＊ Je me souviens du jour où j'ai vu M. Maruyama la première fois. と言い換えられます。

Je vous rappelle... は「念のために言っておきます、もう一度申し上げます」、そんなニュアンスで使われます。また、フランスでは人の名前を忘れてしまっても1〜2回なら聞き返すことは悪いこととはされていないようです。というわけでこんな言い回し。

> **Je vous rappelle la date : le 30 septembre.**
> 念のためにもう一度申し上げますが、日付は9月30日ですから。

→あるいはこんな別例も……。

> [別例] **Je te rappelle que demain, c'est notre anniversaire de mariage.**
> 忘れないでよ、明日は私たちの結婚記念日なんだから。

> **Excusez-moi, vous pouvez me rappeler votre nom ?**
> すみません、お名前を教えていただけますか？

→ Excusez-moi, j'ai oublié votre nom. 「名前を忘れてしまいました」と類義の言い回しです。

recommander [動] 推薦する、勧める

人や事柄を「推薦する」の意味でもありますが、日常的には、店やレストランなどを「勧める」という意味で頻度が高い動詞です。

[基本例] **Vous me recommandez quel restaurant ?**
どのレストランがお勧めですか？

> recommander à qn de + inf. で「～するように人に勧告する」となります。
>
> 🛈 **Le médecin m'a recommandé de faire de l'exercice.**
> 私は医者に運動するよう勧められた。
> →直訳は「医者が運動するよう私に勧告した」。conseiller なら、見出語より少し柔らかなアドヴァイス。
>
> [別例] **Je vous conseille de prendre un peu de repos.**
> 少し休養をとるようお勧めします。

regarder [動] 見る

voir が「自然と目に入る」（英語の see）の意味であるのに対して、regarder は「見ようとして見る」の意味で英語の look at に類した語です。

[基本例] **J'ai regardé un film à la télé hier soir.**
昨日の晩、テレビで映画を見ました。

＊映画館に「映画を見にいく」なら aller voir un film です。

[基本例] **Quand je connais pas quelque chose, je regarde toujours sur internet.**
何かわからないことがあると、自分はいつもインターネットを見ます。

> もうひとつ、事柄が主語の regarder「～に関わる、関係する」（英語 concern）は、初級レベルの学習者には盲点になり

regarder 〜

> 🖤 **Ça te regarde pas !**
> あなたには関係ない！
>
> → Ça te concerne pas ! や C'est pas ton problème ! といった言い回しも類義。
>
> 🔊 **Tes problèmes me regardent pas.**
> 君の問題で、私には関係ありません。

regretter 動 後悔する、悔やむ、申し訳なく思う

大別すると「(失ったものを) 名残惜しく思う」の意味か、「(予期に反したことを) 申し訳なく思う」か、いずれかの意味で用いる動詞です。

基本例 **Je regrette rien.**
何ひとつ後悔していません。

基本例 **Je regrette de lui avoir dit qu'elle était méchante.**
彼女に意地が悪いなんて言わなければよかったのに。

＊ regretter de + inf. で「〜するのを悔やむ」の意味。

> regretter de + inf. にはもうひとつ「〜するのを遺憾に思う」の意味もあります。また、反対意見を述べる際の切り出しの一言として。
>
> 😊 **Je regrette de vous avoir fait attendre.**
> お待たせして申し訳ありません。
>
> 🔊 **Je regrette, mais c'est faux.**
> お言葉を返すようですが (こう申しては何ですが)、それは違います。
>
> → mais と逆接を続けずに、Je regrette. だけなら「ごめんなさい、申し訳ありません」と陳謝する一言になります。

rencontrer 動 出会う、会う

英語の meet とほぼ同義です。類語と簡単な比較をすれば、「(人と) 出会う」rencontrer、「(人と) 会う」なら voir 、「再会する」なら revoir、「偶然会う」には tomber sur を用います。

基本例　**Je suis heureux(se) de vous rencontrer.**
　　　　お目にかかれて嬉しく思います。

基本例　**Je voudrais vous rencontrer un de ces jours.**
　　　　近いうちにお目にかかりたいのですが。

* rencontrer を用いれば「はじめて直に"会う"」ケース。

> 「(困難や幸運に) 遭遇する」とか、スポーツで「試合をする」の意味でもこの動詞が使われます。
>
> **J'ai rencontré un problème avec mon ordinateur.**
> パソコンである問題に出くわした。
>
> **L'équipe du Japon va rencontrer l'équipe de France.**
> 日本チームはフランスチームと対戦する予定だ。

rendez-vous 男 待ち合わせ、約束

人との約束全体を指す単語。デートでもビジネスでも使います。

基本例　**J'ai rendez-vous avec un professeur au café.**
　　　　カフェで先生と待ち合わせています。

* avec qn を省いて、「医者や美容院などを予約する」の意味でも使います。prendre rendez-vous chez le dentiste「歯医者に予約を入れる」とか avoir rendez-vous à l'hôpital「病院の予約をしている」といった具合。

> 「会合の場所」「約束の場所」「溜まり場」といった意味もあります。

Ce café est le rendez-vous des étudiants.
あのカフェは学生たちの溜まり場だ。

rendre 動 返す、〜にする

借りたものを「返す」が基本語義。人や物を「(〜状態に)する」も大事な語義です。あわせて、代名動詞「(〜へ)行く」も必須。

基本例 **Hier, j'ai rendu mon livre à la bibliothèque.**
昨日、図書館に本を返した。

基本例 **Je comprends rien ! Ça me rend fou [folle] !**
何言ってんだかまるでわからない! 気が変になりそうだよ!

＊「それは私をおかしくさせる」が直訳。ひどくイライラするような、強い怒りを覚えるようなときに使う言い回し。

基本例 **J'ai rendu visite à ma grand-mère.**
祖母のところに行きました。

＊ rendre visite à qn は aller voir qn の類語で「〜を訪れる、訪問する」の意味です。

基本例 **Elle se rend à son travail à pied.**
彼は歩いて仕事に行く。

rendre un service「役立つ、手助けする」もよく使う。

 Vous pouvez me rendre un service ?
お願いしてもいいですか?

→人に何かを要求する際の切り出しの一言として。J'ai un service à vous demander.「お願いがあるのですが」も類義表現。あるいは礼を口にする際にこんな風にも使います。

別例 **Merci beaucoup. Vous me rendez un grand service.**
どうもありがとうございます。すごく助かります。

rentrer 動 帰る、戻る

自宅など生活の拠点へと「帰る、戻る」、あるいは、出先から会社に「戻る」の意味で使われます。

基本例 **Rentrez bien !**
気をつけてお帰りください。

＊自宅に戻ろうとする相手にかける一言。

基本例 **Tu rentres à quelle heure ?**
何時に帰ってくるの（帰宅時間は）？

基本例 **Quand est-ce que vous êtes rentré(e) de Pékin ?**
いつ北京から戻られたのですか？

こんな言い回しにも rentrer が使われます。知らないとイメージがわかない例です。

 Je ne peux plus rentrer dans mes jeans.
　もうジーンズが入りません。

→ "rentrer dans + [衣服]" で「(衣服に) 収まる」という意味になります。

---

repas 男 食事

基本的な言い回しとして、préparer le repas「食事の支度をする」、sauter un repas「一食抜く」あるいは manger entre les repas「間食をする」などの表現が浮かびます。

基本例 **Ce sportif prend cinq repas par jour.**
そのスポーツマンは日に 5 回食事をする。

＊ faire cinq repas par jour とも言えます。

基本例 **Le repas était délicieux.**
食事はとても美味しかった。

---

arroser「水をまく」→「酒を添えた」から派生したこんな言

い方はフランス式。

 Le repas d'hier était bien arrosé !
　昨日の食事はたっぷりワインが出る会だった！

→ un repas bien arrosé で「たくさん（おいしい）ワインの出る食事」の意味になります。

répéter 動 繰り返す

英語の repeat と同じ、原則は人が主語。教室で、先生が生徒にこの一言を使います。

基本例　**Répétez, s'il vous plaît.**
　繰り返してください。

＊あるいは Répétez après moi.「私の後について繰り返して」などとも言います。

代名動詞 se répéter は「(人が) 同じことを繰り返して言う」あるいは「(事柄が) 繰り返される」の意味で使われます。

 Mon grand-père se répète sans cesse.
　祖父はたえず同じことばかり口にする。

 L'histoire se répète.
　歴史は繰り返す。

répondre 動 返事をする、答える

英語の answer とほぼ同義です。

基本例　**T'as pas encore répondu au mail ?**
　まだメールの返事をしてないの？

＊親しい相手なら、Tu n'as pas や Tu as pas よりも、例示のように T'as pas とするほうが自然です。「手紙に返事を書く」な

~ réservation

ら répondre à une lettre と言います。「返事をすぐください」ならこんな風に催促をします。

別例 **Tu peux me répondre au plus vite, s'il te plaît ?**
できるだけ早く返事をもらえますか？

基本例 **La secrétaire a pas répondu à ma question.**
秘書は私の質問に答えなかった。

電話をかけても相手が出ないケースで一言。それと、こんな口語表現も。

> 😀 **Ça répond pas.**
> （電話に）出ないよ。

> 😀 **Bien répondu !**
> いい答えだ（うまいこと言うね）！

→英語の Well said! に相当。「ご名答！」（= C'est juste !）とも訳せます。

---

réservation 女 予約

faire une réservation「予約する」（= réserver）、confirmer sa réservation「予約を確認する」、annuler sa réservation「予約を取り消す」といった言い回しは必須です。

基本例 **Je voudrais faire une réservation pour ce soir.**
今晩、予約したいのですが。

＊もちろん、動詞 réserver を用いて「予約する」こともできます。

別例 **J'aimerais réserver pour deux personnes ce soir à partir de neuf heures.**
今晩9時から2名で予約したいのですが。

予約はかならずしも自分の名前（本名）で取るとは限りません。というわけで……。

> **J'ai une réservation au nom de M. Abe.**
> 阿部の名前で予約しています。

ressembler 動 似ている

ressembler à qn で「〜に似ている」の意味。英語の look like に相当する動詞です。

基本例 **Caroline ressemble beaucoup à son père.**
カロリーヌは父親にとてもよく似ている。

＊見た目を指して用いることが多い動詞です。Il y a une grande ressemblance entre Caroline et son père. と言い換えられますし、例文に au niveau des yeux を添えて「目つきが」と限定したりします。もし、内面（性格）の類似を言いたいなら、通常、次のような言い方をします。

別例 **Caroline est vraiment comme son père.**
カロリーヌは性格がまるで父親そっくりだ。

上記の基本例文の延長ですが、すっとは浮かんできません。

Q　Il ressemble à quoi ?
彼の見てくれはどんなの？

→ "どんな「体格、顔つき、フィーリング」の人"ですかと尋ねる感覚。à qui「誰に」ではなく、à quoi「何に」と尋ねている点に注目！ こんな質問にアレンジ可能です。

別例 **A quoi ressemblera le Japon en 2101 ?**
2101年には日本はどうなっているだろう？

restaurant 男 レストラン、食堂

基本は次のような例でしょう。

|基本例|　**On a mangé au restaurant hier soir.**
　　　　昨晩はレストランで食事をしました。

＊ manger au restaurant は「外食する」とも訳せます。

|基本例|　**Vous connaissez un bon restaurant français dans ce quartier ?**
　　　　この近くでおいしいフレンチレストランをご存じですか？

＊ Vous me recommandez quel restaurant ?「どのレストランがお勧めですか？」という聞き方もします。

---

un grand restaurant は「一流のレストラン」、un restaurant universitaire は「（大学の）学食」(resto U と略します) のこと。もし、レストランを「経営している」ならこんな言い方をします。

> 🛈　**Mes parents tiennent un restaurant populaire.**
　　　両親は大衆食堂を経営しています。

→ なお、restaurant rapide は「ファストフードの店」、restaurant libre-service なら「セルフサーヴィスの食堂」のこと。

---

rester　|動|　とどまる、残る、〜のままでいる

人や物がある場所・状態に「とどまる」が基本義です。

|基本例|　**Vous restez en Belgique jusqu'à quand ?**
　　　　ベルギーにはいつまで滞在されますか？

|基本例|　**Est-ce que je dois rester au repos ?**
　　　　安静にしていなくてはなりませんか？

＊ rester au repos は「（体調を崩して家で）安静にする」という言い回し。rester au lit「ベッドにいる」、rester au chaud「暖かくして家にいる」など「安静」の仕方はいろいろとあります。

次ページのように非人称構文でも使います。

rester ～

> 💬 **Est-ce qu'il reste du gâteau ?**
> ケーキ残ってる?
>
> 😊 **Il vous reste des chambres ?**
> 部屋はありますか?
>
> →「部屋はお宅(のホテル)に残っていますか?」が直訳になります。Vous avez des chambres libres ?「空いている部屋はありますか?」なども類義です。

réussir 動 成功する

英語の succeed「成功する」とほぼ同義になります。

基本例 **J'ai réussi mon examen.**
試験に受かりました。

* passer un examen は「試験を受ける」の意味で、rater [échouer à] un examen は「試験に落ちる」の意味です。なお、réussir à un examen と自動詞で「試験に合格する」とする形は、現在ではほとんど使われません。

基本例 **Alors, tu as réussi ton permis de conduire ?**
どう、運転免許は取れたの?

> 日常的には、こんな言い回しで見出語が使われます。
>
> ❤ **Je suis content(e), j'ai réussi mon plat.**
> 満足しています、料理がうまく作れたから。
>
> →この réussir は「うまく作る、うまく成し遂げる」の意味。

(se) réveiller 動 目が覚める

主に代名動詞として使われます。

基本例 **Je me suis réveillé(e) en retard ce matin.**
今朝遅く目覚めた。

＊対義語は s'endormir「眠る、眠りこむ」です。

[基本例] **Je me suis pas réveillé(e)...**
　　　　寝坊してしまって……。

＊たとえば、遅刻の際の言い訳として。「目が覚めませんでした」が直訳です。

「(眠っている人の) 目を覚まさせる」の意味で使うならこんな例が浮かびます。

 Réveille-moi à cinq heures demain matin.
　　　　明日の朝は5時に起こして。

→実際に相手を「起こす」際には Réveille-toi ! Il est cinq heures !「起きて！5時だよ！」といった具合。

revenir [動] 戻る、帰る

"re-「再び」+ venir「来る」"から生まれた語。基本的には話し手のいる場所（あるいは聞き手のいる場所）に「戻る」ことを言います。

[基本例] **Je reviens dans cinq minutes.**
　　　　5分で戻ります。

＊ Je reviens. だけで「ちょっと失礼します」と席をはずす際の一言。なお、類義の動詞 rentrer は「(暮らしの本拠地に) 戻る」、retourner は「引き返す、戻っていく」の意味です。

[基本例] **Ma fille est revenue en France pour les fêtes de fin d'année.**
　　　　彼女はクリスマスと新年のためにフランスに帰った。

＊ les fêtes de fin d'année は「忘年会」と訳すケースもあります。

revenir sur qch で「(話題や問題として) ふたたび扱う」の意味になります。また、こんな言い回しも。

Ma belle-mère reviens sans cesse sur mon passé.
義理の母はいつも私の過去のことを蒸し返す。

Ça revient au même.
（結局は）同じことになる。

→ C'est la même chose.「同じことだ」とか C'est pareil.「同じだ」などと類義です。

rêver [動] 夢を見る

「夢を見る」は faire un rêve とも言います。

[基本例] **Mon fils rêve de devenir astronaute.**
息子は宇宙飛行士になるのが夢だ。

[基本例] **J'ai rêvé de toi cette nuit.**
昨夜（ゆうべ）、あなたの夢を見た。

下記のような言い方もよく使います。

J'ai l'impression de rêver !
まるで夢を見てるみたい！

→ Je rêve ou quoi !「夢か、それとも違うのか（何なのだ）」という言い方もあります。また「私は夢を見ているのか？」と直訳できる次の表現にはこんな訳がつけられます。

[別例] **Est-ce que je rêve ?**
夢かうつつか？

Ça fait rêver !
素敵だ！

→「それは夢を見させる」が直訳で「（ある事柄や物が）夢を見させてくれるぐらいに素晴らしい！」という気持ちを表現する際に。

riche 形 金持ちの、豊富な

人が「金持ちの、裕福な」、物の内容が「豊かな」の意味で使います。英語の rich と同義です。

基本例 **Ses parents sont très riches.**
彼（彼女）の親はとても裕福だ。

* 「金持ちである」は他に avoir de l'argent「金がある」、avoir les moyens「財力がある」、être à l'aise「金に不自由はしない」といった言い回しを用います。反意語は pauvre です。

基本例 **C'est un fruit riche en vitamines.**
これはヴィタミンが豊富なフルーツです。

* この riche は "en + [無冠詞名詞]" に富んだ、〜が豊富な」という意味合い。

物が「豪華（立派）に見える」様子を口語ではこんな風に表します。

 Ça fait riche.
これは豪華だ。

→ luxueux(se)「豪華な」という形容詞のニュアンス。

---

rien 不定代 何も〜ない

この単語は、否定語 ne とともに用いられるケースが大半です。

基本例 **Je n'ai plus rien dans le réfrigérateur.**
冷蔵庫にはもう何もありません。

* Le frigo est vide.「冷蔵庫は空です」も類義。

基本例 **J'en sais rien.**
何も知りません。

* en は de ça「そのこと（話題、中身）について」の意味。

基本例 - **Alors, quoi de neuf ?**
- **Rien de spécial.**

　　　　　―で、何か変わったことは？
　　　　　―とくに何も。
＊会話を切り出す表現とその応答の典型例です。文法的には、形容詞を添える際には " de + [男性単数形]" をプラスします。口語では Rien. 一言で応じる会話も少なくありません。

別例　― **Qu'est-ce que tu fais ?**
　　　― **Rien.**
　　　―何してるの？
　　　―何も。

> 不定代名詞ですから主語としても使えますが、初級レベルでは意外に盲点です。また、à + inf. を添えて下記のような例でも用います。
>
> 🛈　**Rien n'est clair.**
> 　　何も明らかになっていません。
>
> 🛈　**Il y a rien à ajouter.**
> 　　付け加えることは何もありません。

robe 女　ドレス、ワンピース

たとえば、une robe longue で「ロングドレス」、une robe de mariée なら「ウエディングドレス」、une robe d'été なら「夏のワンピース」、une robe de chambre であれば「部屋着、ガウン」を指します。

基本例　**Elle s'est acheté une nouvelle robe.**
　　　　彼女は新しいワンピース（ドレス）を買った。
＊この s'acheter は「自分のために購入する」という意味。

> ワインの「色合い、色調」も robe と言います。

Ce vin a une belle robe.
このワインはきれいな色をしている。

rouge 形 赤い 男 赤

形容詞としては le vin rouge「赤ワイン」、un feu rouge「赤信号」など、名詞なら「赤色」の他に「口紅」「赤ワイン」「赤信号」の意味で le rouge が使われます。

基本例 **Elle est devenue rouge comme une tomate.**
彼女はトマトのように赤くなった。

＊顔が「赤くなる」を比喩する表現としては、他に comme un coq「雄鶏（おんどり）のように」、comme une cerise「サクランボのように」なども使われます。

基本例 **Le rouge me va bien.**
赤（赤色）は私によく似合います。

日本語も同じですが、「赤」はこんな風にも使われます。

 Mon compte est dans le rouge.
口座は赤字です。

→企業が「経営危機である」や口座などが「赤字である」の意味で être dans le rouge を用います。

rouler 動 （人が）車に乗って走る、（車が）走る

そもそもは英語の roll と同じく「転がる」の意味ですが、日常的には転じて「運転する」（英語の drive）の意味で使われる動詞。

基本例 **Il roule trop vite.**
（運転の際に）彼はスピードを出しすぎる。

基本例 **Ça roule bien.**
（道が）すいています。

*車が順調に流れる様を言いますが、「万事快調だ」というニュアンスにもなります。La rue est dégagée.「道がすいている」などもスムーズな車の流れを言います。

こんな比喩表現もあります。

 Mon oncle a réussi et maintenant il roule sur l'or.
おじは成功を収め、今では大金持ちだ。

→ rouler sur l'or「金（きん）の上を走る」から「金（かね）がうなるほどある」という意味になります。

---

rue 女 通り

rue は一般的な「通り」を言います。他に、le boulevard は並木のある町の「大通り（環状道路）」、l'avenue は記念建造物に向かう直線の「大通り」（例：l'avenue des Champs-Elysées シャンゼリゼ大通り）。

基本例　**Prenez la première rue à gauche.**
　　　　最初の通りを左に曲がってください。

基本例　**Les enfants jouent dans la rue.**
　　　　子供たちが通りで遊んでいる。

*英語では in the street や on the street が使われる "街中の「通りで」" を表現する際、フランス語は dans la rue が使われます。通りの両側にある建物を意識するため dans「なかに」という前置詞が用いられるわけです。

基本例　**Cette rue s'appelle comment ?**
　　　　この通りは何と言いますか？

*フランスでは私道でない限り、どんな小さな通りにも名前がついています。なお「～通り（街）に住んでいる」という場合には、前置詞や定冠詞などをつけずに状況補語（副詞）として扱い、次のような言い方をします。

別例　**Il habite 30 rue Saint-Martin.**
　　　彼はサンマルタン通り 30 に住んでいます。

こんな言い方も記憶しておきたいところ。

C'est une rue à sens unique.
この道は一方通行です。

→ « Sens unique » は「一方通行」の道路標識。

S

sac 男 鞄（かばん）、袋

通常、un sac で、un sac à main「ハンドバッグ」や un sac (à) bandoulière「ショルダーバッグ」を意味します。

基本例 **J'ai offert un sac en cuir à ma femme pour son anniversaire.**
妻の誕生日に革製のバッグを贈った。

* "en + [素材]" で「～製」の意味（例：un sac en papier「紙袋」、un sac en plastique「ビニール袋」、une bague en or「金の指輪」）。

基本例 **Mes affaires de sport sont dans mon sac à dos.**
私のスポーツ用品はリュックサックに入っています。

* un sac à dos は「背中に背負うバッグ」の意味。なお、un sac de voyage なら「旅行かばん」、ただし「スーツケース」は une valise と言います。

文字通りの「バッグの底」なら le fond de son sac ですが（例：Mes clés sont au fond de mon sac.「私の鍵は鞄の底の方にあります」）、次ページのような「底」もあります。

> **ⓘ** Cette rue est un cul-de-sac.
> この道は袋小路だ。
>
> →男性名詞 cul-de-sac は「袋小路」（→鞄の尻、底）のこと。

saison 女 季節

四季の説明をフランス語で書けば Il y a quatre saisons, le printemps, l'été, l'automne et l'hiver. といった具合。

[基本例] **La saison des pluies commence en juin au Japon.**
梅雨は日本では6月に始まる。

* la saison des pluies の直訳は「雨の季節」ですから「雨季」（「乾季」は la saison sèche）とも訳せます。「梅雨に入る」なら entrer dans la saison des pluies と言います。

> 次のような言い回しがすっと出てくるようになれば初級レベルは卒業でしょう。
>
> **ⓘ** On peut porter ce nouveau costume en toute saison.
> 季節に関係なく（年中）この新しいスーツを着られます。
>
> → en toutes saisons と複数形で書くこともできます。
>
> **ⓘ** C'est la pleine saison des bonites.
> 今はカツオが旬です。
>
> →「カツオの季節（真っ盛り）です」が直訳です。

sale 形 汚い、汚れた、いやな

通常は名詞のあとに置かれて「汚い、汚れた」の意味になります。

[基本例] **Mes chaussettes sont sales.**
靴が汚れています。

[基本例] **Tu as les mains sales, va te les laver !**
手が汚いよ、洗ってらっしゃい！

口語で「(とても)いやな、ひどい」の意味で名詞の前に置かれます。また、天候にも使われます。

🔊 **Elle a un sale caractère.**
彼女はいやな性格だ。

ℹ **Il fait un sale temps aujourd'hui.**
今日はいやな天気だ。

→ Il fait mauvais temps.「天気が悪い」、Il fait un temps de chien.「ひどい天気です」(→犬の天気だ) など類義の言い回しがいくつかあります。

salle 女 部屋、会場

住居内にある目的を持った「共用の部屋」を指します。たとえば、salle à manger「台所」、salle de bain(s)「風呂」、salle d'eau「シャワールーム」など。

基本例 **Dans cette maison, il y a une grande salle de séjour et une salle de jeux.**
この家には、大きなリビングルームとゲームルームがある。

公共施設の「ホール」「〜室」も salle です。たとえば、salle d'attente「待合室」、salle de classe「教室」など。

ℹ **La salle de concert était pleine tous les jours.**
連日、コンサートホールは満員だった。

samedi 男 土曜日

もちろん、他の曜日と基本は同じです。「安息日」jour du sabbat を意味する単語が語源とされています。

samedi 〜

[基本例] **Tous les samedis, ma sœur a un cours de danse.**
　　毎週土曜日、姉（妹）はダンスのレッスンをしています。

他の曜日と関係づけたこんな例文、当たり前すぎでしょうか？

 Le samedi est après le vendredi et avant le dimanche.
　　土曜は金曜の後、日曜の前です。

---

savoir [動] 知っている

目的語なしの以下の一言は実に頻度の高い言い回し。あるいは「ご存じのように」と話の枕に添える一言も。

[基本例] **Je sais pas.**
　　知りません。

＊質問はわかるものの答えが不明のときに。ときに会話をはぐらかすためにも使われます。その情報を初めて知ったなら、Je le savais pas.「それは知りませんでした」となります。なお、Je comprends pas.「（おっしゃっていることが＝ ce que vous dites）わかりません」は相手の話そのものがわからないときに使う一言。また、例文は「そのことについて＝ en」を添えて下記のようにも言います。

[別例] **J'en sais rien.**
　　（それについては）何も知りません。

[基本例] **Comme vous le savez, la vie est comparable à un voyage.**
　　ご存じのように、人生は旅にたとえられます。

＊ comme vous le savez は「ご案内のように」「お気づきだと思いますが」といった訳もつけられます。

「(外国語が) できる」とか「〜であることを知っている」なども savoir の大事な語義です。

> **ⓘ Ma tante sait parler le grec aussi.**
> おばはギリシア語も話せます。

→ savoir parler le grec は、connaître le grec と言い換えられます。

> **ⓘ Je sais qu'il habite près d'ici.**
> 彼がこの近くに住んでいることは知っています。

→類義の connaître は「人」や「場所」あるいは「物」を目的語にとりますが、この例文のように従属節はともないません。2つの動詞を並べた例をひとつ。

> [別例] **Ramon connaît pas le soba. Il sait pas du tout ce que c'est.**
> ラモンは蕎麦を知りません。どういうものなのかまったくわからないのです。

> **ⓘ Mon mari est sorti avec je ne sais qui.**
> 夫は誰だか知らない人と出かけた。

→ "je ne sais +［疑問詞］（あるいは on ne sait +［疑問詞］)" で「〜だかわからない」を表現することができます。たとえば、je ne sais où「よくわからないどこかで」、on ne sait quand「いつだかわからないときに」など。

semaine [女] 週、週間

挨拶の定番で、次のように使われます。また「再来週」は2週間後という言い方を用います。

> [基本例] **A la semaine prochaine !**
> また来週！

> [基本例] **Bonne fin de semaine !**
> 素敵な週末を！

＊ la fin de semaine は le week-end のことです。

semaine ～

[基本例] **Je vais au ski dans deux semaines.**
再来週スキーに行きます。

* dans quinze jours（→直訳は 15 日後ですが、相撲の場所のような感覚で 2 週間の意味）も同義になります。

[基本例] **La semaine dernière, on est allé à la plage.**
先週、海岸に行ってきました。

この単語は le week-end「週末」の対義語として、ときに「ウイークデー、平日」の意味になることがあります。

🛈 **Je bois pas en semaine.**
私はウイークデーは飲みません。

→ en semaine で「ウイークデーに、平日に」の意味。pendant la semaine とも言います。

---

sembler [動] ～のように思われる、～らしい

多くは基本例のように、非人称構文で使われます。

[基本例] **Il me semble qu'il fera beau ce week-end.**
この週末は晴れそうな気がします。

* Il semble à qn que + ind.［直説法］で「人には～であるように思われる」の意味。不定詞も置かれます。

[別例] **Il me semble l'avoir déjà vue.**
彼女には以前会ったような気がします。

[基本例] **Il me semble que j'ai un petit rhume.**
鼻風邪をひいたらしい。

* un léger rhume とも言います。なお、avoir un rhume de cerveau で「鼻風邪をひく」と辞書に載っていますが、今はほとんど使われません。

もちろん、右のように人称用法でも使います。

~ sens

 Elle m'a semblé un peu fatiguée.
彼女は少々疲れているように見えた。

sens 男　感覚、意味、方向

主に「感覚」「意味」それと「方向」の意味で使われ、英語なら sense, meaning, direction に相当する単語です。

基本例　**Ce qu'il dit a pas de sens.**
彼の言っていることに意味はない。

＊主語を ça に置き換えた、こんな定番の言い回しもあります。

別例　**Ça a pas de sens.**
そんなのはナンセンスだ。

基本例　**Quel est le sens de ce mot ?**
どういう意味ですか？

＊文字通り訳せば「その言葉の意味は何ですか」となりますが、Qu'est-ce que ça veut dire ? や Ça veut dire quoi ? に類した言い回しとして使われます。

基本例　**« Sens interdit »**
（道路標識）「車両進入禁止」

＊ « Sens unique » なら「一方通行」の意味。

「〜に対するセンス（感覚）がある」avoir le sens de qch も頻度の高い言い回し。

 Mon chef de bureau a pas le sens de l'humour.
課長はユーモアのセンスがない。

→他に、le sens des affaires「ビジネスセンス」、le sens du rythme「リズム感」、le sens des responsabilités「責任感」など。

sentir 動 感じる、におう

日常的には以下のように英語の smell に類した用例の頻度が高く、あわせて Je sens que + ind.「私は〜だと思う（感じる）」の言い回しが使われます。

基本例 **Ça sent bon !**
いいにおい。

* 逆に「変なにおい」なら Ça sent bizarre ! などと言います。また、こんな例も。

別例 **Le durian est un fruit qui sent très mauvais.**
ドリアンはひどい悪臭のするフルーツです。

基本例 **Je sens qu'elle est un peu ivre.**
彼女は少し酔っているように思います。

*「感じる、気がする」という含意の「思う」という意味合い。

代名動詞「自分が〜と感じる」の言い回しもよく使われます。

 Je me sens pas bien.
気分がよくありません。

→ se sentir mal とも言います。反意なら以下のような言い回し。また「居心地が悪い」mal à l'aise を添えてこんな風な言い方もします。

別例 **Je me sens en pleine forme.**
元気いっぱいです。

別例 **Je me sens mal à l'aise.**
どうも居心地が悪くて。

septembre 男 9月

"sept［7番目の月］" です。本来、紀元前のローマ暦（ロムルス暦）では7月の意味でした。当時（日本の縄文時代）は3月から暦が始まっていたせいで、農作物が育たない1月、2月をカウントし

ていなかったからと考えられています。

基本例　**La rentrée scolaire française est en septembre.**
　　フランスの新学期は9月です。

＊ la rentrée scolaire は「(夏休み後の) 新学期、新学年」のこと。

---

l'équinoxe d'automne「秋分」は l'équinoxe de septembre とも呼ばれます。

 L'automne commence à l'équinoxe de septembre.
　　秋は9月の昼夜平分時 (秋分) に始まる。

→「春分」は l'équinoxe de printemps と言います。

---

service 　男　サーヴィス (料)、手助け、勤務

英語の service と同じ spelling でほぼ同義です。

基本例　**Ce restaurant a un très bon service.**
　　このレストランはとても素晴らしいサーヴィスをする。

＊主語を le service にして Le service est très bon [irréprochable] dans ce restaurant. と言い換えられます。また、On est bien servi dans ce restaurant. とも言えます。

基本例　**J'ai un petit service à vous demander.**
　　ちょっとお願いがあります。

＊ Est-ce que je peux vous demander un petit service ? も同義。類義の Je voudrais vous demander une chose.「ひとつお願いがあるのですが」は言えても、例文のように un service を「手助け」の語義で使う言い回しは意外に盲点です。

基本例　**Elle a dix ans de service.**
　　彼女は勤続10年です。

たとえばホテルに行けば、次のようなサーヴィスを求めますね。

Le service de chambre, s'il vous plaît.
ルームサーヴィスをお願いします。

→ le service d'étages とも言います。かつて、チップが必要だった時代には、Le service est compris ?「サーヴィス料は込みですか？」は大事でしたが……。なお、「これはサーヴィス（＝無料）です」の意味なら以下のように言います。

別例 **C'est gratuit.**
サーヴィスです。

servir 動 （食事や飲み物を）出す、役に立つ

そもそもの「人に仕える」の意味から派生して、「サーヴィスする」「役に立つ」などの語義に枝分かれした動詞です。

基本例 **Est-ce que je peux vous servir du vin ?**
ワインをいただけますか？

基本例 **Ça ne sert à rien.**
そんなことしても無駄です。

＊具体的に「何が役に立たないか、無駄か」を説明するには de + inf. をプラスします。

別例 **Ça ne sert à rien de pleurer, il faut persévérer.**
泣いてもダメです、辛抱強く続けないと。

代名動詞 se servir「（料理・飲み物を）自分で取る」の意味では、次の一言が頻度の高い言い回しでしょう。

 Servez-vous, je vous en prie.
どうぞ、お取りください（召し上がってください）。

seul(e) 形 唯一の、単独の

英語の only, sole, single に相当する単語です。

|基本例| **Elle vit (toute) seule dans son appartement.**
彼女はマンションで一人暮らしです。

＊vivre seul(e) で「一人暮らしをする」の意味。tout seul, toute seule「一人で」を用いて、vivre tout seul[toute seule] なら「一人で（一人きりで）暮らす」の意味になります。

|基本例| **Je me sens seul(e).**
寂しいです。

＊「私は一人だと感じる」が直訳なので「ひとりぼっちです」という訳も可能です。

> 次の言い方もよく使われます。
>
> **Ça va tout seul.**
> 簡単に片づくよ（それはいとも簡単だ）。
>
> →事柄が主語なら tout seul で「自然に、ひとりでに」の意味です。

seulement 副 ただ〜だけ

多くのケースで限定の (ne) ... que「しか〜ない」を用いて書き換えられます。

|基本例| **Ce magasin vend seulement des T-shirts.**
この店はTシャツだけを売っています。

＊Ce magasin vend que des T-shirts. と言い換え可能です。

|基本例| **Tu dois rendre ton dossier demain et tu commences seulement maintenant ?**
明日書類を返さなくてはいけないのに、今になってやっと始めるわけ？

＊時間の表現とともに用いて「まだ〜、やっと〜」の意味になります。

|別例| **Il est seulement six heures du matin.**
まだ朝の6時です。

人との関わり具合（程度）はさまざまです。また、英語の not only A, but B に相当する相関句もきちんと押さえておきたい言い回しです。

 Pas personnellement, je la connais seulement de vue.
個人的に付き合いはないですが、彼女の顔だけは知っています。

→ ne ... que を使って書けば、Pas personnellement, je la connais que de vue. となります。こんな別例も。

[別例] **Il est directeur, mais seulement de nom.**
彼は部長ですが、名ばかりです。

 Non seulement il est en retard, mais en plus il ne fait que bavarder avec ses collègues.
彼は遅れてくるだけでなく、同僚とおしゃべりばかりしている。

→ non seulement A, mais B で「A だけでなく B もまた」という言い回し。

simple [形] 簡単な、単一の

英語の simple とほぼ類義。「一重の」という意味から語義が枝分かれしました。

[基本例] **La langue française n'est pas simple à apprendre.**
フランス語を学ぶのは簡単ではない。

＊この simple は facile と同義。C'est pas facile d'apprendre la langue française. と書き換えられます。

[基本例] **Vous désirez une chambre simple ou une chambre double ?**
（ホテルで）シングルになさいますか、それともダブルですか？

＊シングルは une chambre à un lit とか une chambre individuelle とも言います。

こんな口語表現があります。

 C'est simple comme bonjour.
それは朝飯前だ。

→「Bonjour（こんにちは）のように簡単である」というわけです。C'est tout [bien] simple.「実に簡単だ」も類義。

 Pauline est simple d'esprit.
ポリーヌは頭が弱い。

→この simple は "「単純な」＝「おめでたい」" という感覚で使われている例です。

sœur 女 姉、妹

英語の sister に相当する単語です。

基本例　**J'ai deux sœurs.**
私には姉が二人います。

＊フランス語は通常「姉」「妹」を区別しませんから、例文は「妹がふたり」とも「女のきょうだいがふたり」とも訳せます。もし分ける必要がある場合には「妹」sœur cadette、「姉」sœur aînée とするか、あるいはこんな風に言います。

別例　**Ma petite sœur fait du piano, et ma grande sœur fait du violon.**
妹はピアノを姉はヴァイオリンをやっています。

基本例　**Tu as combien de frères et sœurs ?**
兄弟姉妹は何人います？

以下のような sœur にご注意ください。

 Olivia a fini par trouver l'âme sœur.
オリヴィアはやっとうまの合う友人を見つけた。

→ l'âme sœur は「心の通い合う異性の友人」の意味。文

脈次第ですが、直訳的に「心の友」「魂の伴侶」などとも訳せます。

 Ma belle-sœur est originaire du Canada.
　　義理の姉（妹）はカナダの出身です。
→この beau-(belle-) は「義理の」の意味です。

soif 女 喉（のど）の渇き

英語の be thirsty をフランス語では avoir soif と表現します。
[基本例] **J'ai soif.**
　　喉が渇いた。
＊これを強調する場合に、très soif だけでなく、こんな言い回しも使われます。
[別例] **Je meurs de soif.**
　　喉が渇いて死にそうだ。

avoir soif de qch/ + inf. の形で「(〜することを) 渇望している」の意味になります。

 Mon fils a une grande soif de connaissance.
　　息子は知識欲が旺盛です。
→ la soif de connaissance(s) で「知識欲」の意味。

soir 男 夕方、夜

matin, après-midi に対する語で、après-midi から nuit までの時間帯を指します。ce soir「今夜」、hier soir「昨晩」、lundi soir「月曜の晩」、tous les soirs「毎晩」など、頻度の高い言い回しが目白押し。
[基本例] **Il fait frais ce soir.**
　　今晩は涼しい。

基本例　**Il est huit heures du soir.**
　　　　午後8時です。

＊24時間表記なら、Il est vingt heures.（20時です）と言います。例文のように12時間表記で「午前」と言いたいなら du matin を添え、「午後」は、周囲が明るい4〜5時（あるいは6時）頃まで de l'après-midi をプラス、周囲が暗くなってからは du soir を添えて用います。

朝と夜に関わるこんな表現もしっかり覚えたい。

 Le savant travaille du matin au soir.
　　　　その学者は朝から晩まで働いている。

→ du matin au soir「朝から晩まで」の意味。

 Tu te douches matin et soir ?
　　　　朝と晩にシャワーを浴びるの？

soirée　女　夜

soirée は「継続する時間（夜の間）」を意味する単語。名詞 soir が多く副詞的に使われるのに対して名詞として用いられます。

基本例　**Bonne soirée !**
　　　　さようなら（おやすみなさい）！

＊夕方別れる際に用います。直訳は「楽しい夜を」という意味。なお、soirée の対義語 journée「午前中」を使うと以下の言い回しになります。

別例　**Bonne journée !**
　　　　よい一日を！

基本例　**Toute la soirée, ils ont joué au mah-jong.**
　　　　一晩中、彼らは麻雀をした。

soirée 〜

> 「楽しい、素晴らしい」といった評価を添えた「夜、夕べ」の意味や、「夜のパーティー」の意味でも使われます。
>
> 🔊 **J'ai passé une soirée agréable.**
> 楽しい夜を過ごしました。
>
> ℹ️ **Elle est allée en soirée.**
> 彼女はパーティーに出かけた。

soleil 男 太陽、日光

「サングラス」les lunettes de soleil は日常語、「日なたに」au soleil（例：「日なたぼっこする」se réchauffer au soleil）は「日陰に」à l'ombre の反意になる表現。地理上の当たり前と天候がらみのこんな言い回しが基本です。

基本例 **Le soleil se lève à l'Est et se couche à l'Ouest.**
太陽は東から昇って西に沈む。

＊太陽は「起きて」「寝る」のがフランス語。

基本例 **Il y a du soleil aujourd'hui.**
今日は日が照っている。

＊「天気がいい」とも訳せます。Il fait soleil aujourd'hui. も類義。

> 必然的に「日（ひ）の本（もと）」つまり「日本」は soleil とからみあいます。また「日光浴する」prendre un bain de soleil と「かんかん照り」は中級レベルならはずせない言い回しです。
>
> ℹ️ **Le Japon est l'empire du soleil levant.**
> 日本は日出ずる国（処）です。
>
> → le pays du Soleil levant といった言い方もします。大文字の Soleil は主に天文学の用語として使われるケースです。

J'aime pas rester en plein soleil.
　　私はかんかん照りの中にいるのは好きじゃない。
→ en plein soleil「かんかん照りの中」の意味。

sommeil 男　眠気、眠り

avoir sommeil「眠い」という言い回しがダントツの頻度です。

基本例　**J'ai sommeil depuis ce matin.**
　　　　今朝からずっと眠い。

＊強調して「眠くてたまらない」なら mourir de sommeil「眠気がもとで死ぬ」という言い方が使えます。

別例　**Je meurs de sommeil !**
　　　眠くてたまりません！

以下のような「眠りが深い［浅い］」も大事な表現です。

 Mon père a le sommeil lourd.
　　父は眠りが深い。
→ avoir un sommeil profond[léger]「眠りが深い［浅い］」という言い方もします。

sortir 動　外出する

英語の go out, come out に相当する単語で「中から外に出る」というのが基本語義。

基本例　**Ma belle-fille sort presque tous les soirs.**
　　　　息子の嫁はほぼ毎晩外出する。

基本例　**Mon mari est sorti acheter des cigarettes.**
　　　　夫はタバコを買いに出た。

＊ sortir + inf. で「買い物」や「食事」などのために「〜しに出かける」という意味。ただし、室内でも可能な行為なのにあえ

て外でという目的を明示するなら pour + inf. を添えます。

|別例| **Ma femme est sortie pour fumer.**
妻はタバコを吸いに外に出た。

「デートする」「付きあう」の意味でも使われます。

 Paul sort avec Monique.
ポールはモニックと付きあっている。

→ sortir avec qn で「〜とデートする、付きあう」の意味。主語が複数なら sortir ensemble を用います。

|別例| **Ils sortent ensemble depuis six mois.**
ふたりは半年前から付きあっている。

---

souvent |副| しばしば、よく

頻度を表す副詞。英語の often とほぼ同義。

|基本例| **Je vais souvent à la gym.**
よくジムに通います。

＊頻度を表す副詞はいくつもありますが、ざっと言えば、toujours は「いつも」＞ souvent「しばしば」＞ de temps en temps「ときどき」＞ (ne) jamais「けっして〜ない」といった順。類義語には「頻繁に」を意味する fréquemment があります。なお、否定で使うとこんな訳になります。

|別例| **Elle mange pas souvent de viande.**
彼女はめったに肉は食べません。

---

le plus ... possible「できるだけ〜」と重ねたこんな使い方もあります。

 Je vais voir ma famille le plus souvent possible.
私はできるだけ頻繁に家族と会おうとしています。

spécial(e) 形 特別な、特異な

général(e) や ordinaire「普通の、平凡な」の反意語として「特別な」という意味でこの単語は使われます。なかでも、次の言い回しは日常会話（挨拶）で頻出です。

基本例
— **Quoi de neuf ?**
— **Rien de spécial.**
— 何か変わったことは？
— とくに何も。

＊ Pas grand-chose. も同義。

> 「特別な」の意味だけでなく、bizarre や original(e)「妙な、変わっている」の類語としてこんな風にも使われます。"スペシャル→プラス志向" と等式化している人には盲点になりやすい語義です。
>
> **Ce médecin est un peu spécial, personne ne l'apprécie.**
> あの医者はちょっと変わっていて、誰も彼を評価していない。

sport 男 スポーツ

sport は古代フランス語 desporter「気晴らしをする」に由来する語です。

基本例 **Le sport est bon pour la santé.**
スポーツは健康にいい。

基本例 **Vous pratiquez un sport ?**
スポーツをなさってますか？

＊ faire du sport も「スポーツをする」の意味。

基本例 **J'aime beaucoup les sports d'hiver.**
ウインタースポーツが大好きです。

＊ なお、de sport は「スポーツ用の」の意味（例：chaussures de sport「スポーツシューズ」、voiture de sport「スポーツ

sportが「面倒なこと」という意味で使われるのは盲点。

 C'est du sport.
それは面倒だ。

→「厄介な事態」を抱え込んだときに。英語の This is hard work. の意味合いになります。

station 女 (地下鉄の) 駅

「(地下鉄の) 駅」の意味。「(鉄道の) 駅」なら la gare、「(路線バスの) バス停」は男性名詞で l'arrêt です。

基本例 **Je descends à la prochaine station.**
次の駅で降ります。

＊この例では station を省くこともできます。

「タクシー乗り場」にも station が使われます。

 Où est la station de taxis la plus proche ?
一番近いタクシー乗り場はどこですか？

→他に「放送局」la station (d'émission)、「テレビ局」la station de télévision、「宇宙ステーション」la station spatiale（「衛星中継ステーション」の意味でも使われます）それに「温泉（場）」une station thermale など。

studio 男 ワンルームマンション

写真撮影の「スタジオ」や芸術家の「アトリエ」の意味でも使われますが、日常会話では居間と水回りなどからなるワンルームマンションの意味で使われます。

基本例 **Il a loué un studio à Paris.**
彼はパリのワンルームマンションを借りた。

＊新聞の３行広告なら、たとえば以下のように記載されます。

別例　**A louer, studio de quarante mètres carrés, tout confort.**
貸します、ワンルーム、40平米、施設完備（水道・電気・バス・トイレ・暖房などあり）。

以下の例は studio photographique「写真スタジオ」の意味です。

 Ils sont partis au studio pour prendre une photo de famille.
家族の写真を撮るためにスタジオに出かけた。

---

sud 男 南

東西南北、基本ですね。他の方角も確認してください。

基本例　**Le Sud est à l'opposé du Nord.**
南は北の反対です。

基本例　**Je vais dans le sud de la France pour mes vacances.**
ヴァカンスでフランスの南部に行きます。

＊ le Midi (de la France) なら「南フランス」の意味になります。

部屋の方角も大事です。

 Cette pièce est en plein sud.
この部屋は真南を向いています。

→「南向きの部屋」と表現するなら une pièce exposée[orientée] au sud などと言います。

---

sûr(e) 形　確かな、信頼している、安全な

心配や疑いの余地がない「確かな」という意味が基本語義です。一番耳にするのは、まずこの一言ですね。

sûr(e) ~

[基本例] **Oui, bien sûr.**
はい、もちろん。

* sûr を bien で強調した形です。なお、下記のような言い回しでも使われます。

[別例] **Bien sûr que non.**
もちろんそうではありません。

[別例] **Bien sûr qu'elle reviendra.**
もちろん彼女は戻ってきます。

[基本例] **Vous en êtes sûr(e) ?**
それは確かですか？

[基本例] **C'est un quartier sûr la nuit.**
ここは夜安全な地域です。

être sûr(e) de qn/qch は「〜を信頼している」の意味ですが、こんな使い方もあります。

 Fabien est sûr de sa mémoire.
ファビアンは記憶力に自信がある。

---

sûrement [副] 確かに、確実に

この副詞は下記のような応答が基本の例文です。

[基本例]
― **Tu peux venir ce soir ?**
― **Sûrement.**

―今晩来られる？
―もちろん。

* Sûrement pas. なら「まず無理です」という否定の意味になります。

[基本例] **Elle va sûrement gagner ce match.**
彼女はきっとこの試合に勝つだろう。

* certainement も類語ですが、sûrement より確実性が高いときに用います。

拙速を戒(いまし)める、こんなことわざがあります。

 Qui va lentement va sûrement.
ゆっくり行くものは確実に進む。

→ lentement の代わりに doucement も使われます。またこうも言います。

別例 **Qui va doucement va loin.**
ゆっくり行くものは遠くまで行く。

sympa 形 感じがいい、気持ちがいい

sympathique の省略形で、会話でよく使われる単語です。

基本例 **Mon nouveau collègue est très sympa.**
私の新しい同僚はとてもいい人です。

基本例 **C'est sympa, ce café**
感じがいいね、このカフェ。

＊人だけでなく場所や地域に対してもこの形容詞を用います。

こんな「喜びの一言」としても使われます。

 Tu m'invites ? C'est sympa !
おごってくれるの？ 嬉しいな！

T

taille 女 身長、(服の) サイズ

教科書や通常の参考書では基本語扱いとはされませんが、日常生活でよく使う必須単語です。

| 基本例 | **Vous faites quelle taille ?**
　　　身長はどのぐらいですか？

＊Vous mesurez combien ? も同義。例文は「服のサイズ」を尋ねる際にも使われます。Quelle est votre taille ? と聞かれることもあります。なお、靴の「サイズ」なら la pointure という単語を用います。ちなみに「ウエストサイズ」はこんな風に聞きます。

| 別例 | **Quel est votre tour de taille ?**
　　　あなたのウエストサイズは？

| 基本例 | **Ce pantalon est juste à ma taille.**
　　　このズボン（のサイズ）は私にぴったりです。

| 基本例 | **Je connais pas ma taille française.**
　　　フランスのサイズがわからないのですが。

---

taille が「力量」の意味で使われることがあります。

 Giscard est pas de taille.

ジスカールは力不足だ（その任ではない）。

→ être [se sentir] de taille à + inf. で「～する力量がある[と感じる]」の意味。例文は à + inf. を省いた形です。

---

tard 副 遅く

英語 late とほぼ類義、反意語は tôt です。se lever [se coucher] tard「遅く起きる［寝る］」、arriver tard「遅く着く」などが基本の言い回し。

| 基本例 | **Ces jours-ci, mon mari rentre tard dans la nuit.**
　　　近頃、夫は夜遅く帰宅する。

| 基本例 | **Je vais manger. A plus tard !**
　　　食事に行ってきます。また、後で！

＊その日のうちに「再会」することを約束して別れ際に使います。A tout à l'heure !「また会おうね」に類した言い方です。

基本例　**C'est trop tard !**
　　　遅すぎる！

＊ C'est trop tard maintenant. なら「今さらもう遅い」という感覚。

au plus tard で「遅くとも」の意味。それと、こんな定番のことわざ。

 Je dois présenter ma candidature au plus tard le 20 juillet.
遅くとも7月20日には願書を提出しなくてはなりません。

→ avant le 20 juillet も類義です。

 Mieux vaut tard que jamais.
遅れてもしないよりはまし。

taxi 男　タクシー

"en + [乗り物]"の形で「〜で（に乗って）」の意味になります。よって、aller en taxi で「タクシーで行く」、appeler un taxi なら「タクシーを呼ぶ」の意味です。

基本例　**Je suis allé à l'aéroport en taxi.**
　　　タクシーで空港へ行った。

基本例　**Vous pouvez m'appeler un taxi, s'il vous plaît ?**
　　　タクシーを呼んでいただけますか？

「電車［バス］に乗る（利用する）」prendre le train[bus] は定冠詞、prendre un taxi「タクシーに乗る（利用する）」は不定冠詞を使います。電車やバスは乗る路線が決まっていますが、タクシーはどの車に乗車しても問題ないですから。

 C'est pas facile de prendre un taxi en pleine nuit.
深夜にタクシーをつかまえるのは容易ではない。

téléphoner 動 電話する

「電話」le téléphone から派生した動詞ですから、意味はすぐわかりますね。

基本例 **Téléphonez-moi après neuf heures du soir, s'il vous plaît.**
夜の9時過ぎに電話してください。

＊ appeler にも「〜に電話をかける」の意味があります。例文は Appelez-moi après neuf heures du soir, s'il vous plaît. とも言えます。

基本例 **Julien téléphone à ses parents tous les week-ends.**
ジュリアンは毎週末両親に電話している。

こんなケースはよくありますよね。

 Il suffit de lui téléphoner.
彼（彼女）に電話をすれば済むことだ。
→ il suffit de + inf.「〜すれば十分」の言い方を使った例。

temps 男 時間、天候

見出語は英語の time と weather の意味を兼ね備えた単語ですが、「時刻」の意味では heure を使いますのでご注意を（例：Vous avez l'heure ?「何時だかわかりますか？」）。

基本例 **Désolé(e), j'ai pas le temps.**
ごめんなさい、時間がありません。

＊ avoir le temps で「時間がある→急いでいない」という含意。部分冠詞を用いた avoir du temps も類義ですが、こちらは「時間がある→暇です」という意味合い。なお、「時機、タイミング」を意味するこんな例も覚えておきたい。

別例 **Il y a un temps pour tout.**
すべてのことに時機がある。

~ terminer

[基本例] **Le temps, c'est de l'argent.**
　　時は金なり。

＊「時給」être payé à l'heure（le salaire horaire）という着眼は、まさにこの例文を反映していますね。なお、ことわざではないですがこの一言も実に使用頻度は高い。

[別例] **Le temps passe vite !**
　　時がたつのは速い！

[基本例] **Quel temps fait-il à Paris ?**
　　パリはどんな天気ですか？

＊教科書的な例文ですが、実際には未来形を用いたこんな言い回しもよく使われます。

[別例] **Il fera quel temps demain ?**
　　明日はどんな天気？

働き方に関わるこんな言い回しも大事です。また、次のような質問が投げかけられる場面は少なくないはずです。

❶ Elle travaille à plein-temps.
　　彼女はフルタイムで働いています。

→ à plein-temps は「フルタイムで、常勤で」の意味。à temps partiel なら「パートタイムで」の意味になります。

❓ Ça fait combien de temps que vous étudiez le français ?
　　フランス語を勉強してどのくらいになりますか？

→「〜してから…が経過します」" Ça fait + [時間] + que + ind. [直説法]" の構文で、時間の箇所に combien de temps「どのぐらいの時間」を入れて疑問文にした例。

---

terminer [動] 終える、完了する

たとえば、terminer ses études「学業を終える」など目的語を添えても用いますが、レストランや職場・学校などで耳にする定番

はこれです。

> 基本例　**Vous avez terminé ?**
> お済みになりましたか？

＊店の人が「（お皿などを）下げてもよろしいですか？」と確認する一言です。

> 基本例　**Tu termines tard, ce soir ?**
> 今晩、終わるのは遅いですか？

下記の例のように de + inf. を添えることもあります。また、代名動詞 se terminer は物事を主語にして「（〜で）終わる」という意味で使います。

> **J'ai terminé de lire le roman que tu m'avais conseillé.**
> 君が推薦してくれた小説を読み終えました。

> **Les vacances se terminent dans deux jours.**
> ヴァカンスがあと1日で終わる。

→ dans deux jours は demain と同義。

---

terrible 形　恐ろしい

un terrible accident「ひどい事故」、une chaleur terrible「猛烈な暑さ」など、「（事柄が）恐ろしい、猛烈な」の意味で使われる形容詞。

> 基本例　**Cet enfant est terrible.**
> あの子は手に負えない。

ただし、会話では事柄の程度や強さの度合いを表す形容詞として「すごく素敵」という意味で用いられるので注意したい。

> **C'est pas terrible comme film.**
> これは映画として大したことはない。

→ Pas terrible ! だけで、会話では「(素晴らしくはない) さえない!」という意味で使われます。肯定文で使われる以下のような例は Super! の意味合いです。

[別例] **Le concert était terrible !**
コンサートは素晴らしかった!

tête [女] 頭、顔

教科書レベルでは avoir mal à la tête「頭が痛い」で最初にこの単語と出会うはずです。それとこんな言い方……。

[基本例] **J'ai trop bu, j'ai mal à la tête.**
飲みすぎて、頭が痛い。

＊これを複数形にした下記の言い回しなら上級レベルです。

[別例] **Tu as des maux de tête ?**
頭痛持ちですか?

[基本例] **Il a rapidement compté dans sa tête.**
彼は頭の中で素早く計算した。

[基本例] **Ça va pas la tête !**
頭おかしいんじゃない!

＊「どうかしてんじゃない!」とも訳せます。

応用表現は実にいろいろありますが、2つだけ例をあげておきます。

Q **Pourquoi tu fais la tête ?**
どうしてむくれてるの?

→ faire la tête で「ふくれっ面をする、むくれる」の意味。

♡ **Sa tête me revient pas.**
彼(彼女)のことは全然好きじゃない。

→ revenir à qn で「(記憶に) 戻る」の意味で、直訳は「彼(彼女)の顔が記憶にない(思い出せない)」ですが、文意

tête ~

> は Je l'aime pas du tout. ということです。

timide 形 内気な

自信のなさから生まれる「臆病さ、引っ込み思案」を形容する単語。フランス人の先生に日本人学生の特色を尋ねるとこの形容詞をあげる人が大勢います。

基本例 **Ma fille est très timide.**
　　うちの娘はとても内気です。

＊もし、Je suis timide. と自分に使うならば、「内気だ」というよりも「気おくれしてしまって」という含意になります。なお、avec qn を添えて、こんな言い方も可能です。

別例 **Mon ami est timide avec les femmes.**
　　友人は女性に対して引っ込み思案です（硬くなります）。

> timide は名詞としても使います。
>
> **Ne fais pas ton timide !**
>
> 　　恥ずかしがらないで！
>
> →名詞の timide は「恥ずかしがる人、シャイな人」という意味。使う相手と状況次第ですが「（わざと）恥ずかしそうにしないの」「かまととぶらないで」とも訳せそうです。

toilettes 女複 トイレ

見出語が複数形になっている点に注意。ともあれ、次の一言は日常生活で必須。

基本例 **Où sont les toilettes, s'il vous plaît ?**
　　トイレはどこでしょうか？

＊ aller aux toilettes で「トイレに行く」、avoir envie d'aller aux toilettes で「トイレに行きたい」の意味。

単数形の toilette は「身づくろい」の意味。また de toilette なら「化粧用の、入浴用の」の意味で、serviette de toilette は「洗面用タオル」、cabinet de toilette なら「（大半はシャワー室を備えた）化粧室」のことです。なお、faire sa toilette「身づくろい」をするのは人間だけではありません。

さすがに今はないでしょうが、eau de Cologne「オーデコロン」よりも濃度が濃い eau de toilette「オードトワレ」を「トイレの水？」（toilette が単数！）と解釈して、手洗いに置いてあった……そんな話があるようです。

Le chat fait souvent sa toilette.
猫はよく身づくろいをしています。

→人間だけでなく、猫が自分の体をなめている様子も faire sa toilette と表します。

tomber 動 倒れる、転ぶ、落ちる

基本は「（物が）倒れる、（人が）転ぶ、落ちる」の意味です。

基本例 **Ma grand-mère est tombée au parc.**
祖母が公園で転んだ。

＊この例は文字通りの言い回しですが、比喩表現「彼女がリンゴの中に転んだ（倒れた）」Elle est tombée dans les pommes. は「彼女は気絶した」（= Elle s'est évanouie./ Elle a perdu connaissance.）という意味になります。また tomber sur qn で「～にばったり会う」の意味になります。あわせて「グッドタイミング！」と言いたいならこの一言。

別例 **Je suis tombé(e) sur elle par hasard.**
偶然彼女に会いました。

別例 **Ça tombe bien !**
タイミングがいい！

「～を落とす」と他動詞として使うなら faire tomber、あわせて laisser tomber は頻度の高い言い回し。そしてもう一つ。

Excusez-moi, j'ai fait tomber ma cuillère...
すみません、スプーンを落としてしまって……。

Laisse tomber, c'est pas important.
ほっておきな、大したことじゃないから。

→ laisser tomber は「～を見捨てる、あきらめる」（= abandonner）という意味。こんな使い方もあります。

別例 **Elle a laissé tomber son copain.**
彼女はボーイフレンドを見捨てた。

Noël tombe un samedi cette année.
今年のクリスマスは土曜日に当たる。

→ " tomber + [日付・曜日]" で「（行事やイベントが）に当たる」の意味。

tort 男 誤り、間違い

avoir tort「間違っている」（反意：avoir raison）は頻度の高い熟語。

基本例 **J'ai eu tort.**
自分が間違っていました（悪かった）。

＊ Je le connais.「それは認めます」といった言葉があとに続きます。

以下も基本例の延長です。

Dans le fond il a pas tort.
結局、彼は間違ってはいない。

→ dans le fond=au fond「実は、よく考えてみれば」という熟語。

tôt 副 （通常より時間的に）早く

「早起きする」se lever tôt は頻度が高い言い回し。また「早すぎますか？」と問いかける一言も基本でしょう。

基本例 **Je me lève tôt le matin pour aller faire mon jogging.**
朝早く起きて、ジョギングをしています。

＊こんな否定文も使う場面が多いはずです。

別例 **J'aime pas me lever tôt.**
早起きは苦手です。

基本例 **C'est trop tôt ?**
早すぎますか？

＊逆は C'est trop tard ?「遅すぎる？」と尋ねます。

上記の反対語2つを組み合わせて、tôt ou tard で「遅かれ早かれ」の意味。

 Tôt ou tard il va falloir que tu t'y mettes.
遅かれ早かれ、あなたは本腰を入れて仕事に取り掛からなくてはならなくなりますよ。

→ s'y mettre は「（本腰を入れて）仕事に取り掛かる」という熟語です。

toucher 動 触れる

英語の touch に相当する単語です。こんな言い回しでよく使われます。

基本例 **Ne me touche pas !**
私に触らないで！

toucher ～

> [基本例] **Cet enfant touche à tout.**
> その子は何でも触りたがる。

＊具体的に物に「触れる」という意味でも、趣味などで「あちこちに手を出す」という意味合いでも使われます。

物（事柄）を主語にして「〜が人の心を打つ」という意味で使います。また、こんな「おまじない（迷信）」もあります。

> ♡ **Son cadeau m'a beaucoup touché(e).**
> 彼（彼女）のプレゼントにとても感激しました。

> 諺 **Je touche du bois !**
> 木に触れよ！
> →いいことが続いたときに、不幸なことや困ったことに運が転じないよう、toucher du bois「木に触る」＝「（身近にある）木製の物（→精霊が宿る？）に触れる」というフランス人のおまじない。

---

toujours [副] いつも、相変わらず

頻度を表す副詞。「いつも」の語義とともに「相変わらず」の意味があり、後者は意外に盲点です。

> [基本例] **Elle est toujours à l'heure.**
> 彼女はいつも時間に正確です。

> [基本例] **Cette actrice est toujours aussi belle.**
> この女優は相変わらず美しい。

＊この toujours は「依然として」「今でも」とも訳せます。

文法がらみですが、否定文のときに混乱しかねないケースがあります。要注意です。

> ⓘ **Adam a toujours pas fait ses devoirs.**
> アダムは相変わらず宿題をやっていなかった。

→ (ne) ... toujours pas「相変わらず（いまだ）〜ない」の意味。ただし、副詞の位置を変え (ne) ... pas toujours とすると「いつも（かならずしも）〜とは限らない」の意味になります。

別例 **Inès fait pas toujours ses devoirs.**
イネスはいつも宿題をやってこないわけではない。

tourner 動 曲がる、回る

教科書レベルでは「（人や道が）曲がる」、あるいは天体の運行の意味合いが基本です。

基本例 **Allez tout droit puis tournez à gauche au premier feu.**
まっすぐ行って、最初の信号を左折してください。

＊この例は Prenez à gauche au premier feu.、さらに簡便に、Premier feu à gauche. と言い換えられます。

基本例 **La Terre tourne sur elle-même.**
地球は自転している。

＊あるいはこんな例文が教科書などの定番です。

別例 **La Terre tourne autour du Soleil.**
地球は太陽のまわりを回っている。

「フィルムが回る」→「撮影する」という意味にもなります。また、天候にも用いられます。

🛈 **Ce film a été tourné en Afrique.**
この映画はアフリカで撮影された。

→この文は受動態をやめて On a tourné ce film en Afrique. と書き換えられ、さらに、名詞 tournage「撮影」を主語にして Le tournage de ce film a eu lieu en Afrique. などとも言い換えられます。

🛈 **Le temps a tourné à la neige.**
雪が降りそうな天気になってきた。

→「(天候が) 〜になる、変わる」の意味です。

tout à l'heure　もうすぐ、さっき

発話時点（今）にごく近い時点を指します。そして、次の一言は別れ際の大切な言い回し。

基本例　**A tout à l'heure !**
　　　また、後で！

＊その日のうちに再度会う予定の人に使います。

基本例　**Je ferai le ménage tout à l'heure.**
　　　すぐに掃除をします。

＊未来時制とともに用いられた例。「もうすぐ、間もなく」の意味。

過去時制で用いられる tout à l'heure は意外に盲点となりやすいので注意したい。

> **J'ai croisé Nathan tout à l'heure.**
> 　さっきナタンとすれ違った（出会った）。

→過去とともに使われると「今しがた、さっき」の意味になります。

tout de suite　すぐに

頼まれごとに反応する一言や「すぐ戻ります」の言い回しは必須。

基本例　**Oui, tout de suite.**
　　　はい、すぐに。

＊用事などで少しの時間、人と別れる際には、A tout de suite !「じゃ後でまた！」と言います。

基本例　**Je reviens tout de suite.**
　　　すぐ戻ります。

位置関係を表現する語と関連して使われる例は盲点になりやすい。

 La supérette est tout de suite après la banque.
コンビニは銀行のすぐ向こうにあります。

tout le monde　みんな、すべての人

この言い回しを le monde entier「全世界」と間違える人が少なからずいます。

[基本例] **Bonjour tout le monde !**
皆さんこんにちは！

＊くだけた言い方なら、Bonjour à tous !「みなさんようこそ！」を使います。

[基本例] **Tout le monde est là ?**
みんないますか？

＊私事ですが、バスツアーの通訳もどきをしていたとき、フランス人の観光客相手にこの一言と次の一言を何度も繰り返し口にしました。

[別例] **Tout le monde descend !**
皆さんお降り願います！

文法に関しては、こんな部分否定の表現に引っかからないように。また、応用可能な下記の言い方も記憶しておきたい。

 Tout le monde est pas content du voyage.
この旅行で皆が皆満足とは限らない。

→部分否定の典型例。全部否定 (ne) ... personne「誰も〜ない」ではない点に注意。

Ça peut arriver à tout le monde.
それは誰にでもあることだ。

→この言い回しはアレンジがききます。こんな風に。

別例 **Tout le monde peut se tromper.**
誰でも間違うことはあるさ（猿も木から落ちる）。

train 男 電車

遅刻の言い訳ではこの例文の頻度が一番高いのでは……。

基本例 **Le train était en retard.**
電車が遅れていました。

進行中の動作を示して、être en train de + inf.「～しつつある」は大事な言い回し。こんな成句も記憶しておきたい。

Ma tante est en train de travailler.
おばは仕事中です。

→以下のように「まさに～しかかっている」の意味にもなります。

別例 **Elle est en train de partir.**
彼女はいま出かけるところです。

Mon oncle mène un bon train de vie.
おじは豪華な暮らしをしています。

travail 男 仕事、勉強

名詞 travail「仕事、勉強」を英語の travel「旅」と勘違いする人がいます。そもそもの語源は同じなのですが、大陸にあるフランスと、周囲を海に囲まれたイギリスとで「（語源となった単語のそもそもの語義）苦労、骨折り」のとらえ方に差が出ました。

基本例 **J'ai beaucoup de travail en ce moment.**
現在、たくさん仕事を抱えています。

＊ beaucoup de につられて travaux と複数形にはしません。

~ travailler

複数形は普通「工事、作業」（例：« Attention ! Travaux »「注意！工事中」）あるいは「研究」の意味で使われる単語です。なお、この例文は「たくさん宿題（勉強）がある」とも訳せます。

基本例 **Qu'est-ce que tu fais comme travail ?**
　　仕事は何しているの？

＊ Qu'est-ce que tu fais (dans la vie)？あるいは Quelle est ta profession？とも聞きます。

基本例 **Mon frère prend le métro pour aller à son travail.**
　　兄（弟）は勤め先に行くのに地下鉄で通っています。

＊ aller à son travail [au travail] で「勤め先（職場）に行く、仕事に行く」の意味。

こんな言い回しでも travail が使われます。

🛈 **Elle a fait du bon travail.**
　　彼女はうまくやり遂げた。

→この travail は「仕事ぶり、でき栄え」という含意。C'est du bon travail. なら「これはいいできだ」の意味です。

🛈 **C'est un bourreau de travail.**
　　彼は仕事の鬼です。

→「仕事の虫」「ワーカホリック」とも訳せます。

---

travailler 動　仕事する、勉強する

英語の work とほぼ同じ意味になる動詞です。

基本例 **Aline travaille dans l'informatique.**
　　アリーヌはコンピュータ関連の会社で働いています。

＊ travailler l'informatique なら「情報工学を勉強している」の意味になります。

基本例 **Ta femme travaille ?**
　　奥さんは働いてるの？

travailler ～

* 「（職業として）働く」の意味で、avoir un travail「仕事を持つ」、avoir un emploi「働き口がある」などと同じように用いる例。

[基本例]　**Ne travaille pas trop !**
　　　　頑張りすぎないで！

* 「（仕事や勉強などを）ほどほどにしておきなさい」というアドヴァイスです。

こんな言い方もよく使われます。直訳だと？？ですね。

 J'ai besoin de travailler mon japonais.
　　　日本語を勉強する必要がある。

→例文中の所有形容詞「"私の"日本語」mon japonais の箇所がわかりにくいかもしれません。この travailler は「（学科や芸などの技術を）高める、勉強・練習する」の意味で、他に travailler ses mathématiques「数学を勉強する」、travailler son piano「ピアノを練習する」といった形で用いるものです。

---

triste　[形]　悲しい、陰気な

人が「悲しい状態にある」が基本。heureux(se) の対義語です。

[基本例]　**Tu as l'air triste, qu'est-ce que tu as ?**
　　　　悲しそうだね、どうしたの？

* avoir l'air triste で「悲しそうな様子をしている」の意味。avoir un visage triste[un regard triste] なら「悲しそうな顔[暗い眼差し]をしている」の意味になります。

[基本例]　**Ne sois pas si triste.**
　　　　そんな悲しい顔をしないで。

[基本例]　**T'aimes pas les films tristes ?**
　　　　悲しい映画は好きじゃないの？

* 「泣かせる映画」とも訳せます。

de + inf. を添えて「悲しみ」の理由・原因を表現できます。

 Je suis triste de quitter mes amis.
友人と離れ離れになって悲しい。

→ que + sub.［接続法］を添えることもあります。

別例 **Elle est triste que son chat soit mort.**
飼い猫が死んで彼女は悲しんでいる。

trop 副 あまりに、〜すぎる

動詞を修飾する例と形容詞や副詞を修飾する例があります。

基本例 **Jean travaille beaucoup trop.**
ジャンはすごく働きすぎだ。

＊ beaucoup, bien, un peu などとともに用いられます。

基本例 **J'ai trop mangé, je peux plus bouger.**
食べ過ぎて、もう動けない。

＊動詞が複合形なら trop は助動詞と過去分詞の間に置きます。

基本例 **Cette veste est trop petite.**
このジャケットは小さすぎます。

＊ très「とても」ならば着られますが、trop を用いると「小さすぎて着られない」という含意です。

" trop +［形容詞・副詞］+ pour + inf." で英語の too ... to do に相当する相関句になります。また、" trop de +［無冠詞名詞］" で「〜が多すぎる」の意味。

 Manon est trop jeune pour faire ce travail.
マノンはその仕事をするには若すぎます。

→「若すぎてその仕事はできない」とも訳せます。

 Il y a trop de monde ici.
ここは人が多すぎる。

trouver 動 見つける、思う

大別すると「見つける」と「(見たり経験したりして)思う」という2つの語義を中心に用いられる語です。

基本例　**J'ai enfin trouvé du travail.**
やっと仕事が見つかった。

基本例　**Vous trouvez ça comment ?**
これどう思いますか？

＊人に印象・評価を尋ねる定番の言い回し。Vous trouvez ? なら「そう思いますか？」の意味。なお"trouver qn/qch +［形容詞］"で「〜を…と思う」の意味になります。

別例　**Le directeur le trouve très compétent.**
部長は彼をとても有能だと思っています。

---

trouver que + ind.［直説法］の形でも印象・評価を述べられます。また、代名動詞 se trouver は「(人が)いる」「(物が)ある」(= être)の意味になります。

🔊　**Je trouve que mon nouveau professeur est un peu trop strict.**
新しい担任の先生は少しばかり厳しすぎるように思う。

❓　**Où se trouvent les toilettes ?**
トイレはどこですか？

→地理的に「位置する」の意味合いでもよく使われます。(cf. 見出語：toilettes)

別例　**Tokyo se trouve dans la région du Kanto.**
東京は関東地方にあります。

unique 形 唯一の

un enfant unique「一人っ子」、une fille unique「一人娘」などが基本的な使用例。また、こんな言い回しも必須です。

基本例　**Cette rue est à sens unique.**
　　　　この通りは一方通行です。

＊ C'est une rue à sens unique. とも言います。

> 「唯一の」だけでなく「統一的な」の意味でも使われます。
>
> **L'Europe a une monnaie unique.**
> 　　ヨーロッパは統一通貨を持っている。
>
> →あれこれ揺れていますが、欧州連合の通貨 un euro のことです。

université 女 大学

大学名に de を要するのは都市、都道府県名のつく学校で、そうでないなら de は通常用いません（例：l'Université de Kyoto「京都大学」、l'Université Meiji「明治大学」）。

基本例　**Mon fils est entré à l'université.**
　　　　息子は大学に入りました。

＊ entrer à l'université で「大学に入る」、aller à l'université は「大学に行く」（「学部」la faculté（fac と略す）を「大学」の意味で用いて、aller à la fac とも言います）、faire ses études à l'université なら「大学で学ぶ」。なお、Il est à l'université. は「（今）彼は大学です」と訳せます。

université 〜

基本例　**Mon mari est professeur à l'université.**
私の夫は大学の教授です。

大学は「登録」l'inscription が必要です。

 Je voudrais m'inscrire à l'Université de Lyon.
リヨン大学に登録したい。

→日本の大学受験とは違います。フランスではバカロレア (le baccalauréat) という高校卒業資格試験に受かれば大学に登録できます。

un peu　副　少し

peu なら「ほとんど〜ない」と否定的な意味合いにポイントが置かれますが、冠詞を添えて un peu とすると「少し〜ある」と肯定的な意味になります。"un peu de +［無冠詞名詞］" なら「少量の〜」の意味です。

基本例　**Ce quartier est un peu bruyant.**
この地区は少し騒音がうるさい。

＊この文を Ce quartier est peu bruyant. とすると「ほとんど騒音がしない」となります。

基本例　**Est-ce que je pourrai avoir un peu de sauce ?**
少し砂糖をいただけますか？

＊un peu de qch は通常、数えられない名詞を対象に用います。数えられる名詞に関しては quelques を使います。

別例　**Il y a quelques œufs dans le frigo.**
冷蔵庫には少し（いくつか）卵がある。

こんな言い換えも記憶しておきたい。

 Mon ami parle un peu russe.
友人は少しロシア語が話せます。

→ 不定形容詞 quelques「いくつかの」を用いて Mon ami parle quelques mots de russe. と言い換えられます。

utiliser 動 利用する、使う

そもそもは「(物を有効に)使う」という意味。「利用する、活用する」という語義(例：utiliser l'énergie atomique「原子力を利用する」)でも使われ、とくに「交通機関・場所」などを「使う」には utiliser が用いられます。

基本例 **Elle utilise toujours son portable.**
彼女はいつもケータイをいじっている。

＊ちなみにこの例は「使っている」→「いじっている」という意味ですが、文脈次第ではこんな訳もあり得ます。

別例 **Je peux utiliser ton portable ?**
ケータイ借りるよ？

基本例 **J'utilise l'autobus pour aller au bureau.**
通勤にはバスを使っています。

＊「通勤」に関して「乗り物」に言及するケースの定番です。

以下の例は、utiliser un instrument「道具を使う」(= employer un instrument) の延長線上にある文です。

❶ **Ma grand-mère sait pas comment utiliser un ordinateur.**
祖母はパソコンの使い方(どうやって使ったらいいのか)がわからない。

→ comment + inf. で「どうやって〜する」の意味。たとえば、Comment faire ?「どうすればいいのだろう？」、Comment dire ?「どう言ったらいいのか？」といった使い方をします。

V

vacances [女複] ヴァカンス、休暇

Bonnes vacances !「楽しいヴァカンスを！」という一言と、下記のような en vacances が頻度の高い言い回しです。

[基本例] **Où est-ce que tu pars en vacances ?**
ヴァカンスはどこに出かけますか？

[基本例] **Vous êtes ici en vacances ?**
ここにはヴァカンスでおいでですか？

* être en vacances は「ヴァカンス（休暇）中である」が直訳。

あくまで個人的な印象ですが、次に多いのは prendre を用いたこんな言い回しではないでしょうか。

J'ai pris trois semaines de vacances en été.
夏に3週間のヴァカンスを取りました。

Tu prends des vacances cet hiver ?
今年の冬はヴァカンスを取るの？

→ prendre ses vacances「ヴァカンス（休暇）を取る」とも言います。

[別例] **Je vais prendre mes vacances en mars.**
3月にヴァカンスを取るつもりです。

---

valoir [動] 価値がある

Il vaut mieux + inf.「～するほうがいい」の形で使われます。

[基本例] **Avec cette chaleur, il vaut mieux rester ici.**
この暑さでは、ここにいたほうがいい。

＊下記のように que 以下を添えて「〜するよりもむしろ」とすることもできます。

|別例| **Il vaut mieux rester ici que (de) sortir.**
外出するよりもここにいた方がいい。

次の言い回しも頻度が高い。

 Ça vaut pas la peine de voir ce film, il est nul !
その映画は見る価値がない、ゼロに等しい！

→ valoir la peine de + inf. で「〜する価値がある、値打ちがある」の意味。

---

vélo |男| 自転車

これは une bicyclette「自転車」のくだけた言い方で、チェーンを用いない旧式の vélocipède という単語から派生したものです。

|基本例| **Elle va au bureau à vélo.**
彼女は自転車で通勤しています。

「サイクリング」une promenade à vélo なら次のような用例があります。

 J'aime faire des balades à vélo au bord du lac.
湖畔をサイクリングするのが好きです。

→ une balade は「散歩、遠足」という名詞（たとえば、faire une balade dans la forêt なら「森を散歩する」の意味)。「サイクリングする」は faire du vélo とも言います。

---

vendre |動| 売る

「（商品・物品を）買う」acheter の対義語。英語の sell とほぼ同義です。

vendre ～

基本例 La veuve a vendu une grande quantité de vieux livres.
未亡人は大量の古本を売った。

基本例 Cette maison est à vendre.
この家は売りに出ている。

＊否定文の例をあげれば、こんな訳がつけられます。

別例 Ce tableau est pas à vendre.
この絵は売り物ではありません。

---

se vendre で「売られる、売れる」の意味。

 Ce livre se vend comme des petits pains.
この本は飛ぶように売れます。

→ se vendre bien なら「よく売れる」の意味ですが、bien の代わりに comme des petits pains を添えると「(まるで) プチパンのように」→「次々と飛ぶように」という意味になります。

---

vendredi 男 金曜日

「金星」Vénus から派生。他の曜日もチェックしてください。

基本例 Je travaille du lundi au vendredi.
月曜から金曜まで働いています。

基本例 Tu es libre vendredi soir ?
金曜の夜は暇ですか？

「13 日の金曜日」ですが、たまにこれを「幸運の日」とするケース (ちなみにフランス人はこの日に宝くじを買う人が多い) もあるようです。

 Pour certains, le vendredi 13 est une journée qui porte malheur.
ある人たちにとって、13 日の金曜日は不幸をもたらす日です。

venir 動 来る

aller の対義語ですが、教科書には「来る」の意味だけでなく、近接過去 venir de + inf. の用法がかならず載っています。

基本例　**Je viens du Japon.**
　　　　日本の出身です。

* D'où venez-vous ?「どちらの出身ですか？」という問いに対する答え。

 英語 come from に相当する定番の言い回し。けっして難しくない表現ですが、女性名詞の国、たとえば「フランスの出身である」のとき無冠詞になることをうっかりしやすいので注意です（例：venir de France で venir de la France としない）。

基本例　**Elle vient juste de finir son petit déjeuner.**
　　　　彼女はちょうど朝食を食べ終えたところです。

* venir de + inf. で「〜したばかり」という近い過去を表す言い回し。前置詞を介さない venir + inf. は「〜しに来る」の意味です。

別例　**Mes petits-enfants viennent me voir presque tous les jours.**
　　　　孫たちが毎日のように私に会いに来ます。

"venir de + ［場所］" はこんな意味合いでも使えます。また、知られた慣用句にも venir が登場します。

 Ce chocolat vient de Belgique.
　　　　このチョコレートはベルギー製です。

→この例は " provenir de + ［場所］"「〜産である」と同義。

 L'appétit vient en mangeant.
　　　　食欲は食べているうちにわいてくる。

→「欲にはキリがない」といった訳も可能です。

verre 男 グラス、酒

そもそもは「ガラス」の意味ですが、日常生活では des verres de contact「コンタクトレンズ」(= des lentilles de contact) や un verre「(コップ一杯分の) お酒」の意味でよく登場するように感じます。

基本例　**Ma femme porte des verres de contact.**
　　　　妻はコンタクトをしています。

＊英語の glasses がそうであるように、porter des verres なら「メガネをかけている」の意味になります。

基本例　**On va prendre un verre ce soir ?**
　　　　今晩、一杯いかがですか？

> もちろん a glass of wine に相当する un verre de vin「グラスワイン一杯」も使います。
>
> **Un verre de vin suffit à la soûler.**
> 　　グラスワイン一杯で彼女はすぐに酔います。
>
> → soûler で「(人を) 酔わせる」の意味。もちろん、注がれているのはワインでなくてもかまいません。
>
> **Est-ce que je pourrais avoir un verre d'eau, s'il vous plaît ?**
> 　　水を一杯いただけませんでしょうか？

vêtements 男複 衣服、服

「衣服」を意味する単語としてひろく使われ、通常、複数形です。

基本例　**A quel étage est le rayon des vêtements pour femme ?**
　　　　婦人服売り場は何階ですか？

＊直訳は「女性用の洋服」の意味。他に vêtements de sport「スポーツウエア」、vêtements d'hiver「冬服」といった言い方をします。

|基本例|　Ma fille travaille dans un magasin de vêtements.
　　　　娘は洋服屋で働いています。

＊ fringues というくだけた単語もあり、une boutique de fringues pas chère「値段の安い洋服店（ブティック）」といった言い方をします。

たとえばルームサーヴィスの一環として、こんな一言が使われます。

 Je voudrais donner ces vêtements à nettoyer.
　　この服をクリーニングに出したいのですが。

→これはホテルなどで着衣を洗濯してほしいと頼む際の言い回し。donner qch à + inf. で「〜を…してもらうように渡す」という言い方です。

viande 女 肉

英語の meat に対応する単語です。

|基本例|　Mon ami est végétarien, il mange pas de viande.
　　　　友人はヴェジタリアンで、肉は食べません。

＊部分冠詞を使う典型で manger de la viande で「肉を食べる」（「魚を食べる」なら manger du poisson）の意味です。なお、ここは否定文ですから他動詞に導かれた直接目的語の部分冠詞は de に変わります。

肉の「赤」「白」ってわかりますか。知らないと焦ることに……。

 Qu'est-ce que tu préfères la viande rouge ou blanche ?
　　赤肉と白肉、どっちが好き？

→「赤肉」は牛・羊・馬などの肉、「白肉」は鳥・うさぎ・豚などの肉を指します。

vie 女 人生、生活、生命

英語の life と同じく「人生や生活」を意味する語。必須の一言はこれ！ あきらめを表現して……。

基本例　C'est la vie !
人生なんてそんなものですよ（人生はままならない）！

＊「仕方がないさ！」とも訳せます。

人を慰める次の言い方は応用文ですね。また、否定表現に de la vie を用いて強めるこんな使い方も。

 Tu as toute la vie devant toi.
あなたの人生これからですよ。

→なお、ココ・シャネル Coco Chanel はしゃれた一言を残しています。

別例　J'ai inventé ma vie parce que ma vie ne me plaisait pas.
自分の人生が気にいらなかったから、自分で人生を創りだしたの。

 Jamais de la vie !
いや断じて（けっして）！

→たとえば Vous acceptez pas ?「承知なさらないのですか？」と問われて、強い打ち消しを表すケースで。

諺　La vie imite l'art.
人生は芸術をまねる。

→英語の Life imitates art. と同じ。小説や映画などをコピーしたような事件が実際に起きたケースで使われます。

vieux(vieil), vielle 形　年老いた、古い

英語の old に相当する単語で、基本語義は「（人が）年をとった」

「(物が) 古い」です。

基本例　**Un vieux monsieur était assis sur le banc.**
　　老紳士がベンチに腰掛けていた。

＊この主語は問題ないですが、「老人」という言い回しには注意！

「老人」を un vieux あるいは un vieillard とする人がいますが、私的な会話ならともかく公の表現では une personnes âgée「高齢者」を用います。また、会話などでは現在は sénior「シニア、高齢者」をよく使います。

基本例　**J'habite dans un vieil appartement.**
　　私は古いマンションに住んでいます。

＊ 他に une vieille ville「古い町」、les vieux vêtements「古着」、le vin vieux「年代物のワイン」など。人にも使われ「古くからの」の意味で un vieil ami「旧友」などと言います。

「年寄りじみた、老いぼれた」という嬉しくないニュアンスでもよく使われます。

　Ma tante est devenue vieille avant l'âge.
　おばはそんな年でもないのに老けこんだ。

　Ce boxeur fait plus vieux.
　あのボクサーは老けて見える。

→ Ce boxeur fait plus que son âge.「年の割に老けている」という言い方もします。「顔が老けている」なら être vieux(vielle) de visage と表現し、服装のせいで「老けて見える」ならこんな言い方が使われます。

別例　**Ça fait un peu vieux pour toi.**
　　その服は少し老けて見えます。

---

ville　[女]　都市、町

町村規模から大都会までこの単語でカバーできます。

ville ~

[基本例] **Je préfère la ville à la campagne.**
　　　私は田舎より都市が好きです。

*転じて「都会生活」（= la vie urbaine）の意味もあるので、例文は「田舎より都会暮らしの方が好きだ」とも訳せます。

[基本例] **Vous avez un plan de la ville ?**
　　　町の地図はありますか？

*観光案内所 le syndicat d'initiative（= l'office de tourisme）での定番の問い。

---

en ville は「街で、町で」（例：flâner en ville「街をぶらつく」、dîner en ville「町中で夕飯を食べる」）、en centre-ville なら「町の中心部で（に）」の意味になります。

 Elle cherche un appartement en centre-ville.
　　　彼女は中心街にマンションを探している。

---

vin 男 ワイン

ワインの「白」「赤」vin blanc, vin rouge や「テーブルワイン」vin de table はもちろん、un verre à vin は「ワイングラス」、un verre de vin なら「グラス一杯のワイン」のことです。boire du vin「ワインを飲む」、servir du vin「ワインをつぐ」、déguster du vin「ワインを試飲する」などもはずせません。それとレストランで使うこんな言い回し。

[基本例] **J'aimerais voir la carte des vins.**
　　　ワインリストを見せてください。

[基本例] **Vous pouvez choisir un bon vin ?**
　　　何か美味しいワインを選んでもらえますか？

*手もとの単語集に un vin convenable「適当なワイン」という例が載っていますが、この言い方は不自然でしょう。碌（ろく）なワインがなさそうだが、「きちんとした」ものを選んでくれと注文しているような印象になってしまうからです。

ワインにはこんな使い方もあります。

J'utilise du vinaigre de vin dans ma salade.
自家製サラダにはワインヴィネガーを使っています。

→ vinaigre de vin はフランスで主流をなす「酢」です。

visite 女 訪問、見学

英語の visiter と混同しやすいので注意です。

動詞 visiter は「場所や建物」には用いますが、「人」には用いません。「人」の場合は、普通、rendre visite à qn「個人を訪れる、会いに行く」（あるいは aller voir qn, aller chez qn）が使われます。

基本例 **Je vais rendre visite à mes amis en Espagne.**
私はスペインで友人たちに会いに行くつもりです。

次の例のように「名刺」（une carte de visite）とか「検診」（une visite médicale）の意味でも visite が使われます。

Le vendeur m'a présenté sa carte de visite.
販売員が私に名刺を差し出した。

On doit passer une visite médicale une fois par an.
年に一度検診を受けなくてはなりません。

visiter 動 訪れる

英語の visit は人も場所も目的語にとれますが、visiter は人を目的語にしません。人なら rendre visite à qn（cf. 見出語：visite）を用います。なお、aller「行く」とは違って、visiter は「（場所を）訪れて見学する」という含意で使います。

visiter ～

[基本例] **Pendant mon séjour en France, j'ai visité le Mont-Saint-Michel trois fois.**
フランスに滞在中、モンサンミシェルを3回訪れました。

人を「見舞う」の意味で使う場合には目的語が人になります。

 J'ai visité Damien hier dans son hôtel.
私は昨日ダミアンを病院に見舞った。

vite 副 速く

対義の「遅く」は lentement。marcher vite「速く歩く」、parler vite「速く話す」など基本の日常表現が目白押しです。

[基本例] **Excusez-moi, vous parlez un peu vite.**
すみません、少し話すのが速いのですが。

＊「速すぎます」parler trop vite とするのは、相手の心証を悪くする可能性があるので注意を要します。

青春真っ盛りの人にはこんな一言を。

 La jeunesse passe bien vite.
青春はたちまち過ぎ去る。

→ Le temps passe vite.「時が経つのは速い」の応用です。

voilà あれが〜である

語義に示した「あれが〜である」は、初級用テキストのステレオタイプな訳語です。Voilà la Tour Eiffel !「あれがエッフェル塔だ！」などと叫ぶこともないではないですが……。基本は一語で使うこの言い回しでしょう。

[基本例] **Voilà.**
はいどうぞ。

～ voir

＊たとえばパスポートを手渡したり、お金を手渡したりするときに。Et voilà ! なら、話がひと段落して「(言いたいのは) 以上です」「というわけです」という感じ。

あとは、相槌で使います。また、何かを説明する際の出だしの言葉として。

Ah, voilà !
ああ、なるほど (そうだったんだ) !

→ Ah, je comprends ! も類義。

Eh bien voilà.
え〜と、こういうことなんだよ。

→ Bon alors... 「じゃ、話すけど……」、こんな切り出し方もあります。また、「始まりはこんな具合だったんだ」Ça a commencé comme ça. といった表現も。

voir 動 見る

基本は人を誘う表現に乗せたこんな言い回し。それと単純未来を用いた次の一言でしょうか。

基本例 **On va voir un film ensemble ?**
一緒に映画を見に行かない？

基本例 **On verra.**
まあ、(この先の) 成り行きを見てみましょう。

英語の I see. に当たる言い方。あわせて代名動詞を用いたこんな言い回し。

Je vois.
ああなるほど (わかった)。

→相手に説明をする際の「それはね〜」(= Eh bien...) とい

voir 〜

う切り出しに、Voyez-vous, ... といった言い方を使うケースがあります。

Q **On se voit quand ?**
いつ会いましょうか？

→ se voir で「お互いに会う、出会う」の意味。

voiture 女 車

ラテン語の「運ぶ」から派生したこの単語はかつて「馬車」を指しましたが、現用は「車、自動車」の意味です。

基本例 **Tu as acheté une voiture d'occasion ?**
中古車を買ったの？

*「新車（新品の車）」は une voiture neuve で、une nouvelle voiture は「新しい車（新しく買い換えた車）」を指します。

基本例 **Je vais faire mes courses en voiture.**
車で買い物に行きます。

*他に aller en voiture「車で行く」、partir en voiture「車で出かける」、conduire une voiture「車を運転する」など。

こうした簡便な道案内もはずせない言い回しです。

 La mairie est à dix minutes d'ici en voiture.
市役所は車でここから 10 分です。

vouloir 動 欲しい、したい

人が主語で何かを「欲する」「望む」、あるいは + inf. で「〜したい」。

基本例 **Vous voulez du café ?**
コーヒーはいかがですか？

基本例　**Qu'est-ce que tu veux manger ce soir ?**
　　　　今晩、何が食べたい？

基本例　**Tu veux bien me prêter ce livre ?**
　　　　その本を貸してくれない？

＊ Tu peux me prêter ce livre ？とも言えます。

⚠️ vouloir は「相手が断らないことを前提に意向を問う」、pouvoir は「受け入れるか否かは相手次第で許可・可能性を問う」という差があります。

基本例　**S'il fait beau ce week-end, je voudrais faire un pique-nique.**
　　　　今週末晴れていたら、ピクニックがしたい。

＊ je voudrais は、自分のしたいことを伝える最も標準的な言い回しです。

---

vouloir dire も頻度の高い言い回し。

❓ **Qu'est-ce que ça veut dire ?**
　　それはどういう意味ですか？

→通常「～を意味する」と訳されますが「～と言いたい」と直訳的に訳すほうが自然なケースもあります。

別例　**Je comprends pas ce que tu veux dire.**
　　　あなたが何を言いたいのかわからない。

---

voyage 旅行

主に海外など遠方への「旅行」を指します。partir en voyage「旅に出る」、être en voyage「旅行中である」、あるいはこんな言い回しが基本中の基本。

基本例　**Bon voyage !**
　　　　よい旅を！

＊ Je vous souhaite bon voyage ！とも言えます。

voyage ~

[基本例] **J'ai fait un voyage en Europe.**
ヨーロッパを旅行した。

＊ faire un voyage で「旅行する」（= voyager）の意味。

たとえば、空港で Quel est le but de votre séjour ?「滞在の目的は？」と聞かれて、こんな風に答えます。

 Je suis en voyage d'affaires.
商用です。

→ voyage d'affaires で「出張」の意味。voyage de noce(s) は「新婚旅行」、voyage à l'étranger なら「海外旅行」の意味になります。

vrai(e) [形] 本当の

そもそもの語義は「真実の」、それが転じて「本当の」を意味する形容詞に。「真実、本物」と判断できる事柄にひろく用いられます。

[基本例] **Tout ce qu'il dit est vrai.**
彼の言っていることは真実（本当）です。

[基本例] **C'est vrai ?**
本当？

＊「嘘でしょ？」とも訳せます。否定文の C'est pas vrai ! なら「まさか！」「冗談でしょ！」という意味になります。

à vrai dire, à dire vrai は「実を言えば」という定番の決まり文句です。

 A vrai dire, je sais pas.
実を言うと、私は知らないのです。

W

week-end 男 週末

英語からの借用語、「週末」la fin de semaine の意味です。定番はこれ！

[基本例] **Bon week-end !**
素敵な週末を！

[基本例] **Tu es libre, ce week-end ?**
今週末は暇？

週明けの挨拶代わりにしばしば耳にする英語の問い How was your week-end? のフランス語版がこれ。

 Tu as passé un bon week-end ?
週末は楽しかった？

→英語を直訳すると Comment s'est passé ton week-end ? といった文になりますが、Oui を用いて簡単に応じられる例文のほうがカジュアルな言い回しです。

Y

yeux 男複 （œil の複数）両眼

単数形は œil です（cf. 見出語：œil）。「目が疲れた」(= J'ai les yeux fatigués.) という意味合いでも使われる以下の基本表現。それと日本ではさほど話題にならない「瞳」の色（大半が同じ色合

いですから）に関するコメントや「視力のよさ」に関する言い回しも大事です。

> 基本例 **J'ai mal aux yeux.**
> 目が痛い。

＊"avoir mal à +［定冠詞］身体"で「〜が痛い」の意味。

> 基本例 **Marcel a les yeux verts.**
> マルセルの目は緑色です。

＊たとえば、Cécile a de grands yeux.「セシルは目が大きい」なども話題にのぼりますね。

> 基本例 **Il a de bons yeux.**
> 彼は目がいい。

＊この例文は「視力がいい」という意味の他に、「注意力・洞察力がある、観察が鋭い」（＝ avoir des yeux pour voir）という意味合いでも使われます。

疲労や悲しみが深いとこうなります……ね。

 Elle a des valises sous les yeux.
　　彼女は目に隈（くま）ができている。

→この valise は「スーツケース」ではなく、「目の下の隈、たるみ」のこと。avoir des poches sous les yeux とか avoir les yeux cernés といった言い方もします。

Z

zen 男 禅　形 冷静沈着な

返事に窮する難問ですが、日本通のフランス人からこんな風に聞かれることがあるかもしれません。

基本例 Qu'est-ce que le zen ?
禅とは何ですか？

日本語からフランス語になった単語。形容詞として「冷静沈着な」というニュアンスで以下の例文のように使われます。

Je sais pas comment tu peux rester zen dans une telle situation.

君がこんな状況でどうして冷静沈着でいられるのかわかりません。

→ être très zen といった言い方もします。なお、この形容詞は女性形、複数形はなく zen のまま不変です。

〈著者紹介〉

久松健一（ひさまつ　けんいち）
東京、浅草生まれ。現在、明治大学で教壇に立つ。『ケータイ〈万能〉フランス語文法』や英仏・英西・英伊を扱った「バイリンガル叢書」ほか、語学書・参考書を中心にこれまで数十冊を執筆。『フランス語動詞宝典』『クラウン フランス語熟語辞典』など辞書類の編集、監修も行う。

Michel Gonçalves（ミシェル・ゴンサルベス）
フランス、サン＝ジェルマン＝アン＝レー生まれ。ポルトガル人の両親のもと、バイリンガル環境の中で育つ。母語のフランス語以外に四つの言語を操る。オーストラリアで国際貿易を学ぶ。英・仏会話学校 Share Language School（シェアランゲージスクール）代表。

＊アイコン・チェックに際して、ゴンサルベス志保美さんのお手をわずらわせた。

発信型　日本人が使いこなせないフランス基本単語小辞典
Lexique du français de tous les jours

2017年10月17日　　初版発行

著者　　久松 健一
　　　　Michel Gonçalves

発行者　三浦衛

発行所　春風社 Shumpusha Publishing Co.,Ltd.
　　　　横浜市西区紅葉ヶ丘53　横浜市教育会館3階
　　　　〈電話〉045-261-3168　〈FAX〉045-261-3169
　　　　〈振替〉00200-1-37524
　　　　http://www.shumpu.com　　e-mail: info@shumpu.com

装丁　　根本眞一（クリエイティブ・コンセプト）
印刷・製本　シナノ書籍印刷株式会社

乱丁・落丁本は送料小社負担でお取り替えいたします。
©HISAMATSU Ken'ichi. All Rights Reserved. Printed in Japan.
ISBN978-4-86110-563-0　C0085　￥2500E